W0221388

DROEMER

Fred Sellin

NUR HERINGE HABEN EINE SEELE

Geständnis eines Serienmörders –
der Fall Pleil

DROEMER

Besuchen Sie uns im Internet:
www.droemer.de

Aus Verantwortung für die Umwelt hat sich die
Verlagsgruppe Droemer Knaur zu einer nachhaltigen Buchproduktion verpflichtet.
Der bewusste Umgang mit unseren Ressourcen, der Schutz unseres Klimas
und der Natur gehören zu unseren obersten Unternehmenszielen.
Gemeinsam mit unseren Partnern und Lieferanten setzen wir uns für
eine klimaneutrale Buchproduktion ein, die den Erwerb von Klimazertifikaten
zur Kompensation des CO_2-Ausstoßes einschließt.
Weitere Informationen finden Sie unter:
www.klimaneutralerverlag.de

FSC www.fsc.org
MIX
Papier aus verantwortungsvollen Quellen
FSC® C083411

Originalausgabe November 2020
© 2020 Droemer Verlag
Ein Imprint der Verlagsgruppe
Droemer Knaur GmbH & Co. KG, München
Alle Rechte vorbehalten. Das Werk darf – auch teilweise – nur mit
Genehmigung des Verlags wiedergegeben werden.
Zitate auf den Seiten 102, 212 und 300: © Dr. med. F. Barnstorf: Der Fall Pleil,
in: Der SPIEGEL, Jahrgang 33 (1950), 8.11.1950, S. 10–11
Redaktion: Sabine Wünsch, München
Covergestaltung: Isabella Materne, München
Coverabbildung: ullstein bild
Satz: Adobe InDesign im Verlag
Druck und Bindung: CPI books GmbH, Leck
ISBN 978-3-426-27838-3

2 4 5 3 1

Strafanstalt Celle
29. April 1957

Sehr geehrter Herr Doktor!
Ich möchte Ihnen heute die neuesten Begebenheiten mit dem Häftling Rudolf Pleil berichten. Gestatten Sie mir, mich ohne Umschweife auf die Tatsachen zu konzentrieren. Vor einigen Wochen war Pleil in eine Schlägerei mit zwei Mithäftlingen verwickelt. Dem einen Häftling wurde dabei erheblich auf der Nase herumgetrommelt mit dem Erfolg einer größeren Blutung.
Kurz darauf wurden die beiden Hauptschläger zur ärztlichen Untersuchung in das Lazarett geführt, während Pleil von sich aus bemüht war, das geflossene Blut in der Zelle zu beseitigen. An einem der folgenden Tage wandte sich Pleil dann vertrauensvoll an einen der Aufsichtsbeamten und hat ihm ungefähr erklärt: Ich dachte, dass sich meine abnormen sexuellen Gefühle inzwischen während meiner langen Inhaftierung beruhigt hätten. Ich wollte mich zunächst nicht in die Schlägerei einmischen. Als ich dann aber bei H… das Blut aus der Nase rinnen sah, hat es mich gepackt, und ich habe zugeschlagen. Dabei habe ich genau wie früher die gleiche Befriedigung gefunden, und es ist mir einer bei abgegangen.
Dem Anstaltsarzt (mir) gegenüber machte Pleil zunächst keine diesbezüglichen Angaben, und zunächst erfuhr auch niemand, dass sich Pleil einige Tage später mehrere große und tiefe Schnittwunden an den Waden beigebracht hatte und mit einem scharfen Instrument das Wort »Fotze« in den Unterarm eingeritzt hatte. Die Wunden wurden erst später rein zufällig während einer

Lazarettbehandlung festgestellt. Dazu befragt, sagte Pleil, er habe die Beschädigungen deshalb vorgenommen, weil ihm mal wieder einer ohne vorheriges Wichsen abgehen sollte, was auch gelungen sei.

Anscheinend dieser »Spiele« überdrüssig, hatte Pleil wenige Tage nach seiner Selbstbeschädigung einen Antrag an die Staatsanwaltschaft Braunschweig verfasst, worin er bittet, dass man eine Einwilligung in eine Kastration gäbe, damit er von seinen krankhaften Trieben befreit würde. Kurioserweise unternahm er aber gleichzeitig Schritte zur Autokastration, und zwar schlitzte er sich mittels einer Rasierklinge seitlich den Hodensack auf und präparierte den rechten Hoden und Samenstrang heraus, fand dann aber nicht mehr den Mut zur Durchtrennung des Stranges. Angeblich weil die Schmerzen zu heftig wurden. So entblößt lag er dann grinsend auf seinem Bett und schlug Lärm. Ich habe ihn dann versorgt und nach komplikationslosem Heilungsverlauf bald wieder aus dem Lazarett entlassen können. Seitdem bohrt er nun unablässig, dass man die Kastration bei ihm durchführe.

Das ist schließlich auch der Anlass für mich, mich an Sie, sehr geehrter Herr Dr. Barnstorf, zu wenden. Ihnen ist Pleil durch die mehrmalige Exploration für die Gerichtsverfahren wohl am besten bekannt. Deshalb würde ich gern Ihre Ansicht und Meinung erfahren. Wie beurteilen Sie die Erfolgsaussichten einer Kastration bei Triebverbrechern, insbesondere im Falle Pleils? Soll man bei ihm überhaupt an die Kastrationsfrage herangehen angesichts der Haftsituation? Immerhin könnte er später behaupten, er habe die Dinge nicht richtig übersehen, er befand sich in innerer Unfreiheit, Gebundenheit und seelischer Einengung aller Art usw. – ihr hättet mir abraten müssen. Liegt Ihrer Meinung nach überhaupt eine Indikation zur Entmannung in Hinblick auf seine lebenslange Strafe vor? Wurde sie schon während der Gerichtsverhandlung in Erwägung gezogen? Bedarf es zur freiwilligen Entmannung einer besonderen gerichtlichen Entscheidung?

Ein Antrag auf freiwillige Kastration ist bisher noch nicht an mich herangetragen worden. Ich bewege mich daher auf Neuland, kenne die Verwaltungsvorschriften nicht, kurz gesagt, ich bin ziemlich ratlos und wäre Ihnen daher sehr zu Dank verpflichtet, wenn Sie mich beraten würden.
Mein Schreiben an Sie ist so weit fertiggestellt, da erhalte ich soeben Ihre freundlichen Zeilen vom 25.4.57. Ich danke Ihnen sehr dafür und würde mich natürlich außerordentlich freuen, wenn ich Sie demnächst hier persönlich begrüßen dürfte. Selbstverständlich wird Sie auch jederzeit die Anstaltsleitung hier in Celle willkommen heißen und Ihnen gern die Besichtigung der Anstalt gestatten. Vielleicht kündigen Sie kurz vorher Ihren Ankunftstermin an, damit ich mich einrichten kann. Falls Sie außer Pleil noch weitere Häftlinge einer Nachexploration zu unterziehen wünschen, so bitte ich auch darüber um Mitteilung, damit ich die entsprechenden Unterlagen bereitlegen kann. Ich begrüße es jedenfalls sehr, Gelegenheit zu haben, die oben angeschnittenen Fragen ausgiebig mit Ihnen mündlich besprechen zu können. Sollten Sie Ihre Reise nach Celle noch längere Zeit hinauszögern müssen, dürfte ich Sie sodann um die baldige kurze Beantwortung meiner Fragen bitten?
Einstweilen danke ich Ihnen sehr für Ihre freundlichen Bemühungen und grüße Sie freundlichst
als Ihr ergebener
Dr. Schulze

1

Mein Name ist Rudolf Paul Pleil. Bin dreiunddreißig Jahre alt. Geboren am siebten Juli neunzehnvierundzwanzig. In Kühberg, was zu Bärenstein gehört, Erzgebirge, direkt an der tschechischen Grenze. Mutter und Vater leben noch, und selber hab ich auch Kinder in die Welt gesetzt, mit zwei Weibern, ein Mädchen, einen Jungen, aber darüber berichte ich an andrer Stelle, erst mal geht's nur um meine Person.

Ich hab Menschen totgemacht. Weiber hab ich totgemacht. Außer einmal, da war's ein Kerl, ein Kaufmann aus Hamburg. Hab ich im Zug getroffen, der wollte rüber in die russische Zone. War er an der richtigen Adresse, war meine Spezialität, Leute rüberzubringen. In die eine Richtung, in die andre auch. Sind mit dem Zug nach Walkenried gerattert, von Hamburg aus, hab da öfters Geschäfte gemacht. Mussten unterwegs paarmal umsteigen. In Walkenried dann raus und weiter zu Fuß nach Zorge, ist ein kleiner Ort im Harz, mehr am Rand, britische Zone. Von da ist man schnell auf die andre Seite gekommen, durch den Wald, war nicht weit. Kenn mich in der Gegend gut aus, als wär's meine Westentasche. Hab paar Monate da gewohnt, Hoheharzstraße 62, im Haus von einer Frau Seifert, komm ich noch zu. Jedenfalls hab ich an dem Tag, als ich den Kaufmann im Schlepptau hatte, irgendwie den Weg verfehlt. War schon dunkel, aber das war nicht der Grund. Hab sonst auch gewartet, bis es finster war, damit mich keiner ertappte. Wird mehr der Sprit dran schuld gewesen sein. Hatte mir in Hamburg ein appetitliches Tröpfchen beschafft und auf der Bahnfahrt tüchtig dran genuckelt.

Die Gegebenheiten bei Zorge sind so, dass man erst einen

Berg raufmuss, oben hat man die Grenze, und dahinter geht's wieder runter. Wie's passiert ist, weiß ich nicht, auf jeden Fall bin ich nicht auf der Seite runter, wo's richtig gewesen wär, sondern da, wo wir hochgekraxelt waren, nur bisschen daneben. Der Kaufmann natürlich immer hinterher, hat sich verlassen auf meine Kenntnisse. So kam's, dass wir wieder da gelandet sind, wo wir losgezogen waren. Nicht haargenau an derselben Stelle, war eine andre Ecke vom Ort. Ist mir selber erst nicht aufgefallen, bin weitergelatscht, hab gedacht, wir sind im Russischen angelangt. Bis ich paar Häuser erblickt hab, die mir bekannt vorkamen, schöne Blamage war das.

Was hat der feine Herr gemeutert, als ich ihm das Geständnis gemacht hab, wo wir rausgekommen sind! Nicht auszuhalten, war schlimmer, als wenn ein Weib geflennt hätte. So was kann ich nicht lange ertragen, wenn ich einen gesoffen hab, als würd ich verrückt von werden. Bin ich gleich auf achtzig und krieg die große Wut.

Inzwischen war's Mitternacht oder schon danach. Ich hatte einen Rucksack bei, den hab ich so mit einem Riemen über die Schulter getragen, auf der linken Seite. In dem Rucksack war ein Beil drin, von der Firma, für die ich im Wald gearbeitet hab, der Stiel guckte oben raus. Hab zum Kaufmann gesagt, er soll's sein lassen mit der Meuterei. Halt's Maul, hab ich gesagt, halt endlich dein verfluchtes Maul!

War seine Entscheidung, nicht auf mich zu hören. Kein Mensch hat ewig Geduld, wenn einer was macht, was er nicht ertragen kann. Hab dann nichts mehr gesagt, wenn's doch sowieso nicht geholfen hat. Hab mich weggedreht, damit er nicht gleich draufgekommen ist, was ich vorhatte. Vielleicht fünf Sekunden musste er meinen Rücken angucken, können auch zehn gewesen sein, aber mehr waren's nicht. Dann hab ich das Beil in der Hand gehabt, in der rechten, mit der ich jetzt hier alles aufschreibe. Und haste nicht gesehen, hab ich mich wieder umgedreht. Und, zack, hab ich das Ding auf seinen Ballon krachen lassen. Schon lag er im Dreck, kein Mucks war mehr zu hören von dem. Nur das Geräusch vom Wind hab ich gehört. Hab bisschen das Gefühl gehabt, als würd ich am Meer stehen. Zwischen zwei Wellen gibt's diesen Moment, wenn sich das Wasser von der einen Welle zurückzieht, da wird das Rauschen ganz leise, dass man schon denkt, gleich hört man gar nichts mehr. Aber auf einmal kommt die nächste Welle angebraust. Genauso hat's sich da im Wald angehört. Als hätt der Wind zwischendurch Luft holen müssen, damit er danach wieder lospusten konnte wie wild.

Aufn Ballon hauen, da bin ich gut drin, ist meine Handschrift, kann man sagen. War bei den Weibern genauso, denen hab ich immer eine aufn Deetz geballert, so richtig mit Kataune, hallo die Enten, ein Pleil musste nicht zweimal zuschlagen. Hab's meistens trotzdem gemacht, auch dreimal oder viermal. Weil's so schön war, ist mir einer bei hochgegangen. Ich sag die Wahrheit. Bin ganz kribbelig geworden, wenn ich dran gedacht hab, was gleich bevorsteht. Nur bei dem feinen Pinkel aus Hamburg, da hat's nicht so geklappt. Obwohl ich dem auch paarmal eine drübergezogen hab, mal mit der spitzen Seite vom Beil, mal mit der stumpfen, wie's gerade kam. War nicht mehr viel übrig von seinem Verstandskasten, nachdem ich meine Arbeit beendet hatte. War alles Matsch, die Nase, seine Visage, der ganze Schädel. Hat aber nichts bewirkt, zu meinem Bedauern, muss ich sagen. Hab nichts gespürt in der Hose, nicht wie's sonst war, bei den Weibern.

Kann sein, dass ich drüber die Tobsucht gekriegt hab, wegen der Enttäuschung, weil nix passiert ist, und paarmal mehr zugehauen und andre Stellen vom Körper erwischt hab. Im Eifer des Gefechts, da achtet man nicht auf so was. Will's aber nicht bestreiten, denn später, als es hell geworden ist, hab ich feststellen müssen, dass ich von oben bis unten mit Blut besudelt war.

Der Kaufmann war der Letzte, den ich totgemacht hab. Bin danach direkt getürmt, rüber auf die russische Seite. Mit einem Mal war's nicht kompliziert, den richtigen Weg ausfindig zu machen. Bis nach Ellrich bin ich gelatscht, war noch duster, als ich ankam. Hab gleich den Bahnhof angesteuert, musste aber paar Stunden warten, bevor der erste Zug abfuhr. Die Zeit hab ich gut genutzt, hab neuen Schnaps rangeschafft, von dem andren war nichts mehr übrig, und auf den Vorfall mit dem Kaufmann gut einen gezwitschert. Dann muss ich eine Weile in der Gegend rumgefahren sein, mit dem Zug, oder mit paar Zügen, kann ich mich nicht dran erinnern, war zu duselig im Kopp. Weitererzählen kann ich erst ab Leipzig. Hauptbahnhof. Da hab ich einen Anfall gekriegt, und danach war ich wieder so einigermaßen klar. Welche von der Bahnpolizei haben sich um mich gekümmert. Was die eben unter kümmern verstehen. Soviel ich weiß, hat ihre Hilfe hauptsächlich drin bestanden, mich abzukassieren. Musste denen eine Stange Geld dalassen. Für den Fahrstuhl, auf den sie mich draufgelegt hatten, den soll ich kaputt gehauen haben. Selber weiß ich nichts von solch einer Aktivität meinerseits. War genauso bei der Sache mit der Zugschaffnerin. Die von der Bahnpolizei haben erzählt, ich hätt versucht, dem Weibsstück die Kleider vom Leib zu reißen. Ob die sich das ausgedacht haben? Keine Ahnung, aber Bilder find ich von so einem Vorgang keine in meinem Kopp. Und da sind viele Bilder vorhanden, wirklich verdammt viele, würden ausreichen für 'n paar Leben.

Da ich nun schon mal aufm Weg war, bin ich mit einem andren Zug weitergezuckelt, hin zu meiner Alten. War damals noch mein Eheweib, dieses Luder. Hab ihr von einem Bahnhof, wo ich umsteigen musste, übers Telefon die Nachricht zukommen lassen, dass ihr Herr Gemahl im Anmarsch ist. Haben uns bei einer Cousine verabredet, nicht weit von Chemnitz, bis dahin ging meine Fahrkarte. Unsren Jungen hatte sie auch mitgebracht, Gerhardt sein Name. Würd gern wissen wollen, wie der Bursche jetzt aussieht und wie er so ist, ob er nach seinem Vater schlägt. Darf ich jetzt aber nicht weiter drüber sinnieren, sonst kommt die Schwermut über mich. War das letzte Mal, dass ich den Jungen gesehen hab. Hat neben uns im Bett geschlafen, und ich hab in der Nacht meine Alte gefickt. War auch das letzte Mal.

Wär ich mal dortgeblieben, auf der Russenseite. Aber was hab ich gemacht? Bin wieder zurück, gleich am nächsten Tag. Hab nie irgendwo lange sein können, hab ich nicht ausgehalten. Vielleicht war noch ein Tag dazwischen, aber wenn's so gewesen war, wär's nicht weiter von Bedeutung. Worauf's ankommt, ist, dass es meine eigne Blödheit war, und Blödheit muss bestraft werden, sagt man doch so. Und da ist tatsächlich was dran, wie ich erfahren hab.

Bei der Rückfahrt mit dem Zug war im Ort Benneckenstein Endstation. Aufm Bahnhof, war kaum rausgeklettert ausm Waggon, ist mir direkt ein Weib übern Weg gelatscht. Ein junges Ding, fast ein Mädchen noch, hat auch rübergewollt über die Grenze. War so richtig mein Fall, hat mich ganz aus der Ruhe gebracht mit ihrer Erscheinung. Holla, hat die einen Arsch gehabt, der Speck hätt für zwei ausgereicht, und ihre Titten, konnt man nicht dran vorbeigucken, war einem glatt die Sicht versperrt. Was hätt ich die gern bearbeitet. Würd ich mir heut noch herwünschen, hier rein in die Bucht. Zu meinem Leidwesen hab ich jedoch keinen Apparat bei mir gehabt, mit dem ich ihr eine aufn Ballon ballern konnte. Sind trotzdem zusammen losmarschiert. Hab die ganze Strecke Ausschau gehalten, ob ich was fürs Betäuben nach meiner Art erspähe. War aber zum Verrecken nichts zu finden.

Meine Qual kann man sich vorstellen. Da willste, kommst aber nicht zum Zug. Ein Glück nur, dass ich meinen geliebten Schnaps beihatte. Hat mir Trost gespendet, das feine Tröpfchen, dass ich drüber meine Begehren vergessen hab. Und so lebt das Luder heute noch. Denk ich mal.

Als wir nach Zorge reingekommen sind, da hat schon ein Empfangskomitee bereitgestanden. Hab's nicht gleich begriffen, dass die wegen mir da rumgelungert haben. Wär sonst getürmt, hätt's versucht. Aufm Revier dann Fingerabdrücke und Fotos und was die alles veranstaltet haben. Im Verhör hab ich aber nichts aus mir rauskitzeln lassen, hab's abgestritten, also das mit dem Kaufmann, von den Weibern wussten die gar nichts, hat keiner nach gefragt. Eingebuchtet haben sie mich trotzdem. Und nicht wieder rausgelassen, keinen einzigen Tag, seit elf Jahren nicht.

Stopp, ist elf richtig? Muss kurz nachrechnen. Walter sagt, ich soll's ganz genau aufschreiben. Und ganz genau sind's, ich hab's gleich, zehn Jahre und zehn Monate. Die paar Tage, die's mehr sind, muss ich ja wohl nicht auch noch zählen.

In der Zeit hab ich genug Zuchthäuser kennengelernt. Immer Einzelzelle. Außer am Anfang, da haben sie mich in eine Bucht gesperrt, in der schon ein andrer drin war. Aber nicht lange, kam bald der Tag, wo ich auf den Banausen los bin. Normal tu ich keiner Fliege was zuleide, nur reizen darf man mich nicht, bin auch bloß ein Mensch, dann ist Schluss mit der Freundschaft. Und wenn ein Weib aufkreuzt, das nach meinem Geschmack ist, aber das ist noch mal was andres.

Hat natürlich Blut gegeben, wenn ich schon mal loshämmere. Nicht wenig davon. Und ein Lärm war das. Die halbe Kompanie der Wachtmeister ist angewetzt gekommen, als wär wieder Krieg ausgebrochen. Klick-klack, hatt ich Handschellen dran, konntste gar nicht so schnell gucken. Haben mich sofort rausbefördert aus der Bucht. Und draußen haben sie mich den Gang langgescheucht, an den Türen der andren Buchten vorbei, Eisentüren waren das. Los!, los!, hat einer von den Wachtmeistern dauernd kommandiert, so ein scharfer Hund, noch mal und noch mal, immer los!, los!, als hätt der an dem Tag noch was vorgehabt. Zu den Treppen hat er mich hintraben lassen und dann zwei Stockwerke nach unten, tiefer ging's nicht, war der Keller mit den Strafbuchten. Da hab ich mein Einzelquartier gekriegt. Seh ich noch, wie ein andrer Wachmann flugs die Tür aufgesperrt hat, der scharfe Hund hat mich reingeschoben wie ein Möbelstück, die Tür ist zugekracht, und, ratsch, war der Riegel vor. Das Geräusch, wie die Eisentür zuknallt und der Riegel vorgeschoben wird, hört man im Zuchthaus tausendmal am Tag. Und nach einer Weile hört man's sogar, wenn's gar nicht da ist, in der Nacht, im Schlaf.

Dem Banausen da oben in der Bucht hatte ich gut was eingeschenkt. Hab ihm den Klosettdeckel gegen den Deetz gepfeffert, und danach hab ich mich mit 'nem Schemel bewaffnet, war ich auch nicht zurückhaltend mit. Musste ins Lazarett geschafft werden, der Kerl. Hat mir einer von den Wachtmeistern geflüstert, nicht an dem Tag, paar Tage später. So ein freundlicher, ich glaub, der konnte mich gut leiden. Gibt nicht viele von der Sorte, die was Menschliches an sich haben. Die meisten plustern sich auf, als wären sie was Besseres. Kommandieren rum wie ein Generalfeldmarschall. Nicht mal Weihnachten hört man von denen ein gutes Wort, oder wenn man Geburtstag hat, das werden die ja wissen.

Jedenfalls ist nie wieder einer auf die Idee gekommen, mich mit andren zusammen in eine Bucht zu sperren. Die vom ersten Zuchthaus müssen das ans nächste, wo ich hingekommen bin, durchgegeben haben. Und die dann auch wieder, immer wenn sie mich woanders hingeschickt haben, wie stille Post.

Prof. Dr. med. G. Jungmichel/Prof. Dr. W. Ewald: Vorläufiges ärztliches Gutachten, Göttingen, 21.5.1950 (Auszug)

Körperlicher Befund:

163 cm, knapp 26 Jahre alt, 88,5 kg mit Kleidung (im August 49 waren es 78 kg)

Pyknisch-athletischer Körperbau

Zahllose Narben am Kopf, die nach seinen Angaben teils von Verletzungen bei seinen Anfällen herrühren, teils sind sie Folgen von Gewalteinwirkungen bei Schlägereien und im Kriege. Die Narben am linken Unterarm und an der linken Hand stammen von selbst beigebrachten Schnittwunden, um durch das Sehen von Blut sich sexuelle Lustgefühle zu erzeugen.

Pleil ist kurzsichtig.

Pupillenreaktion ist normal. Der Augenhintergrund ist intakt.

An den übrigen Sinnesorganen kein krankhafter Befund.

Keine Vergrößerung der Schilddrüse.

Innere Organe sowie Urin ohne Besonderheiten.

Die Untersuchung des Bluts auf überstandene Syphilis fiel negativ aus.

Der Blutdruck ist normal, 125/80 mmHg, auch nach und vor einem Anfall, während und nach einer Absence.

Abgesehen von einer schweren Auslösbarkeit einzelner Reflexe (Achillessehnen-, Kniescheibensehnen-, Bauchdeckenreflexe) sind organische Veränderungen des Nervensystems mit klinischen Methoden nicht nachzuweisen.

Die Ableitung der elektrischen Hirnströme ergab keine Anhaltspunkte für einen etwa traumatisch gesetzten lokalen Hirnschaden. Es fanden sich im Gebiet des Stirnhirns beiderseits Schwankungen zwischen 4 und 6 Hertz, die als pathologisch angesehen werden müssen. Es fehlen jedoch eindeutige Veränderungen im Sinne der genuinen Epilepsie.

2

Walter sagt, ich soll als Erstes verkünden, was ich verbrochen hab. Hätte sonst mit der Kindheit angefangen, mit der Familie, Mutter, Vater, Schwester und so. Oder mit dem Ort, wo ich aufgewachsen bin. Und dann hätt ich alles der Reihe nach erzählt. Macht man normal doch so. Aber Walter sagt, die Leute sollen sofort erfahren, mit wem sie es zu tun haben.

Tja, das ist so eine Frage. Mit wem haben sie es denn zu tun? Anscheinend gibt's darüber verschiedene Ansichten. Ich sag, ich bin ein guter Junge, hab ein gutes Herz. Aber in der Zeitung haben sie was andres geschrieben. Der Pleil ist eine blutdürstige Bestie, stand da, vergess ich nie, damals, als der Termin beim Gericht war, in Braunschweig, der große Termin, wo die ganzen Leute hingekommen sind, waren bestimmt hundert oder so. Normale Leute wie du und ich. Haben in den Stuhlreihen gehockt wie die Hühner auf der Stange früher bei Großmutter. Bis hinten an die Wand war der Raum vollgestellt.

Und was haben meine Augen mittenmang erblickt? Weiber. Sogar eine ganze Menge davon, nicht nur zwei, drei. War ein richtiges Fest für mich. Kann man vielleicht nicht verstehen, ist aber so gewesen. Weil der Mensch eben ein komisches Geschöpf ist. Kriegt er ewig keine Weiber zu sehen, freut er sich über die Biester. Aber immer welche um sich haben, nee, das ist eine andre Geschichte, wird man bekloppt bei.

In der ersten Reihe hatten sich die Zeitungsfritzen breitgemacht. Haben rübergegafft zu mir, als wär ich eine Jahrmarktsattraktion, die gleich ein Spektakel veranstaltet oder irgendwelche Zauberkunststücke vorführt, so was wie Dame ohne Unterleib, nur eben als Mann. Was weiß ich, was die gedacht haben. Was Freundliches kann's nicht gewesen sein, das hab ich an ihren Augen gesehen. Und wenn sie mich nicht angestarrt haben, haben sie in ihren Kladden rumgekritzelt und dabei eine Miene aufgesetzt, als wären sie bedeutende Leute. Und paar haben sich was ins Ohr getuschelt. Hab mich aber nicht weiter drum geschert, hatte nur Augen für die Weiber. Wollte schließlich nicht verpassen, wenn mal eins aufstand und bisschen mehr von sich preisgab, dass ich einen Blick auf die Titten erhaschen konnte oder sogar aufn Arsch. Hab ich mir abends in der Bucht dann schöne Gedanken zu gemacht.

Selber bin ich immer fein rausgeputzt zu den Terminen hingegangen, hab ich drauf geachtet. Anzug und Schlips und so, wie sich das gehört für einen anständigen Herrn. Und rasiert hab ich mich vor jedem Termin. Und ordentlich Brillantine ins Haar geschmiert, dass es schön geglänzt hat. Hab die paar Fusseln, die noch aufm Deckel von meinem Verstandskasten sprießen, extra trimmen lassen vom Barbier, der immer ins Zuchthaus gekommen ist. Akkurater Scheitel, wie beim Militär. Wird den Weibern garantiert Freude bereitet haben, so ein schmuckes Kerlchen mal aus der Nähe bestaunen zu dürfen. Und so eine Berühmtheit. Ist keine Angeberei, war die Realität. Sonst wären nicht die vielen Leute aufmarschiert. Das war der Beweis, wenn's einer nicht glauben will. Genauso wie die Fotografen, die waren auch ein Beweis. Schickt keiner Fotografen hin zu solchen Terminen, wenn da nur einer rumsitzt, den kein Aas kennt.

Ach ja, die Fotografen, denen hab ich vielleicht eine feine Aufführung geboten. Wetten, die sind davon ausgegangen, dass ich rasch in Deckung geh, wenn sie anfangen, mit ihren Knipsapparaten auf mich zu zielen wie mit einer Knarre.

Aber das haben die sich falsch ausgerechnet, diese Heinis. Nichts da, ein Rudolf Pleil verkriecht sich nicht wie eine Schnecke, der ist kein Feigling. Fein in Positur gesetzt hab ich mich, Rücken gerade, Brust raus und so. Und angelächelt hab ich die, als wären sie meine besten Kumpel, die mich besuchen kommen und paar Geschenke mitbringen.

Hab ein hübsches Lächeln, kann ich hier ruhig mal verkünden. Ist keine Feststellung von mir, sonst würden die Leute noch denken, so ein eingebildeter Pinsel. Von den Weibern weiß ich das. Hat schon genug gegeben, die mir das bestätigt haben. Nicht hier drin, nee, hier gibt's keine, kannste lange nach suchen. Aber früher, wenn ich draußen so ein Weibsbild aufgegabelt hab, hab ich das öfters zu hören gekriegt. Erzählen viel Blödsinn, diese Biester, sabbeln und sabbeln, darf man normal nichts drauf geben. Nur bei dieser einen Sache, da werden sie ausnahmsweise schon recht gehabt haben.

Noch eine Mitteilung zu den Fotografen, weil's von Bedeutung ist. Hab denen meine beste Seite vorgeführt. Sollten nämlich schöne Fotos werden, damit sie auch in die Zeitung reinkommen. Ist was andres, ob so ein Zeitungsfritze nur einen Bericht verfasst, oder ob sie ein Bild dazu abdrucken. Das Geschreibsel übersehen die Leute schnell mal, aber auf ein Foto guckt jeder drauf. Kenn ich von mir selber. Wenn ich eine Zeitung aufblättre, guck ich immer zuerst, ob auf der Seite ein Foto ist. Macht jeder so, außer wenn er blind ist, wird von dem Denkkasten da oben automatisch gesteuert. Deswegen sind Fotos eine wichtige Sache. Die Leute merken sich deine Visage, und dadurch wirste berühmt.

Aber wachsam musste man sein bei diesen Schuften, waren hinterhältige Gesellen bei. Einer ist angewatschelt gekommen und wollte ein Foto machen von meinen Händen. Sollte ihm die so hinhalten, dass bloß die Hände drauf gewesen wären, sonst nichts weiter. Hab aber sofort durchschaut, was der Herr Knipsmeister vorhatte. Nee, nee, hab ich dem gesagt, die Hände nicht, fotografieren Sie lieber mein Gesicht. Lass mich doch nicht austricksen. So ein Foto, wie der machen wollte, hab ich mal in einer Zeitung gesehen. Waren die Hände von einem, der seine Kinder totgemacht hat, zwei Buben glaub ich. Mit bloßen Händen hat der die totgemacht, sein eignes Fleisch und Blut, hat ihnen die Luft an der Kehle abgedrückt, bis sie nicht mehr geatmet haben und ganz blau geworden sind im Gesicht. So hatten sie's in den Bericht reingeschrieben, und daneben war eben das Foto mit den Händen abgedruckt, war fast größer als der Bericht selber. Mörderhände. Um Himmels willen, so was sollten die über mich nicht schreiben, wär nicht die Wahrheit, hab keine Kinder totgemacht.

Paar Artikel über die Termine beim Gericht hab ich hinterher zu lesen gekriegt. War meistens ein Foto mit bei, war ich bisschen stolz drauf, muss ich zugeben. Auf einem hab ich zwischen zwei Wachtmeistern gesessen, mit Schlips und Kragen, sah ich richtig schnieke drauf aus. Muss einer in dem großen Raum mit den ganzen Leuten geknipst haben. Im Gerichtssaal, genau, endlich spuckt mein Denkkämmerchen dieses blöde Wort aus. Hab die ganze Zeit nachgegrübelt, wie's richtig heißt. Passiert manchmal, dass ich auf was ewig nicht komme, als wär da oben ein Loch, durch das paar Wörter einfach rauspurzeln. Die Wachtmeister haben alle beide so böse geguckt auf dem Foto, dass man denken konnte, nicht ich, sondern sie wären die Verbrecher. Hätten sich ruhig ein Beispiel an mir nehmen und bisschen freundlicher gucken können. Aber dadurch, dass sie eine Uniform anhatten, konnte man schon draufkommen, dass sie Wachtmeister waren, die auf mich aufgepasst haben. Ihre Uniform sah aus wie die von den Soldaten unter Hitler. Ich war nie bei den Soldaten. Hätte ich schon gemacht, aber mich haben die nicht haben wollen, wegen meiner Krankheit, haben sie gesagt. Also, eigentlich hat's nur einer gesagt, aber der konnte das entscheiden. Hab in der Zeit, als Krieg war, trotzdem mit genug Leuten zu schaffen gehabt, die so eine Uniform anhatten.

Der Doktor, mit dem ich vor den Terminen, die im Gerichtssaal abgehalten wurden, viel hab reden müssen, Barnstorf heißt der, werd den Namen mein Lebtag nicht vergessen, hat selber auch einen Bericht abgefasst. Erschienen ist der in einer Zeitung, die man überall im Land kaufen konnte, nicht nur in Braunschweig und in den Orten drum rum. Sollte mich beim Doktor wohl bedanken, hat mich noch berühmter gemacht. War nämlich ein großer Bericht, vier Seiten oder so, konnt ich gar nicht alles mit einem Mal lesen. Wegen meinen Augen, die machen mich verrückt, krieg immer Schmerzen, wenn ich länger lese oder was aufschreibe. Mit der Brille, hab die noch nicht lange, geht's bisschen besser, aber Schmerzen krieg ich trotzdem noch.

Schreiben der Oberstaatsanwaltschaft Braunschweig an den niedersächsischen Minister der Justiz vom 9.11.1950 (Auszug)
In einer Beratungspause des heutigen 7. Verhandlungstages der Hauptverhandlung vor dem Schwurgericht Braunschweig wurde dem Sitzungsvertreter das Heft 45 der Zeitschrift *Der Spiegel* vorgelegt, in dem sich ein längerer Artikel des in diesem Verfahren als med. Sachverständiger hinzugezogenen Med. Rats Dr. Barnstorf von der Landes-Heil- und Pflegeanstalt Königslutter über den Fall Pleil befindet.
Da der Sachverständige in dem vom *Spiegel* veröffentlichten Artikel bereits vor Erstattung seines Gutachtens in der Hauptverhandlung eine ausführliche Stellungnahme zur Persönlichkeit des Angeklagten Pleil gegeben hat, hat der

Sitzungsvertreter [Staatsanwalt F. Fuhrmann, d. A.] gemäß § 74 StPO den Sachverständigen wegen Besorgnis der Befangenheit abgelehnt. Das Schwurgericht hat dem Ablehnungsantrag stattgegeben.

[Das Gericht beschloss, den Artikel zu verlesen. Als die Öffentlichkeit dafür ausgeschlossen werden sollte, sprang Pleil auf und sagte, die Zeitung sei ja überall zu kaufen, d. A.]

Randvermerk des Generalstaatsanwalts Braunschweig in den Unterlagen zum obigen Sachverhalt vom 9.11.1950 (Auszug)
Da zwei weitere Sachverständige geladen waren, konnte die Hauptverhandlung ohne Verzögerung fortgeführt werden ...
Sollte Barnstorf für die Zeit seiner Teilnahme an der Hauptverhandlung Sachverständigengebühren beanspruchen, so wird zu prüfen sein, ob einem solchen Antrag unter dem rechtlichen Gesichtspunkt entgegengetreten werden kann, er habe seine Ablehnung als Sachverständiger selbst verschuldet.

In dem Bericht war sogar ein Foto vom Doktor drin. Von mir auch, aber seins kam zuerst. Hatte ziemlich viel von dem reingeschrieben, was ich ihm bei unsren Gesprächen anvertraut hab. Walter sagt, das hätt er nicht tun dürfen, wegen der Schweigepflicht, die man als Arzt schwören muss. Wahrscheinlich hat der Doktor gedacht, er kriegt was von der Berühmtheit ab, wenn die Leute erfahren, dass er mit dem bekannten Totmacher geredet hat. Und wie ein richtiger Patient war ich ja nicht für ihn. Ich meine, er hat mich nicht behandelt oder gezwungen, irgendwelche Pillen zu schlucken. Bloß

Fragen gestellt hat er, als wär's eine Sucht bei ihm, noch eine und noch eine, wie Wasser aus einem Springbrunnen sind die aus ihm rausgesprudelt. Aber nicht mal selber aufgeschrieben hat er, was ich auf seine dämlichen Fragen geantwortet hab. Dafür hat immer so ein Jüngling beigesessen, stumm war der wie ein Fisch, hab nie einen Ton aus seinem Mund zu hören gekriegt. Hockte nur da auf seinem Stuhl und hat auf seine Kladde gestiert und vor sich hin gekritzelt. Als hätt er Angst vor gehabt, mir mal in die Augen zu gucken.

Das Krankenhaus vom Doktor war in Königslutter. Über die Stadt kann ich nichts berichten, bin ich nie hingekommen, war immer eingesperrt im Krankenhaus. Heilanstalt hat's der Doktor genannt, so hat's auch am Eingang drangestanden. Haben sie die Leute mit getäuscht. In Wahrheit war's nämlich eine Irrenanstalt. Sind lauter Verrückte rumgelaufen dadrin, haben komische Verrenkungen gemacht, so mit dem Kopf gezuckt oder mit ihren Armen rumgewedelt, als würden sie im Wasser absaufen. Und paar waren drunter, wenn man an denen vorbeigelatscht ist, haben sie vor sich hin geplappert, als hätten sie mit jemandem ein Gespräch geführt. Aber da war nie einer, also kein andrer. Haben mit sich selber geredet oder in ihrem verdrehten Kopp tatsächlich geglaubt, dass doch einer da ist, dem sie was erzählen können. Und nie war Ruhe in dieser Klapsmühle, noch in der Nacht hat man Stimmen gehört, von einer Lautstärke, als wären sie direkt vom Zimmer nebenan gekommen. Hat man kein Auge bei zugekriegt. Wär beinahe selber noch verrückt geworden.

Aber dann wär's die Schuld vom Staatsanwalt gewesen. Auf seine Anordnung hatten sie mich zu dem Doktor hingeschafft. Vorm ersten Termin am Gericht war das, nicht vor dem mit den vielen Leuten und den Zeitungsfritzen, das war schon der zweite. Bei dem Termin, den ich meine, wurde nur der Tod von dem Kaufmann abgehandelt. Dass ich drüber hinaus paar Weiber aufm Kerbholz hatte, das haben die nicht mal gewusst zu der Zeit. Hab all die Monate, die sie mich da schon eingebuchtet hatten, waren sieben oder acht, immer schön meine Schnauze gehalten. Muss man sich mal vorstellen, da haben die so einen großen Fisch an der Angel und merken's nicht mal. Ist keinem ein Licht aufgegangen.

Handschriftliche Aufzeichnungen Dr. med. F. Barnstorf während Pleils Aufenthalt in der Landes-Heil- und Pflegeanstalt Königslutter vom 25.7. bis 30.9.1947, veranlasst auf Beschluss der 1. Strafkammer des Landgerichts Braunschweig am 19.7. 1947 (Auszüge)

26.7.47:
Liegt ruhig im Bett, erzählt spontan nichts vom Grund seiner Einweisung. Beobachtet die Vorgänge auf der Abteilung sehr genau, äußert sich aber nicht dazu. Ist zeitlich und örtlich vollkommen orientiert. Keine Auffälligkeiten in Verhalten, Ausdruck und Mimik.

30.7.47:
Hat sich bisher sehr reserviert verhalten, spricht nicht viel. Es wird vermieden, ihn auf die Tatbestände hin anzureden. Das Pflegepersonal ist angewiesen, keine eigenmächtigen Explorationsversuche anzustellen. Von sich aus ist Pleil bisher nicht auf seine Tat oder auf Einzelheiten seiner Vorgeschichte zu sprechen gekommen. Er schläft viel und begründet das damit, dass nachts auf der Abteilung durch die Verrückten viel Lärm gemacht würde und dass er es nicht gewohnt sei, unter solchen Leuten zu leben. Bei einem ersten orientierenden Explorationsversuch gibt er heute zu seinen Personalien zutreffende und sinnvolle Antworten. Ist

dabei aber sehr zurückhaltend. Überlegt lange und scheint andeuten zu wollen, dass sein Gedächtnis nicht besonders gut sei.

...

B [Frage Barnstorf]: Warum sind Sie hierhergekommen?

P [Antwort Pleil]: Das weiß ich nicht, die haben mich hierhergebracht.

B: Wo sind Sie hier?

P: In einem Krankenhaus, da sind alles Leute, die so einen kleinen Knall haben, in Königs... war ... na ... wie heißt das? ... in Königslutter.

...

B: Warum sind Sie ins Gefängnis gekommen?

P: Da soll einer totgeschossen oder totgestochen oder totgeschlagen worden sein. Ich weiß das nicht so genau. Daran soll ich mit schuld gewesen sein.

...

Pleil sieht sich während der Unterhaltung mehrmals um, als irgendwo ein anderer Patient zu schimpfen anfängt, lacht auf und meint, nun geht das schon wieder los.

Er wirkt nicht wie ein Epileptiker, hat keine typischen epileptischen Denk- oder Wesensveränderungen. Wirkt eher, dass er mit seiner langsamen und vorsichtigen Art der Antworten ... den Eindruck simulieren will. Aber das kann man noch nicht sicher beurteilen. Affektiv wirkt er ausgesprochen wurschtig und gleichgültig.

1.8.47:

[Pleil hatte Barnstorf die Tat inzwischen gestanden, d. A.]

B: Mit welcher Strafe rechnen Sie?

P: Im Höchstfall mit der Todesstrafe. Aber ich komme ja wieder raus.

...

B: Warum sprechen Sie mit niemandem?
P: Ich bin mit meinen Gedanken beschäftigt. Ich denke immer darüber nach, wer mir meine Pläne geklaut hat, wenn mir das geglückt wäre, hätte ich mir später mal selbst ein Schiff bauen können, ich habe an diesen Plänen schon lange herumgearbeitet, man braucht wenig Kohle, erzeugt viel Dampf, man kann Schiffe auch mit Elektrizität antreiben. Das wird sich alles finden, wenn ich erst mal hier rauskomme.
B: Was glauben Sie denn, wann Sie hier rauskommen?
P: Ich komme schon raus, so bald wie möglich. Dumm bin ich nicht, Herr Doktor. Wenn mancher Mann nur meinen Kopf hätte.
…
Körperlicher Befund an diesem Tag:
Ziemlich kleiner Mann mit pyknischem Habitus. Blasse, etwas fahle Gesichtsfarbe. Haut und Schleimhäute mäßig durchblutet, keine Ödeme oder Exantheme. Am rechten Handgelenk, Beugeseite, 5 cm lange, kaum sichtbare Narbe, strichförmig. Auf der Streckseite erbsengroße Einschussnarbe.

28.9.47:
Pleil sprang nach dem Abendessen plötzlich aus dem Bett und schlug ohne Grund auf … ein. Das wurde von Pflegern unterbunden, griff Pfleger an. Sagte später, dass er ganz über sich war. Können Sie mich denn nicht verstehen, jede Minute kann ich abgeholt werden. Lief im Zimmer auf und ab, bekam Beruhigungsmittel, war dann ruhig in der Nacht.

29.9.47:
Schon des Morgens unter der Bettdecke lustige Lieder gesungen. In der Nacht unruhig, ging viel zum Abort, äußerte Selbstmordabsichten …

Pleil abends sehr lebhaft und laut, sang und pfiff vor sich hin, sagte vieles durcheinander in albernem Ton, um seine Mitkranken zum Lachen zu bringen, kroch aus dem Bett auf Händen und Knien, ließ sich auf Zureden nicht beruhigen, sondern kam mit der Frage, wann fährt der Interzonenzug zur Leipziger Messe. Auf die Frage, warum er dies wissen wollte, gab Patient zur Antwort: Ich bin heute Abend außer Rand und Band, ich könnte alles entzweischlagen. Patient wurde gesagt, sich ruhig zu verhalten, gab darauf zur Antwort: Ich darf noch nicht mal lustig sein und Soldatenlieder singen. Patient machte dabei keinen verstörten Eindruck, sondern gab klar und deutlich Antworten, bekam auf Anordnung 5 St. … [unleserlich, d. A.]

3

Denk grad über was nach. Ist vielleicht besser, ich erklär mal die Reihenfolge, wie sich alles abgespielt hat, nicht dass Walter nachher was vertüdert. Also, von der Nacht an, wo ich den Kaufmann totgemacht hab. Oder mehr vom Tag drauf, als jemand über seine Leiche gestolpert ist. Frühjahr siebenundvierzig war das, damit man's richtig einordnen kann, im April, ich glaub, die Hälfte vom Monat war schon rum. Am selben Tag, oder am nächsten, kommt nicht drauf an, hat einer von den Polizisten das Beil aufgestöbert, mit dem ich meine Arbeit verrichtet hab. Lag in einem Gebüsch, nur paar Meter weg von der Stelle, wo der Kaufmann in die Knie gesackt war und sich langgemacht hatte. Muss ich da hingepfeffert haben, bevor ich abgehauen bin. Erinnern kann ich mich nicht dran. War keine schlaue Idee, aber ich hab's schon gesagt, der Suff. Jedenfalls kamen sie drauf, dass es mein Beil war, das sie da gefunden hatten. Nicht mein Eigentum, hab's von einem im Sägewerk in Zorge ausgehändigt gekriegt, sollt ich Bäume mit umhauen im Wald. Hab ich aber nur paarmal gemacht. Erst war's nicht möglich, lag zu viel Schnee. Und dann bin ich die meiste Zeit rumgereist, um Geschäfte abzuwickeln, war ich mein eigner Herr und hab gut verdient bei. Verraten hat mich das Beil, weil aufm Stiel eine Nummer draufstand. War bei jedem so, das Eigentum vom Sägewerk war, nur die Nummer war immer eine andre. Und die Nummern von den Beilen, die sie an Leute rausgegeben haben, waren in einer Kladde eingetragen, erst die Nummer und daneben der Name von demjenigen, der's gekriegt hat. Musste man seinen Wilhelm hinter setzen, als Empfangsbestätigung.

Angeblich hatten sie noch einen andren Beweis gegen mich in petto, einen Zeugen. Der soll mich an dem Abend, bevor's passiert ist, gesehen haben, wie ich mit einem fremden Mann in Zorge die Straße langgelatscht bin. Aber das wär als Beweis bestimmt nicht genug gewesen. Haben sich schon viele Leute geirrt, die solche Behauptungen aufgestellt haben. Wie will der mein Gesicht erkannt haben, war stockduster, als ich mit dem Kaufmann angetrabt kam. Ich glaub, mehr gezählt hat das Beil, da waren Fingerabdrücke von mir dran.

Hab mich bisher nicht drüber geäußert, was der Grund für war, dass ich wieder zurückgekommen bin, nachdem ich meiner Alten einen Besuch abgestattet und ihr nächtens noch paar Freuden bereitet hatte. Hab ich die erste Zeit in der Bucht viel drüber nachgegrübelt, kann aber trotzdem keine Erklärung abliefern. Wahrscheinlich hab ich gedacht, wird schon keiner draufkommen, dass ich's war, der den Kerl abgemurkst hat. Bei den ganzen Weibern war auch nie einer draufgekommen, mal beim netten Herrn Pleil nachzufragen.

Wie auch immer, nachdem sie mich dann eingebuchtet hatten, haben sie mitgekriegt, dass ich manchmal Anfälle hab, wo man denken könnte, dass ich bei draufgeh. Wenn so ein Anfall über mich kommt, krache ich auf den Boden wie ein gefällter Baum, kann ich nichts gegen machen. Und dann lieg ich da und fang zu zucken an, als würd wer Strom durch meinen Körper durchjagen, tausend Volt oder so. Dauert aber nie lange, so ein Anfall, nicht mal fünf Minuten, hat meine Alte gesagt, die hat paar miterlebt von. Das Verrückte ist, hinterher hab ich nicht die kleinste Erinnerung dran, kommt nicht mal was im Traum von vor, als wär's gar nicht passiert. Ich merk's nur dran, dass meine Hose auf einmal nass ist und nach Pisse stinkt. Und manchmal kommt hinten was raus, aber da will ich nicht näher drauf eingehen.

Anklageschrift im Mordfall Kaufmann Hermann Bennen, Oberstaatsanwalt beim Landgericht Braunschweig, 11.6.47 (Auszug)

Pleil gibt zu, bei der Ermordung anwesend gewesen zu sein und ihn beraubt zu haben, behauptet aber, die Schläge mit dem Beil habe ein Unbekannter namens Harry dem Opfer zugefügt. Harry habe ihm das Beil gegen 30 Zigaretten abgekauft und sich den beiden auf dem Weg über die Grenze von Zorge aus angeschlossen. Auf dem Weg zur Zonengrenze habe Harry den Vorschlag gemacht, Bennen zu berauben. Erst wollte Pleil nicht, dann stimmte er zu. Harry habe dann plötzlich den vor ihm laufenden Bennen mit dem Beil niedergeschlagen. Beide raubten Rucksack, Wäschebeutel und Aktentasche, Ringe und Bekleidung. Da soll Bennen noch gelebt haben. Danach soll Harry noch mehrmals mit dem Beil zugeschlagen und Bennen dann in die Zorge geworfen haben. Dann hätten sie sich die Beute geteilt, Pleil soll eine größere Summe Geld, den Rucksack und die Aktentasche bekommen haben. Dann trennten sie sich.

Das meiste der Beute wurde später bei Pleil gefunden. Es war also unglaubwürdig, dass er den Großteil bekam, obwohl er nur dabei gewesen sein will.

Pleil hatte bei seiner Festnahme 1700 RM bei sich, 1000 RM hatte er bereits per Post an seine Eltern überwiesen. Bennen hatte mehrere Uhren bei sich gehabt.

Pleil behauptete, das Geld binnen zwei Tagen durch Schwarzhandel mit Strümpfen und Seife verdient zu haben. Wahrscheinlicher war, dass das Geld aus dem Erlös der verkauften Uhren, mindestens vier, stammte.

Bennen war vorher mit in der Wohnung von Pleil, sie gingen gemeinsam von dort los, Pleil ging noch mal zurück, vermutlich, um das Beil zu holen. Die beiden wurden von einem Zeugen kurz vor der Tat gesehen, aber Harry wurde von niemandem gesehen.

Abschrift des Verhörs von Karl Hoffmann aus der Akte Js 2ARs 75/47 [geändert in: 20 Js 2490/48, d. A.] der Staatsanwaltschaft Nordhausen, Kriminalamt Magdeburg, 10.11.1948 (Auszüge)

An dem Abend war ich mit Frau Seifert [damalige Wirtin von Pleil und Hoffmann, d. A.], ihrer Tochter Marianne, Herrn Willing und seiner Braut sowie Herrn Minzner und seiner Frau und noch verschiedenen anderen im Tanzlokal Weißes Ross in Zorge zum Tanz. Herr P. [Pleil, d. A.] war nicht anwesend, sondern war nach Hamburg gefahren, um Fische zu holen.

Da Frau Seifert eine kranke Frau zu Hause hatte, war sie am bewussten Abend nach Hause gegangen, um nach ihrer Kranken zu sehen. Sie hatte das Lokal gegen 22 Uhr verlassen und kam etwa eine ½ Stunde später wieder zurück. Sie sagte, dass sie P. im Hausflur ihres Hauses gesehen hätte, und ein großer Mann mit Gepäck hätte dabeigestanden. P. sei auch noch zum Hof gegangen, dort wo sich unsere Aborte befanden. Ich selbst habe das Lokal an diesem Abend nicht verlassen, und am anderen Tag hörten wir, dass in Zorge ein Mann in der Nacht mit Namen Bennen ermordet worden ist. Diese Mitteilung hörte ich, als ich am Abend von der Arbeit zurückkam. Am selbigen Abend erschienen bei mir in der Wohnung zwei Kriminalbeamte und fragten, ob ich P. kennen würde, was ich auch bejahte ... Die Beamten forderten mich auf, nach dem Abendessen zur Polizeiwache in Zorge zu kommen, was ich getan habe. Dort wurde mir dann ein Beil vorgelegt, und ich wurde gefragt, ob ich dieses kennen würde. Da ich mit P. zusammen im Wald bei Zorge Holz für die Fa. Vax geschlagen habe, hatten wir beide zu dieser Arbeit zwei Beile erhalten, eines mit der Nr. 1000 und das andere mit der Nr. 1200. Auf dem mir vorgelegten Beil war die Nr. 1200 vorhanden, und ich erkannte dieses sofort als eines von beiden Beilen, mit welchen wir immer abwechselnd gearbeitet hatten. Ich möchte mich berichtigen und zwar dahingehend, dass es auch die Nr. 1000 gewesen sein kann ... Einige Zeit später stand in der Zeitung, dass der Zorger Raubmörder gefasst ist. Eines Tages sah ich auch, wie P. zum Tatort geführt wurde, und er musste sich mit dem Gesicht gegen die Wand stellen.

Als Nächstes haben sie rausgekriegt, dass ich meine große Freude dran hab, mir einen hinter die Binde zu kippen. War keine schwierige Aufgabe für die, hab's freiwillig zugegeben, dass ich den Genossen Schnaps zu schätzen weiß und dass ich eine Pulle erst wieder wegstelle, wenn der letzte Schluck raus ist. Soll schließlich nichts umkommen vom kostbaren Trunk.

So, und wegen der Anfälle und der Sauferei nun bin ich bei dem Doktor in seiner Klapsmühle gelandet. Der sollte rausfinden, ob mein Verstandskasten normal funktioniert hat, als ich den Kaufmann ins Himmelreich geschickt hab. Das Ergebnis seiner Untersuchung war von großer Wichtigkeit für die Termine beim Gericht. Der Doktor ist nach unsren ausführlichen Gesprächen nämlich zu der Erkenntnis gelangt, dass es sein kann, dass was nicht in Ordnung war mit meinem Kopp in der Nacht im Wald. Ich sag's auf meine Art, der gescheite Herr Doktor hat's komplizierter ausgedrückt. Wörter hat der benutzt, die hab ich nie gehört vorher. Eben typisch Doktor, die sagen immer alles so, dass ein Normaler nichts kapiert. Aber der Richter, der bei den Terminen sozusagen der Chef war, hat's verstanden. Dabei hat der Doktor nicht mal klipp und klar gesagt, so und so war's, sondern nur, dass es möglich sein könnte, dass es so war. Von Wahrscheinlichkeit und so hat der was gefaselt. Mein Gott, vernuddelt sich fast die Zunge bei. Hab's für mich so übersetzt, dass was ausgesetzt haben kann in meinem Verstandskasten, als ich das Beil aus dem Rucksack rausgeholt hab. Oder schon vorher. Wie bei einer Uhr, die für einen Moment stehen bleibt und danach einfach weitertickt, als hätten die Zeiger nur kurz eine Pause nötig gehabt. Kenn ich von meiner eignen, da war das mal so, jetzt hab ich keine mehr. Ist mir trotzdem bis heute ein Rätsel geblieben, wie der Doktor auf so was gekommen ist. Wenn in meinem Oberstübchen wirklich was ausgesetzt hätte, wie war's dann möglich, dass ich mich danach an alles erinnern konnte, und zwar haargenau? Kann's jetzt noch vor mir sehen, wie an dem Abend alles abgelaufen ist.

Ich glaub's zwar nicht, aber vielleicht wollte der Doktor was Gutes für mich tun. Wenn man Arzt ist, sagt Walter, hat man die Pflicht, den Menschen zu helfen. Ohne die Erkenntnis vom Doktor hätt mich der Richter als Mörder abgestempelt. Und dann hätt er mir die Todesstrafe für aufbrummen müssen. Ab zum Henker, und Feierabend wär gewesen. So aber hat er's als Totschlag eingestuft, und ich hab nur zwölf Jahre Zuchthaus gekriegt. Nun ja, über das Wörtchen nur kann man sich streiten, zwölf Jahre sind eine verdammt lange Zeit. Aber ich bin wenigstens am Leben geblieben. Ich war dreiundzwanzig, wie der Richter das Urteil verkündet hat. In dem Alter will doch keiner schon abtreten.

Man lebt, kann man sagen, aber die Frage ist, was das noch für ein Leben ist. Fressen kannste und scheißen kannste, und jede Nacht kannste dir einen abwichsen, aber mehr Freuden sind dir in der Bucht nicht mehr vergönnt. Ist besser, man verfällt nicht ins Grübeln drüber, sonst kommen schnell finstre Gedanken angekrochen wie Ratten aus ihren Löchern.

Merke grad, muss aufpassen, dass ich meine Gedanken nicht zusammenmenge, wie ich damals gedacht hab und was ich jetzt drüber denke. Die erste Zeit im Zuchthaus hab ich über manche Angelegenheiten eine andre Meinung gehabt als heute. Und noch früher hatten wir einen Kaiser, jaja, ist schon klar.

Jedenfalls, nachdem der Richter sein Urteil gesprochen hatte, die zwölf Jahre, haben sie mich direkt zurück ins Zuchthaus transportiert. In eine Zelle nach Celle. Könnt man sich drüber amüsieren, war aber nicht zum Lachen. War überhaupt nicht zum Lachen. Denn wie ich so in der Bucht drinsaß, ohne ein andres menschliches Geschöpf, mit dem ich hätt reden können, die ganze Zeit, tagein, tagaus, da hat mich die Panik erfasst. Hab mit einem Mal angefangen, von den toten Weibern zu berichten. War wie im Fieberwahn, oder als hätt ich einen besoffnen Kopp gehabt, kam einfach aus mir raus. Kann die Wahrheit eben nicht für mich behalten. Für eine Zeit, da geht's schon, aber nicht für ewig lange. Weil ich in mir drin einen guten Kern hab. Bin nicht böse. Man ist nicht böse, wenn man auf seine innere Stimme hört. Muss man doch drauf hören, wie wenn der eigne Vater was zu dir sagt.

Hab also angefangen mit meinen Bekanntmachungen, zuerst von zwei Weibern. Hab erzählt, was ich mit den Biestern angestellt hab und wo ihre Leichen zu finden sein müssten, falls noch was von ihnen übrig wär. Dreimal hab ich denen im Zuchthaus die Wahrheit präsentiert, aber denkste, die haben mir zugehört? Werd ich später noch ausführlich von berichten, erst mal muss ich weiter für Walter alles sortieren.

Jetzt kriegt nämlich der Doktor seinen zweiten Auftritt. Wird sich bestimmt freuen, wenn ich noch mal auf ihn zu sprechen komme. Hat ungefähr ein halbes Jahr gedauert, dann haben die bei der Polizei doch Nachforschungen zu den zwei Weibsbildern angestellt. Dabei sind denen die Augen aufgegangen, dass man sich auf die Bekanntmachungen von Rudolf Pleil verlassen kann wie auf ein Schweizer Uhrwerk. Und dann war's, als ob man sich einen Film, den man schon im Lichtspielhaus gesehen hat, noch mal anguckt. Ging alles von vorn los, wie nach dem Vorfall mit dem Kaufmann, nur dass sie mich nicht wieder zum Doktor in die Irrenanstalt gebracht haben. Der kam diesmal für 'n paar Sitzungen ins Zuchthaus. Wollte bestimmt mal weg von diesen ganzen Verrückten. Aber seine Fragen gestellt hat er wieder so, dass mir vor lauter Nachgrübeln bald der Schädel explodiert wär. War beim Kommissar nicht anders, den sie auf mich angesetzt haben, der hat auch bergeweise Fragen gehabt und wollte immer sofort was hören, als wär ich eine Maschine, wo man nur aufn Knopf draufdrücken muss und los geht's. Funktioniert aber nicht bei mir. Ist dann so, als wär mein Verstandskasten ein Waschbottich mit viel Wäsche drin, die kreuz und quer liegt und sich ganz verheddert hat, dass man nicht auseinanderhalten kann, was wo zugehört. Ich brauch Ruhe, um die Vorfälle, wie sie sich zugetragen haben, die Erinnerungen dran, wieder in meinen Kopf reinzukriegen. Muss man sich vorstellen wie puzzeln, hier ein Teil und da eins, und irgendwann wird ein Bild draus. Sind manchmal Wochen drüber vergangen, bis ich sämtliche Teile zusammensortiert gekriegt hab.

Wenn's nur die zwei Weiber gewesen wären, aber bei dem Pensum, das ich vollbracht hab, wie soll man da den Überblick behalten? Wann ich eine getroffen hab, was die angehabt hat, wo ich mit der hin bin, wie's dort ausgesehen hat, ob in der Nähe Häuser gestanden haben. Und was für Gepäck die mit sich rumgeschleppt hat und was für Sachen da drin waren. Und ob die geschrien hat, wo ich ihr eine aufn Deetz gegeben hab. Alles Mögliche wollte der wissen, dieser Kommissar. Dem werd ich auch noch paar Zeilen widmen, aber an andrer Stelle, muss ich dran denken.

Schreiben des Oberstaatsanwalts Kliesch, Distriktstaatsanwaltschaft Goslar, an Polizeioberrat Bönig, Chef der Polizei im Polizeibezirk Braunschweig-Land, Datum unbekannt (Auszug)
Da sich auch Zweifel an der Zurechnungsfähigkeit des Pleil ergaben, musste die Einstellung zu ihm seitens des vernehmenden Beamten besonders geschickt und sorgfältig gewählt werden. Der Fall hat bereits jetzt in der in- und ausländischen Presse starkes Interesse erweckt und zu umfangreichen Veröffentlichungen Anlass gegeben.
Die polizeilichen Ermittlungen sind im Wesentlichen durch Kriminalpolizeiwachtmeister Fulst allein durchgeführt worden. Der hat es nicht nur verstanden, in den einzelnen Fällen den objektiven Sachverhalt sorgfältig aufzuklären, vielmehr ist es ihm gelungen, zwischen ihm und dem Beschuldigten das richtige Verhältnis herzustellen. Auf diese Weise gewann der Beschuldigte zu dem Ermittlungsbeamten Vertrauen und offenbarte nach und nach die von ihm begangenen Taten. Mit Rücksicht auf die absonderliche Persönlichkeit Pleils gestaltete sich die Ermittlungstätigkeit als besonders schwierig. Sie ist ihm aber im Ergebnis als voller Erfolg anzurechnen. Fulst hat damit nicht nur der Allgemeinheit einen großen Dienst erwiesen, sondern auch als Hilfsbeamter der Staatsanwaltschaft und als polizeilicher Ermittlungsbeamter seine besondere Bewährung unter Beweis gestellt.
Ich halte es für angezeigt, diese Umstände dort besonders zur Kenntnis zu bringen, damit dem Beamten die erforderliche Anerkennung und der Aufstieg in seinem Fortkommen ermöglicht werden.

Dr. med. F. Barnstorf: Fachärztliches Gutachten, Landes-Heil- und Pflegeanstalt Königslutter, 11.11.1948 (Auszüge)
Die überraschende Aufklärung von drei sicheren und mehreren wahrscheinlichen Mordtaten Pleils im Wesentlichen durch seine eigenen Geständnisse und der Nachweis einer vorwiegenden sexuellen Motivation dieser grauenhaften Verbrechen lässt nun sowohl den Täter wie auch seine Taten in einem ganz anderen Licht erscheinen. Allerdings sind wir, da die Mittäter bisher nicht verhaftet werden konnten, wieder ausschließlich auf die eigenen Angaben Pleils über die Tatumstände und sein Verhalten dabei angewiesen. Pleils Glaubhaftigkeit wurde offenbar nach seinem ersten Geständnis im Zuchthaus Celle bezweifelt, und auch später sind wohl seine nackten und brutalen sexuellen Wünsche, die sich mit Mordgelüsten paarten, als Haftpsychose oder auch Simulation angesehen worden. Die kriminalistische Untersuchung hat aber in mühevoller Kleinarbeit ergeben, dass Pleils mündliche und schriftliche Schilderungen seiner Taten bis in kleine Nebensächlichkeiten (Farbe der Kleidung der Ermordeten, Tageszeit und Wetter) erinnerungstreu und zutreffend waren …
Diese Offenherzigkeit und die Form, in der sie sich in Pleils förmlich in obszönen und gemeinen Ausdrücken schwelgenden Briefen äußert, könnten den Verdacht einer geistigen Störung erwecken, wenn man nicht die psychologischen Hintergründe, die in seinem geistigen Gefüge und in der Situation liegen, berücksichtigen würde.
Wie ist Pleil zu einem Mordgeständnis gekommen? Einmal ist der Hinweis des ersten Vernehmungsprotokolls, dass er weiteres Schweigen »nicht mit seinem Gewissen vereinbaren könnte« (allerdings dürfte dieser Ausdruck nicht von ihm stammen), sachlich in einem gewissen Umfange wohl richtig. Es drängt sich, zumal in einem bereits verurteilten

Verbrecher, eine immer stärker werdende Sucht, sich zu offenbaren, aus den Tiefen der Seele heraus, auch wenn die moralischen und ethischen Wurzeln dessen, was man »Gewissen« nennt, völlig verkümmert sind wie bei Pleil. Er kennt keine Reue im wirklichen Sinne, er hat keine religiösen Bindungen, die ihm ein Bekennen seiner Schuld erleichtern, aber er hat jenen zwingenden Mitteilungsdrang, der so oft den Kriminellen nach kurzer oder langer Zeit zu einem Gespräch über Geheimgehaltenes bringt ...

Hätt mich für verfluchen können, dass ich überhaupt angefangen hab, denen was zu beichten. Diese blöde Ehrlichkeit, die hat mir die andren Termine beim Gericht eingebrockt, wo die Zeitungsfritzen bei waren. Doch wenn's nun mal so in einem drinsteckt, kann man nichts gegen machen. Sind aber paar Jahre vergangen bis dahin, was ein Glück für mich war. Wegen der Todesstrafe, die gab's nicht mehr, hatten sie in der Zwischenzeit abgeschafft. Vielleicht war's auch mein Pech, das mit der Todesstrafe, kommt drauf an, wie man's betrachtet. Hab mich nicht drüber beschwert zu der Zeit damals. Heute wär's mir ganz recht, es würd sie noch geben. Mehr sag ich dazu jetzt aber nicht.

Da dem Richter, der über meine Totmachungen befinden musste, nun also die Todesstrafe nicht mehr zur Verfügung stand, hat er mir lebenslänglich aufgedrückt. Hab's mir erst schöngeredet, wie bei dem Urteil, das ich für den Kaufmann gekriegt hab. Hauptsache, hab ich gesagt, die lassen dir den Kopf dran. Aber in Wahrheit ist lebenslänglich nichts andres, wie wenn man lebendig begraben wird. Also, nicht richtig begraben, nicht mit Erde aufm Deetz und so, man kriegt ja noch Luft. Aber wie ein richtiges Leben ist es eben auch nicht.

Mit bisschen Glück, und wenn man vorher nicht krepiert

ist, kommt man vielleicht irgendwann raus. Vielleicht. Irgendwann. Kann man gleich auf ein Wunder hoffen. Als wär man ein Schiffbrüchiger, der sich mitten aufm Meer an einem alten Holzkahn festklammert, der leckgeschlagen und am Abgluckern ist. Und selbst wenn man dieses große Glück hätte und so ein Wunder eintreten würde, nur mal gedacht, vielleicht nach zwanzig Jahren, die man im Zuchthaus gehockt hat, dann wär man fürs normale Leben sowieso verloren. Würd man doch nicht mehr mit zurechtkommen nach so langer Zeit, wie soll das gehen?

So, jetzt hab ich Walter die Orientierung gegeben, kann er nicht mehr durcheinanderkommen. Muss nur alles so abtippen, wie ich's hier aufschreibe, in der gleichen Reihenfolge und so. Damit's die Leute draußen erfahren und damit ich nicht in Vergessenheit gerate. Walter sagt, das wird mein Vermächtnis. Das Vermächtnis von Deutschlands berühmtem Totmacher. Auf diese Weise, sagt Walter, denken die Leute in hundert Jahren noch an mich. Gefällt mir, die Vorstellung, als würd dann noch was von mir da sein, obwohl ich selber die Welt schon verlassen hab. Als wär ich ein Geist, nicht da und doch da. Wie bei andren Berühmtheiten, da ist das auch so.

Stenogramm der Vernehmung Pleils durch Dr. med. F. Barnstorf am 11.11.1949 in der U-Haftanstalt Braunschweig, anwesend: Dr. Barnstorf, Dr. Boroffka [Assistent, d. A.], Staatsanwalt Fuhrmann, Angestellter Ballermann [Schreibgehilfe, d. A.], ein Justizwachtmeister (Auszüge)

Beginn der Vernehmung: 15.40 Uhr

B [Barnstorf] begrüßt P [Pleil] und fragt ihn, ob der ihn kennen würde.

Nach kurzem Überlegen sagt P: Ja, Sie sind aus Königslutter.

B erzählt P, dass er ein berühmter Mann geworden sei, er stände sogar in der Zeitung. P ist das bekannt, er sagt: Ich habe es in der Zeitung gelesen.
P gibt an, dass er in der U-Haftanstalt sehr unter Langeweile leide. Einzelhaft. Er lese mal ein Buch oder drehe Bindfaden, gerade wie er Lust habe.
B: Warum haben Sie die ganze Geschichte [die Frauenmorde, d. A.] nicht schon damals erzählt, in Königslutter?
P: Es hat mich doch keiner gefragt.
...
B: Wann kriegen Sie denn einen steifen Schwanz?
P erzählt, wie er den Weibern mal einen Schrecken eingejagt habe, mit einer Maus, der er einen Bindfaden um den Schwanz gebunden hätte. Man merkt, dass ihm die Erzählung Spaß macht, er unterbricht seine Worte häufig durch Lachen.
B: Ist es Ihnen gleichgültig, ob es eine dicke oder dünne Frau ist?
P: Eine dicke muss es sein.
...
B: Hatten Sie Angst, dass Sie hingerichtet werden?
P: Geweint habe ich nicht, aber ich will es nicht abstreiten.
B: Wann haben Sie erfahren, dass Sie nicht hingerichtet werden?
P: Es ist alles Theater. Ich verstehe nicht, dass man Leute hinrichten will, die welche totgemacht haben.
...
B: Das Gesetz sagt, wenn jemand einen Mord begeht, muss er hingerichtet werden.
P: Ein komisches Gesetz.
...
B: Träumen Sie nachts auch mal?
P: Ja.

B: Wovon?

P: Meistens habe ich es morgens wieder vergessen.

B: Träumen Sie auch, wenn Sie tagsüber auf dem Bett liegen?

P: Nein.

...

P erzählt wieder von seinem Leben in der U-Haftanstalt, dass es sehr langweilig sei. Aber früher, als noch Weiber dort gewesen wären, da habe man die sehen können, wenn sie die Treppe aufgewaschen hätten, ihren Arsch habe man dabei schön sehen können.

...

B fragt, wie das eigentlich bei der letzten Vernehmung [bei der Polizei, d. A.] gewesen sei, als die Stenotypistin reingekommen sei?

P: Wenn ich Weiber sprechen höre, das geht mir durch und durch. Die (Stenotypistin) hatte eine seidene Bluse an, die Tittchen waren richtig gespannt. Am liebsten hätte ich sie gleich umgelegt.

B: Ist Ihnen dabei einer abgegangen?

P: Nur einer hochgekommen.

B: Warum haben Sie sie nicht umgebracht?

P: Es waren zu viele um mich herum?

B: Warum sind Sie nicht weggelaufen?

P: Ich kann ja gar nicht schnell laufen.

...

B fragt, ob P jetzt, nachdem er alles erzählt habe, ruhiger sei. Ohne auf die Frage einzugehen, erzählt P von einem Zeitungsartikel in der *Grünen Post* [*Die Grüne Post*, Sonntagszeitung, d. A.], worin gestanden habe, dass er eine Perücke getragen habe, das stimme aber nicht. Die sind ja verrückt. Dann kommt er auf ein Foto in der *Hannoverschen Presse* von ihm zu sprechen: Das bin ich gar nicht, ich habe doch keine Geiernase wie ein Gnom.

...

B: Wo sind Sie denn in drei bis vier Jahren?

P: Ich bin doch nicht Christus. Vielleicht bin ich schon tot.

B: Und wenn Sie noch leben?

P: Die Todesstrafe ist abgeschafft.

B: Ist das schade?

P: Ja. Wenn sie mich totmachen, dann bin ich eben tot. Es ist mir egal. In Königslutter war ich immer niedergeschlagen.

…

Gegen 17.30 Uhr wird die Vernehmung beendet.

4

Hab mit Walter einen Pakt geschlossen, ist unser Geheimnis. So ähnlich wie bei Faust und Mephisto, sagt Walter. Er kennt sich mit solchen Sachen aus, ist auch ein Gebildeter. Wenn ich's richtig verstanden hab, hat er früher studiert. Muss vorm Krieg gewesen sein. Die Leute, die man im Zuchthaus kennenlernt, erzählen alles Mögliche, und das meiste davon ist gelogen. Walter schätze ich nicht so ein, zu ihm hab ich Vertrauen. Weil er so ein Schlauer ist, haben sie ihn in die Schreibstube gesteckt. Muss da den ganzen Tag auf der Schreibmaschine rumhämmern, der Arme.

Wär nichts für mich. Hab nur fünf Klassen geschafft in meiner Schulzeit. Aber nicht etwa, weil's da oben bei mir nicht gereicht hat. War die Schuld von meinem Vater, muss er mit leben. Schreib ich später was drüber. Wenn noch Zeit ist. Muss mich beeilen, Walter kommt bald raus, der hat keinen totgemacht.

Die Geschichte von Faust und Mephisto, die hat Walter mir erzählt, das mit dem Pakt und der Seele und so. Ich glaub nicht dran, dass es einen Teufel gibt oder eine Hölle, wo alles brennt, als wär man in einem riesigen Ofen drin. An Gott glaub ich allerdings auch nicht. Als wär da jemand, der die Guten abholt und ins Paradies bringt, wenn's auf der Erde für die vorbei ist. Wie soll das denn gehen? Tot ist tot, da kommt nichts mehr. Und falls es doch einen Gott gibt, dann hat er mich ganz schön im Stich gelassen. Hab's vor den letzten Terminen beim Gericht nämlich noch mal mit ihm versucht. Hab mir vom Kalfaktor aus der Bücherei eine Bibel ranschaffen lassen und brav drin gelesen, jeden Abend paar Zeilen.

Und gebetet hab ich vorm Einschlafen, hab das Vaterunser aufgesagt, wie Mutter mir's beigebracht hat, muss ich fünf oder sechs gewesen sein. Sie hat's vorgesagt, und ich hab's nachplappern müssen, immer eine Zeile, bis die Wörter in meinem Kopf drin waren, dann hat sie die nächste aufgesagt.

Mutter war auch der Grund, warum ich's noch mal versucht hab mit dem da oben. Sie und Vater hatten mir einen Brief ins Zuchthaus geschickt, ich soll wieder zum Herrn finden, nur der kann mir helfen, kann mir Trost geben und so.

Abschrift des Briefes der Eltern Pleil an ihren Sohn vom 26.8. 1950 (Auszüge)

Lieber Rudi,

heute erhielten wir diesen sehnsuchtsvollen Brief. Du schreibst, wir sollen Dir keine Vorwürfe machen, wir werden das nicht tun, weder ich, Dein Vater, noch weniger Deine Mutter. Deine Mutter hat dich christlich erzogen und ich, Dein Vater, habe auch nichts dagegen gehabt, denn eine christliche Erziehung muss sein. Wenn man die 10 Gebote Gottes gelernt hat und immer daran denkt, dann kann man auf keinen falschen Weg kommen. Ich will Dir keine Vorwürfe machen, auch ich hatte sie vergessen, deswegen bin ich auch auf den falschen Weg geraten, deswegen Deine liebe Mutter, Deine Schwester Maria und Du Rudi musstet darunter leiden. Aber mein Lieber, ich habe Dich gewarnt, habe Dir oft gesagt, Du sollst den Alkohol lassen und sollst es besser machen wie ich. Mein Lieber, Du hattest das 4. Gebot vergessen. Ich will Dir keine Vorwürfe machen, denn Dein Lebenslauf ist so schwer genug, was Du alles ertragen musst. Aber wir können Dir nicht helfen, wir können Dich bloß trösten, wir wissen auch, dass Du gute Seiten hast. Wenn Du Gelegenheit hast, lass Dir immer die Bibel geben, dort drinnen findest Du immer noch Trost, auch ich muss Dir dasselbe, was Du geschrieben hast, mit-

teilen, schau, ich bin 1,50 m groß, 79 kg schwer, Beine stark geschwollen, starke Halsbeschwerden, Blut 75 Proz. zu Wasser, ich habe drei Ärzte, bei mir wird vielleicht noch Hilfe sein, aber vertrau auf Gott, dann wird bei Dir auch Hilfe kommen … Denke nur an Christus und sei gottgläubig, das ist mein Trost, den ich Dir geben kann, denn Menschen können Dir nicht helfen. Wenn ich Geld hätte, würde ich Dich mal besuchen, aber leider stehen wir jetzt knapp mit Geld. Lieber Rudi, vergessen können wir Dich nicht, weil wir Tag und Nacht an Dich denken …
Es grüßen vielmals
Deine Eltern
Deutzen, August-Bebel-Straße 17
Kreis Borna, Bz. Leipzig, russ. Zone

Ist gut, wenn man jemanden zum Reden hat hier drin. Bibel lesen ist praktisch ja so, als würd man mit dem Herrgott in Kontakt treten. Hab mir eingeredet, er spricht zu mir durch die Wörter, die ich in der Bibel lese. Und weil ich's geglaubt hab, hab ich selber paar Wörter an ihn gerichtet, jeden Abend, außer ich hab's mal vergessen. Hab mich auf den Boden hingekniet, nach oben geguckt an die Decke und ihn angefleht, er möge mir Gnade gewähren. Steht doch so drin in der Bibel, die Gnade des Herrn Jesus sei mit allen. Aber entweder ist das nur Schwindelei, oder Gott hat nicht an mich gedacht, als er seine Gnade verteilt hat.

Einmal ist ein Priester angestiefelt gekommen und hat mich bekehren wollen. War, bevor ich angefangen hab, auf Mutters Empfehlung die Bibel zu studieren. Man kann den Besuch von einem Priester anfordern, wenn einem schwer ist ums Herz oder so. Hatte ich aber nicht gemacht. Der ist von alleine aufgetaucht, ohne Vorankündigung, ist reingekommen in die Bucht und hat was von gefaselt, dass man sich vor

Gott verantworten muss, wenn's zu Ende geht mit einem. Und dass mit dem Tod ein neues Leben anfängt. Und dass jeder Mensch eine Seele hat, auch der, der auf dem dornigen Weg durchs Leben vom rechten Weg abgekommen ist. So hat der geredet, dorniger Weg durchs Leben. Meinte bestimmt mich damit. Hat er nicht ausdrücklich verkündet, aber ich bin nicht gegen eine Straßenlaterne gerannt mit 'm Kopp. Kam mir eher so vor, als wär der bisschen bekloppt gewesen. Wie der mich angeguckt hat, als hätt ich eine böse Krankheit, die man nicht heilen kann. Nach seiner Denkweise geht die Seele von einem Menschen zu Gott, wenn er sein Leben ausgehaucht hat und in der Erde verbuddelt wird. Das sollte ich dem glauben, so ein Quatsch. Als Totmacher muss ich's ja wohl besser wissen als dieser Kirchenheini. Wenn Menschen eine Seele hätten, dann wüsst ich das. Hab genug Leute totgemacht, hätt ich doch was bei merken müssen. Wie die Seele aus dem Körper rauskommt und wegfliegt oder durch die Luft schwebt wie eine Wolke. Da war aber nie was, ich schwör's, hab nie gesehen, dass da was weggeflogen wär. Da war immer nur der Körper von den Weibern. Und Blut war da, hab ich genug von rauslaufen sehen, aus dem Schädel oder so, wo ich die Weiber halt grad mit meinem Schlaggerät erwischt hab.

Vielleicht haben Weiber gar keine Seele, nur wir Männer? Aber das kann auch nicht sein.

Bei Fischen ist das was andres. Kann ich hier berichten, kenn ich mich aus mit. Bin paar Jahre aufm Meer rumgeschippert, hab die halbe Welt gesehen auf die Weise. Die längste Zeit war ich auf größeren Dampfern unterwegs, eine Weile aber auch nur auf Fischkuttern, die nicht so weit rumgefahren sind, Ostsee, Nordsee, in dem Gebiet waren die zugange. Von daher stammt meine Erkenntnis. Bei Fischen, ja, da hab ich mal was gesehen. Wie wir die mit Netzen eingefangen und aus dem Wasser rausgezogen haben. Waren Heringe. Ich glaub, nur Heringe haben eine Seele.

Walter hat trotzdem recht mit dem Pakt. Nur dass er nicht meine Seele kriegt, sondern die Schreiberei hier, was ich erlebt hab und wie ich über alles denke. Und dafür, dass er die ganzen Seiten, die ich vollkritzele, auf seiner Schreibmaschine abtippt, hab ich ihm mein Ehrenwort gegeben, dass er einen Durchschlag von machen kann, den er behalten darf. Muss er aber so anstellen, dass die Wachtmeister ihn nicht bei erwischen. Sind ganz spitz auf meine Niederschriften, diese Dösköppe. Denken wohl, da wird was Geheimes drinstehen, was ich bisher nicht offenbart hab. Liegen sie gar nicht so falsch mit, hab noch paar Überraschungen im Köcher, aber das müssen die ja nicht zu erfahren kriegen.

Walter will sein Exemplar aus dem Zuchthaus rausschmuggeln, wenn er freigelassen wird. Und draußen will er für sorgen, dass die Leute meine Geschichte zu lesen kriegen. Die ganze Geschichte, wie's wirklich war, und nicht so verdreht, wie's die Zeitungsfritzen sich ausgedacht haben.

Den Ordner, den mein Rechtsanwalt hergeschickt hat, werd ich Walter auch geben, hab ich ihm zugesagt. Steht hier aufm Tisch, dieses schwarze Monstrum, zehn Zentimeter dick oder so, vorn ist mein Name drauf und das Datum von meiner Geburt, sieht beinah aus wie ein Grabstein. Sind lauter Schriftstücke drin abgeheftet, die für die Termine beim Gericht angefertigt wurden. Zum Beispiel das vom Doktor, was der über mich rausgefunden hat. Und von paar andren Psychiatern, die versucht haben, in meinen Kopf reinzugucken. War nämlich so, dass sie nicht nur den Doktor aus Königslutter beauftragt haben, mir Löcher in den Bauch zu fragen. Andre Doktoren haben die gleiche Aufgabe gekriegt. Sind sogar welche bei gewesen, die waren Professor.

Prof. Dr. med. G. Jungmichel/Prof. Dr. W. Ewald: Vorläufiges ärztliches Gutachten, Göttingen, 21.5.1950 (Auszug)

Pleils Stimmung war [bei den Sitzungen, d. A.] wechselnd, meist etwas gehoben, jovial, leicht hypomanisch, der Situation wenig angemessen. Gelegentlich war er auch leicht verstimmt, sein Verhalten war dann ablehnend, lauernd, misstrauisch. So lehnte er am 12.5.50 weitere spezialärztliche Untersuchungen ab, er lasse sich nicht mit dem Apparat in der Klinik seine Gedanken ablesen. Mimik und Motorik waren mitunter etwas schwer beweglich und langsam, zwischendurch aber auch ganz frei und lebhaft. Die Sprechweise war unauffällig, keine artikulatorischen Störungen, zuweilen ein kurzes Stottern, stark sächsischer Dialekt.

Sinnestäuschungen und Wahnideen wurden nie bemerkt. Das Denken war geordnet, gelegentlich etwas abspringend, eine eigentliche Ideenflucht war jedoch nicht vorhanden. Dagegen wurde er durch äußere Vorgänge in der Umgebung sehr leicht abgelenkt und verlor dann schnell den Faden. Immer stand im Vordergrund seine Egozentrizität.

Seine Merkfähigkeit ist nicht ernster gestört, sein Gedächtnis oft geradezu erstaunlich. Ab und an gelingt ihm eine Rückerinnerung an bestimmte Dinge nicht. In späteren Besprechungen kommt er dann oft anhand von Notizen von selbst wieder darauf zurück oder reicht durch einen Beamten ein Schreiben dazu ein. Zuweilen erfolgen auch verschiedene Darstellungen des gleichen Vorgangs, deren endgültige Richtigstellung er dann mit der Bemerkung abtut: So genau kann ich mich heute nicht mehr daran erinnern.

In dem Ordner sind auch Protokolle über Vernehmungen von Leuten drin, die was über mich preisgegeben haben. Leute aus Zorge, beim Bürgermeister angefangen, und welche von früher und Polizisten aus verschiedenen Orten, die nach meinen Totmachungen ihre Arbeit erledigt haben. Und meinen Lebenslauf, den haben sie da auch reingetan, war mein Werk, hab ich eigenhändig verfasst, fürs Gericht, sind mehr als zwanzig Seiten geworden, so viel hab ich durchgemacht in den paar Jahren, die ich mich nun schon auf der Erde rumschlage. Lauter solche Schriftstücke eben, die von großer Wichtigkeit waren. Hab ich Walter zu verdanken, dass der Anwalt die hergeschickt hat. Hätt ich ein Recht drauf, hat Walter gesagt, wo ich doch der Hauptdarsteller der ganzen Geschichte bin. Kann er alles gleich mit abtippen, wird er schön ins Schwitzen kommen, ist ein ordentlicher Stapel, hundert Seiten reichen nicht. Sollen die Leute ruhig alles zu lesen kriegen, dann können sie selber entscheiden, was sie von mir halten. Das war ja die große Frage.

Aber bevor die Menschen sich ein Urteil über meine Person bilden, muss ich ihnen noch mitteilen, dass paar Leute, von denen was im Ordner drin ist, hinterhältig waren und mich reingelegt haben. Der Doktor aus Königslutter ist einer von diesen falschen Gesellen. Hat bei unsren Zusammenkünften immer stinkfreundlich getan, aber was er für den Richter aufgeschrieben hat, das war das Gegenteil davon. Ich such's gleich mal raus, sonst vergess ich's nur. Hier, das mein ich, da hat er geschrieben, ich wär ein geborener Triebverbrecher, und dass ich gemordet hätt wie ein Raubtier. Man kommt doch nicht auf die Welt und ist gleich ein Verbrecher. Und warum hat der was von Raubtier geschrieben? Ich hab gedacht, der wär Psychiater und nicht Tierdoktor oder so was. Wie hätt ich den Weibern mit einer Eisenstange oder was andrem aufn Ballon hauen können, wenn ich ein Raubtier wär? Soll er mir mal vormachen. Aber daran merkt man, dass es dem gar nicht um mich gegangen ist, nicht um mich als Mensch, wie er behauptet hat. Muss er gelogen haben. Hat bestimmt nur mit halbem Ohr zugehört, wenn ich ihm mein Inneres offenbart hab. Ich glaub, der hat nicht mal kapiert, warum ich die Weiber überhaupt totgemacht hab. Das steht in seiner Abhandlung über mich nämlich nicht drin. Hab's paarmal nach durchgeguckt. Kein Wort hat er drüber verloren, der Herr Doktor.

Walter sagt, ich soll aufschreiben, wie viele Weiber es waren, die ich bearbeitet hab. Wie der sich das vorstellt, als hätt ich eine Liste drüber angefertigt. Kann's höchstens schätzen. Fünfzig waren's vielleicht, oder sechzig. Sind aber nicht alle bei hopsgegangen. Im Urteil vom Richter ist die Rede von zwölf Totmachungen.

Bei einem der Vorfälle muss ich einen schwachen Tag gehabt haben. Das Weibsstück ist hinterher wieder aufgestanden. Also waren's nur elf richtige Totmachungen. Jedenfalls nach der Zählung vom Richter. Die war aber sowieso falsch.

Eine Totmachung haben sie von sich aus untern Tisch fallen lassen. Hatte ich einen Anfall bei, konnt mich hinterher nicht dran erinnern, was ich mit dem Weibsbild angestellt hab. Aber tot war das Biest, so viel steht fest, die Leiche ist gefunden worden. War auch kein andrer bei, der meine Arbeit verrichtet haben könnte, muss ich also selbst ans Werk gegangen sein. Als der Anfall zu Ende war und ich aufgewacht bin und wieder denken konnte, hab ich festgestellt, dass meine Hände mit Blut beschmiert waren. War dunkel, das Blut, fast schwarz und nicht mehr richtig nass, aber bisschen klebrig. Das spricht auch dafür, dass ich's gemacht hab. Und dass aufm Boden neben mir das Hufeisen gelegen hat, das ich für den Zweck extra in meine Aktentasche reingepackt hatte. War auch ziemlich viel Blut dran, nicht nur ein, zwei Tropfen. Aber wenn man so einen Anfall hat und einen bei totmacht, wird man nicht für bestraft nach dem Gesetz.

Ist, wie wenn man zu besoffen ist, da kommt der gleiche Paragraf zum Einsatz. Weiß ich von meinem Anwalt. Paragraf 51, hab ich mir gemerkt.

Waren aber auch so nicht alle Totmachungen, die der Richter aufgelistet hat. Hab eine ganze Reihe mehr verkündet, vor den Terminen, aber der Kommissar und seine Mitarbeiter waren zu bequem, alle meine Angaben nachzuprüfen. Oder die hatten keine Lust mehr, nachdem sie paar Fälle zusammenhatten. Haben gleich die Flinte ins Korn geworfen, wenn mal was nicht zu hundert Prozent gestimmt hat. Kann mich schließlich nicht an alles erinnern als wär's gestern passiert. Bei der, die wieder auferstanden ist, war's erst genauso. Hab dem Kommissar den Vorfall erzählt wie einen Film. Wie ich die aufgegabelt hab. Wie wir zusammen zur Zonengrenze gewatschelt sind. Und an welcher Stelle im Wald wir eine Fuffzehn eingelegt haben. Und wie ich ihr dabei eine übern Deetz gezogen hab, von hinten, damit's auch eine richtige Überraschung war für sie. Hat sich alles angehört, der Kommissar, und danach hat er seine Mitarbeiter bisschen rumfragen lassen, ob zu der Zeit in der Gegend eine Leiche gefunden wurde. Ist aber nicht der Fall gewesen. Damit war's für ihn erledigt. Hat mich auf einmal behandelt, als könnte man sich auf mein Wort nicht verlassen, als wär ich ein Märchenonkel. Aber dann, eines Tages, dauerte paar Monate bis dahin, erblickte die Tote, die ja nicht wirklich tot war, wie wir jetzt wissen, in der Zeitung mein Foto. Muss sich mächtig erschrocken haben, ist gleich zur Polizei hingerannt.

Was hab ich gestaunt, als der Kommissar mir die Nachricht überbracht hat, dass die Alte nach meiner Behandlung nicht ihr letztes Lüftchen ausgehaucht, sondern Jesus nachgespielt hat. Nicht, dass ich der eine Träne nachgeheult hätte, nee, dafür war die zu geizig. Hatte paar Pullen Sprit in ihrer Tasche, wollte aber ums Verrecken keine von abgeben. Kurz mal dran schnüffeln, das hat sie zugelassen, dass ich so richtig Appetit drauf gekriegt hab, ganz hibbelig bin ich von geworden. Und wollte mir natürlich sofort einen schönen Schluck genehmigen. Wenn jemand so einen edlen Tropfen zu schätzen weiß, dann bin's ja wohl ich. Aber wie hat die olle Schabracke drauf reagiert? Aus der Hand gerissen hat sie mir die Buddel, und schon war das gute Stück wieder in ihrer Tasche verschwunden. So verhält man sich doch nicht, wenn man gemeinsam durch den Wald latscht. War sie selber schuld dran, was ihr widerfahren ist. Aber anständig fand ich's trotzdem von ihr, sich beim Kommissar zu melden. Dadurch, dass sie ihm die gleiche Geschichte erzählt hat, die er vorher von mir gehört hatte, nur eben mit dem andren Ende, hat sie meine Glaubwürdigkeit wiederhergestellt. Wahrheit muss Wahrheit bleiben, ist ein Gesetz von mir, hab auch welche, da bin ich ein Ehrenmann.

In dem Zusammenhang, wird Zeit, dass ich was über Conrad berichte. Und über Karl. Die beiden haben bei den Terminen mit vorm Richter strammsitzen müssen und die gleiche Strafe abgekriegt. Schmoren jetzt wie ich im Zuchthaus, aber nicht hier in dem. Der Grund für ist, dass sie bei paar Totmachungen mit das Werk vollbracht haben, entweder der eine oder der andere, gemeinsam waren sie nie dabei. Bei dem Vorfall mit der Auferstandenen war's Conrad, deswegen komm ich drauf.

Die zwei sind so verschieden wie Sommer und Winter. Auf Conrad lass ich nichts kommen, der ist ein guter Mensch. Von sich aus hätt der nicht mal eine Fliege böse angeguckt. Hab ihn zu überredet, dass er mitmacht. Hat praktisch die Aufgabe als mein Assistent übernommen. Festgelegt hab *ich,* was gemacht wird. Hab auch die Hauptaktionen ausgeführt, also die Schläge, die was bewirkt haben. Conrad hat nur zugehauen, wenn ich die Weiber vorher schon betäubt hatte mit meiner Handschrift.

Karl dagegen ist von ganz andrem Kaliber. Hab erst gedacht, der ist auch ein Kumpel. Lange hab ich das gedacht, paar Jahre kann man sagen. Hab mich aber kräftig getäuscht in ihm, bin reingefallen auf seine Tricks. Karl ist kein Kumpel, ein Schuft ist das, und zwar ein gottverdammter. Und ein Lügner ist er obendrein. So einen Lügner hat die Welt noch nicht gesehen. Lügt von früh bis spät. Weiß gar nicht, wie man sich bei so viel Lügerei, wie der aufzubieten hat, noch im Spiegel angucken kann.

Karl ist ein richtiges Monster, ich übertreibe nicht. Hab's selber erlebt, wie er einem Weib, das er vorher schon totgehauen hatte, noch die Kehle aufgeschlitzt hat. Träum ich bis heute von. Ist immer derselbe Traum, wie's in Wirklichkeit war. Karl kommt aus dem Wald raus, sein Gesicht kann ich nicht erkennen, ist dunkel. Sehe nur seine Gestalt, die Umrisse, als wär's ein Scherenschnitt, haben wir in der Schule mal gemacht. In einer Hand hat er ein Messer, ein großes mit langer Klinge, die so gezackt ist. Mit der andren, ist die linke, trägt er was, wo man erst denken könnte, es ist eine große Rübe, die er oben an den Blättern festhält. Aber dann kommt er dichter ran, und ich kann sehen, es ist ein Kopf, und die Blätter sind Haare. Und unten, wo normal der Hals dran ist, tropft was raus.

Und einmal war ich bei, wie er einen Mann erschossen hat, war auch im Wald, mit einer Pistole von der Wehrmacht. Von hinten hat er den abgeknallt, einfach so, als wär's kein Mensch, sondern ein Karnickel oder ein Wildschwein. Ist nicht gelogen, kein Wort. Aber Karl, dieser Verbrecher, tut so, als hätt ich alles erfunden. Stellt mich als Lügner hin, die ganzen Jahre schon, seit sie ihn eingefangen haben. Streitet alles ab, was ich über ihn und unsre gemeinsamen Unternehmungen kundgetan hab, dieser sture Esel. Will nichts getan und bei nichts bei gewesen sein. Sogar bei den Terminen, wo man den Eid auf Gott schwört und die Wahrheit sagen muss, hat er weiter seine Lügen behauptet. Aber da war er bei dem Richter an der falschen Adresse, der hat den großen Lügenmeister durchschaut.

Ich sag nicht, dass ich noch nie gelogen hab. Jeder lügt mal, ohne Lügen kommt man nicht durchs Leben. Aber bei mir ist das so, als würd ich vom Lügen eine Krankheit kriegen. Erst merk ich nichts von, aber nach paar Tagen spür ich so eine innere Unruhe. Und ich spür was in der Brust, als würd einer mit dem Fuß draufstehen oder so. Abends ist es am schlimmsten, wenn's draußen aufm Gang ruhig wird und ich hier drin auf der Pritsche liege und mir die Gedanken kommen. Dass die Leute schlecht über mich reden, mich als Lügner abstempeln, wenn rauskommt, dass ich was anders erzählt hab, als es sich in Wirklichkeit ereignet hat. Mein Vater hat mir immer Dresche verpasst, wenn er mich früher beim Lügen erwischt hat. Kommt vielleicht daher. Wenn's mal so weit ist, find ich nicht in den Schlaf, marschier die halbe Nacht durch die Bucht, von der Wand, wo die Tür ist, zu der Wand gegenüber mit dem Fenster, ständig hin und her. Im Dunkeln. Sind nur paar Schritte. Kann man irre bei werden.

Beim Aufschreiben lüg ich nicht, hab's Walter versprochen. Keine Märchen, hat er gesagt. Sind keine Märchen, ist alles so passiert. Wenn ich mich an was nicht erinnere, sag ich's dazu. Oder wenn ich's nicht genau weiß. Aus dem Grund hab ich auch angegeben, dass ich bloß einen Mann totgemacht hab. Kann sein, dass in Wahrheit zwei auf meinem Konto draufstehen müssten. Für den zweiten kann ich nur keinen Beweis erbringen. Will da jetzt aber nicht vorgreifen.

Walter sagt, ich soll mir alles von der Seele schreiben. Damit ich nachher ein reines Gewissen hab. Als würd ich bei einem Priester die Beichte ablegen. Der Mensch muss ein reines Gewissen haben, sagt Walter, sonst findet er nicht seine innere Ruhe und geistert noch im Tod als Gespenst herum. Ich weiß nicht, wie es ist, wenn man bei der Beichte gewesen ist. Hab's nie probiert. Aber ich hab die Hoffnung, dass Walter recht hat. Man wird sehen.

5

Vater war bei den Kommunisten, aber nicht aus Überzeugung. Ist meine Meinung, ob er die bestätigen würde, müsste man ihn selber zu befragen. Als Mutter mich auf die Welt rausgequetscht hat, war er noch kein Kommunist, hat als Färber in einer Garnfabrik gearbeitet, der alte Säufer. Weiß ich von Maria, das ist meine Schwester, die plagt sich schon zehn Jahre länger durchs Leben als ich. Maria hat ihren Namen von unsrer Mutter, wie ich meinen vom Vater hab, den Hauptnamen, Rudolf. Hat man zu der Zeit anscheinend so gemacht, oder den beiden sind keine bessren Namen eingefallen. Würd eher das vermuten. Kühberg und Bärenstein und der ganze Landstrich, wo ich herkomme, die sind bekannt für die Herstellung von Garnen. Und für die Herstellung von Posamenten, die werden da auch gemacht. Ist eine Tradition in der Gegend, paar von den Betrieben, wo die angefertigt werden, ist viel Handarbeit, gibt's seit achtzehnhundertweißichwas. Sind begehrt, die Posamente von da, in die ganze Welt haben sie die verschickt, bis nach Amerika und China und sonst wohin. Zumindest war's so, als wir dort gelebt haben. Wie's jetzt ist, wo die Kommunisten am Ruder sind, darüber ist mir nichts bekannt.

Unsrer Familie haben die Kommunisten jedenfalls nichts Gutes eingebracht. Vater ist hingerannt zu denen, als sie ihn in der Garnfabrik nicht mehr haben wollten. Auf die Straße gesetzt haben sie ihn, von einem Tag auf den andren. War paar Jahre vor Hitler, steht so in dem Ordner vom Anwalt drin, selber kann ich mich nicht dran erinnern. Die Kommunisten haben Vater andre Arbeit gegeben. War keine richtige

Arbeit, nicht in einer Fabrik oder so. Durch die Gegend gelatscht ist er für die wie ein Wandersmann, hat Zeitungen zu den Leuten geschleppt, nicht jeden Tag, aber paarmal die Woche. *Die Rote Fahne,* das war der Name von der Zeitung. Für die Rumlatscherei hat ihm die Partei jede Woche paar Pfennige Lohn ausbezahlt.

Von der Zeitung lagen immer welche in unsrer Küche rum, aufm Tisch und aufm Sofa. Zu dem Sofa kann ich was erzählen, sind noch Erinnerungen von da. War mit braunem Stoff bezogen, da muss mal ein Muster drauf gewesen sein, konnte man aber kaum noch was von erkennen. Das alte Ding hat direkt hinterm Küchentisch gestanden, an der Wand. War Vaters Stammplatz, durfte keiner seinen Arsch draufsetzen, nicht mal Mutter. Als wär's der Thron vom König gewesen. So hat sich Vater auch aufgeführt, wie ein König. Hat alle rumkommandiert, mach dies und mach das, los, zack, zack. Mutter hat ihn bedienen müssen wie eine Kellnerin im Wirtshaus. Mahlzeit aufn Tisch und Bier dazu und Schnaps hinterher. Und wehe, er ist mal nach Hause gekommen und das Essen war nicht angerichtet. Konnte man direkt zugucken, wie sein Gesicht sich verfärbt hat wie eine reife Tomate. Dabei hat er so ein komisches Funkeln in den Augen gekriegt. Wenn er diesen Blick gehabt hat, hab ich gewusst, dass er gleich losscheppern wird.

War immer ungeduldig, der alte Sack, bei meiner Geburt schon, als wär Ungeduld sein zweiter Vorname gewesen. Hat Mutter aus dem Wochenbett rausgescheucht, kaum dass ich aus ihrem Bauch raus war, nur paar Stunden danach oder so. In die Küche gejagt hat er sie, sollte was kochen, damit der Herr speisen konnte. Hat Maria mir alles mal erzählt, und die wird das nicht erfunden haben, nee, so viel Fantasie hat sie nicht.

Eine Verschnaufpause hat Mutter sich nur gestatten dürfen, wenn Vater seinen Kopf in die Zeitung reingesteckt hat, um drin zu lesen, was die Partei verkündet und was sich im Deutschen Reich so ereignet. Weiß schon, soll man nicht mehr sagen, Deutsches Reich. Ist vorbei, existiert nicht mehr, ist mir nicht entgangen. Aber früher haben's alle gesagt, und es geht doch um früher. Vater hat allerdings nie lange gelesen, ist immer bei eingepennt, hat man drauf warten können. Als erstes Anzeichen davon ist sein Kopf nach unten geklappt, als hätt ihn einer was gefragt und er würde nur mit einem Nicken antworten, ganz langsam. Dann ist sein Schädel mit einem Mal wieder hochgezuckt, wie wenn er sich plötzlich vor was erschrocken hätte. So hat sich's paarmal wiederholt, langsam runter, schnell rauf, bis sein Körper, schlaff wie ein Kartoffelsack, der nur halb voll ist, sich nach hinten aufn Weg gemacht hat und gegen die Rückenlehne geplumpst ist. Hing dann da wie erschossen, der Alte. Seine Birne ist oben aufm Rand der Lehne zu liegen gekommen, so weit nach hinten gekippt, dass wir mehr von seiner Gurgel zu sehen gekriegt haben als von seinem Gesicht. Und den Moment drauf ist sein Kinn runtergeklappt, und wir haben's schnarchen gehört. Und Sabber ist aus seiner Kauöffnung rausgelaufen wie ein Bindfaden, durch den man durchgucken kann.

Brief von Pleils Vater an Dr. med. F. Barnstorf, Landes-Heil- und Pflegeanstalt Königslutter, vom 1.7.1957 (Auszüge)

Ich wurde 1928 arbeitslos, wandte mich an die Kommunistische Partei und wurde Mitglied, vertrieb Literatur, damit ich wenigstens ein paar Pfennige verdiente. Ich wurde verfolgt und 1933 verhaftet, wieder freigelassen und im Herbst 1933 aus dem Deutschen Reich ausgewiesen nach der Tschechoslowakei, bekam dort aber keine Wohnung und keine Arbeit. Ich habe mir einen schlechten Beruf gesucht und wollte mein Brot auf Buschwege versuchen, damit ging es nicht lange gut, bekam Ärger mit der Finanzbehörde. Nahm den Jungen mit, der war dann schon mit den Nerven fertig … Nach dem Krieg ist er unter schlechte Menschen gekommen, mit denen er die Taten ausführte, alleine hätte er das nicht gemacht. Vielleicht gibt es doch eine Möglichkeit für den Jungen, Hilfe zu bekommen, denn ich als Vater trage ja die Schuld, ich wollte aus meinem Jungen ja keinen schlechten Menschen machen, aber der Krieg hat dazu geholfen, von uns ist er religiös erzogen worden.

Vater hat richtig mitgemacht bei den Kommunisten, mit Parteiausweis und so. Und mit Beitragsmarken, die mussten da jeden Monat reingeklebt werden. Sogar ein Abzeichen hat er an seiner Jacke mit sich rumgetragen wie einen Orden. War ein roter Stern, bisschen größer als ein Pfennig, mit Hammer und Sichel drauf in goldener Farbe, wie bei der Fahne, die die Sowjets zum Kriegsende aufm Reichstag gehisst haben. Hat er machen müssen, das mit der Partei, sonst hätten sie ihm die Zeitungen nicht ausgehändigt, und dann hätt er keine Moneten verdient. Deswegen glaub ich, dass er kein echter Kommunist war, nicht aus Überzeugung und nicht mit dem Herzen wie Ernst Thälmann oder die andren Leute, von denen was in der *Roten Fahne* drinstand. Zu den Versammlungen ist er trotzdem immer fleißig hingestiefelt. War sowieso seine übliche Route, von zu Hause in die Wirtschaft, da haben sie die Versammlungen abgehalten. Ist kaum ein Tag gewesen, an dem er nicht hingerannt wär, auch wenn keine Versammlung angekündigt war. Hat er eben seine eigne Versammlung abgehalten, mit einer Buddel Gebranntem und Bier dazu.

Den Weg dorthin hätt er noch im Schlaf gefunden, glaub ich. Nur zurück, da war's dann was andres. Hat meistens nicht mehr rechts von links unterscheiden können, und seine Beine sind wacklig gewesen wie Pudding. Wenn's spät geworden ist und er zu Hause nicht aufgetaucht war, hat Mutter Maria losgeschickt, den Alten heimzulotsen wie ein Schiff, das nicht in den Hafen findet. Später hab ich den Auftrag vererbt bekommen. Mutter hätt sich eher ein Bein abgehackt, als selber hinzumarschieren. Ich war noch ein zarter Jüngling am Anfang, acht oder neun. Hat mir trotzdem nichts ausgemacht, da hinzuflitzen, auch wenn's dunkel war, hab's als Abenteuer gesehen. Von den Nachbarjungs, mit denen ich immer rumgestromert bin, hat keiner so spät noch rausgedurft auf die Straße. Und erst recht nicht rein ins Wirtshaus, wo die letzten Kandidaten in einer Wolke aus Zigarettenqualm und sonst welchen Ausdünstungen rumhockten und den Fusel in sich reingekippt haben, als wär's der Tag vorm Weltuntergang. Und Vater hat manchmal dazu noch was andres gemacht. Hab ihn öfters bei ertappt, wie er grad am Rumschäkern war mit der Kellnerin. Einmal hat das Weibsbild grad ihren fetten Arsch auf seinen Knien platt gedrückt, aber so rum, dass sie mit den Händen an seinem Hosenschlitz rumfummeln konnte.

Muss sich alles gedreht haben in Vaters Schädel, wenn ich ihn da torkelnd rausbugsiert hab. Wie aufm Karussell. Weiß ich von mir selber, war immer so, wenn ich zu tief in die Pulle reingeguckt hab. Hab nämlich auch meine Freude dran entdeckt, paar Jahre danach, war ich fünfzehn oder so. Darf gar nicht dran denken, sonst kommt sofort Sehnsucht in mir hoch. Waren das himmlische Zeiten, heidewitzka, Herr Kapitän. Was würd ich für geben, könnt ich mir jetzt eine Buddel Schnaps herzaubern. Würd dran nuckeln wie ein hungriges Baby an Mutters Brust. Ist aber wie ein Traum, der sich nicht erfüllt. Schnaps kriegt man hier nicht serviert, kann man betteln, wie man will. Dabei saufen die Wachtmeister selber, würd ich Wetten drauf abschließen, sieht man den Schnapsköppen doch an.

Die Sauferei, das ist in unsrer Sippe wie mit einem Familienerbstück. Hab's von Vater übernommen, wie er's mir vorgeführt hat, einen Tag auf den andren. So wie er's früher auch bei seinem Vater mitgekriegt hat, den gibt's nicht mehr. Und der hat's auch von seinem gehabt und so weiter, als wär's ein ewiger Staffellauf, die eine Generation übergibt's an die nächste, die kommt. Sind aber immer nur die Herren der Schöpfung, die sich drum kümmern, dass die Tradition fortlebt. Ist bei Vaters Brüdern genauso, bei denen, die noch leben. Vater hat zehn Geschwister gehabt, waren aber nicht alles Jungs. Sechs sind bereits von uns gegangen, wie man so sagt, im Krieg gefallen oder von einer Krankheit hingerafft. Nur einer von den Brüdern, der hat sich selber ins Jenseits befördert, in Großvaters Scheune, mit einem Strick. Hat an einem Balken unterm Dach gebaumelt wie eine Lampe, die zu groß war, nur ohne Licht. Und unten aufm Boden hat die Leiter gelegen, die Großvater immer genommen hat, um ins Strohlager hochzuklettern. So hab ich die Geschichte mal aufgeschnappt, war 'n Familiengeheimnis, hat keiner was laut drüber gesagt.

Von Mutters Familie wär zum Thema Sauferei das Gleiche zu berichten. Ihr Vater, der ist auch schon hinüber, Zuckerkrankheit, hatte es sich bei seinem alten Herrn abgeguckt, und der hat's davor von seinem Erzeuger beigebracht gekriegt.

Brief der Schwester Pleils an den ermittelnden Kriminalpolizeimeister Fritz Fulst, Mordkommission Braunschweig, vom 19.10.1950 (Auszug)

Bereits in frühester Jugend ging es uns im Elternhaus durch unseren Vater sehr schlecht. Vater war der Trunksucht erlegen und zwang mich bereits mit sieben Jahren, durch dunkle Geschäfte ihm die Mittel zu besorgen, die er für das Wirtshaus benötigte. Mutter war ängstlich und eingeschüchtert und konnte dem Treiben keinen Einhalt gebieten. Hauptsächlich musste ich in den Jahren nach dem Krieg [ab etwa 1921, d. A.] für ihn Schmugglergeschäfte durchführen. Die Bedeutung der Handlungen war mir nicht bewusst, aus größter Angst habe ich es getan, da ich fürchtete, dass uns Vater sonst umbringen würde. Seine Drohungen und seine Rohheit kannten keine Grenzen. Durch diese seelischen und moralischen Belastungen in der Kindheit leide ich heute noch an Anfällen, die durch die Zerrüttung des Nervensystems verursacht wurden.

Ich ging die letzten Jahre in die Schule, als mein Bruder geboren wurde. Bereits dieser Tag war von Unglück heimgesucht, denn der Vater zwang die Mutter wenige Stunden nach der Geburt aus dem Bett und zur Arbeit. Die Sache, die ich von mir schildere, musste mein Bruder ab seinem 9. Lebensjahr durchmachen. Vater änderte sich durch seine Trunksucht nicht, hat für Kinder nie ein gutes Wort gehabt.

Durch seine Politik wurde Vater 1933 in die ČSR ausgewiesen, zusammen mit unserer Mutter und meinem Bruder. Dort musste dieser wieder Schmugglergeschäfte ausüben. Mit 9 Jahren war er sich bereits völlig selbst überlassen, keiner kümmerte sich um seine Erziehung. Er lernte Rauchen und Trinken vom Vater, bei dem er das sah. Kann ein Mensch etwas dafür, wenn er unter diesen Umständen an den Abgrund gerät? Ich bitte darum, dass diese Umstände vom Gericht berücksichtigt werden, da nur ich das Ausmaß kenne und selbst erlebt habe und weiß, dass mein Bruder an seinem schweren Los nicht selbst schuld ist.

Brief des Vaters von Pleil an Dr. med. F. Barnstorf, Landes-Heil- und Pflegeanstalt Königslutter, vom 22.4.1957 (Auszüge)
Ich war vor zehn Jahren bei Ihnen in der Anstalt in Königslutter und gab Auskunft über meinen Sohn …
Mein Vater ist an Lungenentzündung gestorben, er wurde 59 Jahre alt, hat gern einen getrunken. Meine Mutter lebte solide, wurde 89 Jahre alt. Hatte 11 Kinder, vier leben noch, sind alle gesund und kräftig. Die Geschwister meines Vaters haben auch gern getrunken, ein Bruder hat sich das Leben genommen. Ich habe auch gern getrunken, auch oft zu viel. Mein Schwiegervater hat auch öfter einen zu viel getrunken. Er ist an Zuckerkrankheit gestorben. Schwiegermutter hat solide gelebt und ist an Magenkrebs gestorben …
Ich habe viel Sport getrieben, auch Turnen, Ringen und Stemmen …
Herr Dr. Barnstorf, vielleicht ist es möglich, meinem Sohn zu helfen.

[Hintergrund war Pleils Wunsch, ein Wiederaufnahmeverfahren zu erreichen, wofür er seinen Vater gebeten hatte, Dr. Barnstorf über erbbiologische Krankheiten in der Familie zu informieren, d. A.]

Jetzt hab ich mich aber bisschen verfaselt. Ging um Vater und was er uns eingebrockt hat mit seinen Kommunisten. Das Jahr dreiunddreißig, ist allgemein bekannt, was da über Deutschland reingebrochen ist. Leute, die nicht mehr Guten Tag oder Guten Abend gesagt haben, sondern nur noch Heil Hitler, hat's in unsrer Ecke vorher schon gegeben, wie's die Kommunisten gegeben hat und die Christen, die jeden Sonntag in die Kirche gewatschelt sind, in die eine die Katholiken, die Protestanten in die andre. Wär was für Mutter gewesen, die Kirche mein ich, hat jeden Abend mit Maria und mir gebetet. War eine Katholische, unsre Mutter. Aber Vater hat nichts für übriggehabt, der hatte seine eigne Kirche. Im Wirtshaus hat ja auch ein Kreuz mit Jesus dran an der Wand gehangen. Nur dass drunter keiner gebetet hat. Hab's jedenfalls nie erlebt, dass da einer gebetet hat. Für Mutter war's ein gottloser Ort, wie die Leute, die dorthin gingen, gottlose Gesellen für sie waren. Hat geschimpft über Vater, wenn der nicht zu Hause war, dass er auch so einer ist, der die Gebote des Herrn nicht achtet. O ja, die Zehn Gebote, die waren ihr das Heiligste. Vaters Sauferei, hat sie immer gesagt und mit einer Miene geguckt, als würd sie schon an seinem Grab stehen, die wird noch Verdammnis über unsre Familie bringen.

War nicht der Herrgott, der uns gestraft hat, waren die Nationalsozialisten. Aber nicht wegen der Sauferei, sondern weil Vater mit den Kommunisten paktiert hat. Sind eines Morgens halb in der Nacht angerückt, paar Männer in Uniform, haben wie verrückt an die Haustür gehämmert, als würden drinnen Leute wohnen, die schwerhörig sind. Zwei von den Männern hatten eine Pistole in der Hand, haben sie Vater vor die Nase gehalten, nachdem er aufgemacht hat, im Schlafanzug, wie er ausm Bett gekrabbelt war. Hab ich durch die Tür von meinem Zimmer sehen können, die hat ein Loch gehabt, Stück neben der Türklinke, muss mal ein Ast drin gewesen sein. Durch das Loch hab ich früher, mit fünf oder so, immer durchgeguckt, wenn Vater spät aus der Wirtschaft heimgekommen ist und Rabatz gemacht hat, dass ich von wach geworden bin. Hätte der Doktor aus Königslutter mal miterleben müssen. Über Vater, da hätt er das mit dem wilden Tier ruhig schreiben können, zu dem hätt das gepasst. Hat auf Mutter eingedroschen, dass sie hinterher grün und blau war und sich paar Tage nicht auf die Straße rausgetraut hat. Weil sie nicht gewollt hat, dass die Leute schlecht reden über uns. Haben alle denken sollen, die Pleils sind eine gute Familie, gottesfürchtig und ehrbar.

Von den Männern in Uniform hat erst keiner was gesagt, standen da wie eingefroren. Dann ist einer von hinten gekommen, muss der Anführer oder so gewesen sein. Hat böse Blicke zu Vater rübergeschickt, als hätte der ihm sein Eheweib weggeschnappt, und dann hat er was gesagt, war mehr gebrüllt und wie in einer andren Sprache, hab's nicht verstehen können. Der Anführer hatte auch eine Uniform an, aber anders als seine Begleiter hat er einen schwarzen Mantel drüber angehabt. Der Mantel hat geglänzt, als hätt's geregnet. Hat's aber nicht. Weiß ich so genau, weil ich im Bett gelegen und durchs Fenster Sterne angeguckt hab, als die Uniformen wieder weg waren. Hatten Vater mitgenommen. Sterne angucken hat was Beruhigendes, werd ich immer müde von. Wenn's aber regnet, kann man keine Sterne sehen, weiß doch jedes Kind.

Ins Gefängnis gesteckt haben sie Vater. Konnt er keine Zeitungen mehr zu den Leuten hinschaffen. Nun hat Mutter uns durchbringen müssen. Sie war geschickt mit den Fingern, hat den ganzen Tag an ihrer Klöppelrolle gesessen, einen krummen Buckel gemacht und Spitze geklöppelt. In unsrer Wohnstube, direkt hinterm Fenster. Bevor sie angefangen hat, hat sie immer die Gardine beiseitegezogen, damit mehr Licht reingekommen ist und sie besser ihre Kunstwerke sehen konnte. Die Spitze hat sie für einen Betrieb in Bärenstein angefertigt. Von dort hat sie auch das Garn hergekriegt. War Leinengarn, ist fürs Klöppeln am besten geeignet, weiß ich von Mutter.

Maria hab ich nicht erwähnt, weil sie zu der Zeit nicht mehr bei uns gewohnt hat. Ein Kerl hatte ihr schöne Augen gemacht, mit dem ist sie gleich zum Standesamt gerannt. Sag ich mal so. Mein Schwesterchen würd bestimmt was von Liebe säuseln und wie rührend der gnädige Herr Verehrer um ihre Hand angehalten hat. Weiber sind romantisch, die glauben an so was. War dann auch gleich ein Balg unterwegs, ist ein Junge geworden. Aber ich will nicht schlecht reden über Marias Mann. Adolf heißt er, wie der andre Adolf. Sind uns selten begegnet. Braucht man keine zwei Hände für, um abzuzählen, wie oft's war, dass ich mit ihm geredet hab. Jedenfalls war Maria schneller hingezogen zu ihrem Adolf, als Vater dagegen einschreiten konnte. Nach Marienberg ist sie, dort haben die zwei ein Zimmer im Haus seiner Eltern gekriegt. Marienberg liegt auch im Erzgebirge, gehört alles zu Sachsen, paar Kilometer weg von Kühberg, zwanzig oder was mehr, könnte man sich zu Fuß aufn Weg hin machen, müsste man nur 'nen halben Tag Zeit für haben.

Marienberg ist an der Stelle nicht wichtig. Hab's nur erwähnt, damit niemand ins Rätseln verfällt, wo Maria abgeblieben war. Der Ort wird aber noch von Bedeutung sein, kann ich schon verraten. Ganz in der Nähe hab ich das Ende vom Krieg erlebt. Berge von toten Menschen hab ich da zu sehen gekriegt. Ist viel passiert damals.

Für Maria war's ein Segen, von zu Hause abhauen zu können. Um Mutter hat's ihr leidgetan, aber von Vater wegzukommen war wie eine Befreiung für sie. Hat sie mir in einem Brief gebeichtet, lange danach, saß ich schon im Zuchthaus drin. Die Arme ist mit der gleichen Krankheit verflucht wie ich, nur noch schlimmer. Hat schon als Kind solche Anfälle gekriegt, wo der Denkapparat paar Minuten nicht richtig funktioniert. Bei mir sind die erst später aufgetreten, bin ich schon zur See gefahren. Ist alles Vaters Schuld, sagt Maria. Weil er so grausam gewesen ist und nie ein gutes Wort hatte für uns Kinder. Durch die seelischen Belastungen sind im Oberstübchen Nerven kaputtgegangen, sagt sie. Hab keine Erkenntnisse drüber, ob man die Krankheit von so was kriegt.

Aber dem Kommissar, der mit meinem Fall befasst war, hat sie das auch mal so erklärt.

Vater hätte länger fortbleiben können, hab den Alten keinen Tag vermisst. Hitlers Leute wollten ihn aber nicht behalten. Auf einmal hat er wieder vor der Tür gestanden, Mutter war grad dabei, Mittagessen zu kochen. Kartoffelsuppe wird's gewesen sein, oder Klitscher, hat kaum was andres gegeben bei uns. Ich war schon von der Schule zurück. Zweite Klasse Volksschule. Stimmt nicht, muss die dritte gewesen sein, bin neunzehneinunddreißig in die Schule gesteckt worden. Und es ist auf Herbst zugegangen, als Vater wieder aufgetaucht ist. Kann sein, dass schon Herbst war. An den Bäumen waren aber noch Blätter dran. Hat öfter geregnet, hat manchmal den lieben langen Tag nicht aufgehört. Und abends ist es früh dunkel geworden. Mutter hat drauf bestanden, dass ich noch im Hellen nach Hause komme. Bin viel mit Jungs aus der Nachbarschaft rumgestrolcht, die ungefähr in meinem Alter waren, paar bisschen älter, paar bisschen jünger. Haben uns am liebsten in den Wald verdrückt, konnten wir Hütten bauen aus abgebrochenen Ästen, oder wir sind auf Bäumen rumgeklettert, wer's am höchsten raufgeschafft hat. Hat viel Wald gegeben in der Gegend, Fichten und Eichen und Buchen, das meiste waren Fichten. Auf der einen Seite neben unsrer Straße war Acker, auf der andren fing gleich der Wald an. Konnte man sich drin verlaufen. Ist uns aber nie passiert, waren wir zu schlau für. Jeden Trampelpfad haben wir gekannt, auch geheime Wege, wo keiner von den Erwachsenen hingefunden hätte.

Kühberg darf man sich nicht vorstellen wie einen normalen Ort, nicht mal wie ein Dorf. Hat nur diese eine Straße gegeben und paar Häuser auf beiden Seiten. Und paar Sandwege. Die Straße hat einen Hang raufgeführt. Oder runter. Kommt drauf an, wo man hinwollte, nach Norden oder nach

Süden. Runter ist's nach Süden gegangen, brauchte man nicht zu treten mit dem Fahrrad. Aber aufpassen hat man schon müssen, damit man die Kurve nicht verfehlt. Sonst wär man im Bach gelandet, im Pöhlbach, der sich da unten durch die Landschaft gewunden hat wie eine Riesenschlange. Hätte man einen schönen Satz übern Lenker gemacht, und platsch, wär man im kalten Wasser gelandet.

Vor dem Bach hat die Straße einen Knick gemacht, nach rechts, wenn man von oben gekommen ist. War man gleich in Bärenstein. Geradeaus ging's nicht weiter, in der Mitte vom Bach war Deutschland zu Ende, also was mal die russische Zone war, schimpft sich jetzt ja Deutsche Demokratische Republik. Sagt hier aber kein Mensch, sagen alle Ostzone oder so. Mal sagt einer DDR, kommt aber selten vor, im Jahr einmal vielleicht, weiß nicht. Hab's durch die Zeitung erfahren, dass die da ihre eigne Regierung aufgestellt haben. Gibt also zwei Deutschlands jetzt. Das drüben mit den Kommunisten an der Macht, wo Mutter und Vater und Maria rumhocken und mein Eheweib, das nicht mehr mein Eheweib ist, hab's schon gesagt, und eben die zwei Bälger, die ich in die Welt gepflanzt hab. Und dann gibt's noch das hier, das echte Deutschland, wo sie mich eingesperrt haben und nicht wieder rauslassen. Genauso hab ich's dem Doktor in Königslutter erklärt, als der mal testen wollte, was für ein schlaues Bürschchen er da vor sich sitzen hat.

Der Wald und die Wiesen hinterm Bach haben nicht anders ausgesehen als die in Kühberg oder Bärenstein. War trotzdem ein andres Land, das da anfing, die Tschechoslowakei. Ich sag's vorsichtshalber, falls Walter nicht so gut Bescheid weiß mit der Landkarte. Alles kann ihm auch nicht bekannt sein.

6

Die Hitlerleute hatten Vater also wieder rausgelassen aus dem Gefängnis. Wie er das gedeichselt hat, wird er vielleicht Mutter anvertraut haben, ich hab's nicht erfahren. Kann sein, dass die Braunhemden selber draufgekommen sind, dass sie einen falschen Fuffziger erwischt hatten und keinen echten Kommunisten. Oder die haben ihn laufen lassen, weil sie sich was andres ausgedacht hatten. Ist meine Vermutung, wenn ich so dran denke. Sind nämlich nur paar Tage vergangen, bis wieder Besuch vor der Tür gestanden hat, wieder welche in Uniform und mit roten Armbinden. Waren nicht freundlicher als ihre Vorgänger, nur dass sie Vater diesmal nicht angerührt haben. Er hat nur ein Schriftstück in die Hand gedrückt gekriegt, dann sind die wieder abgehauen.

Oben aufm Papier war der Reichsadler drauf, mit einem Hakenkreuz an den Krallen. Und drunter hat gestanden, Herr Rudolf Pleil, geboren dann und dann, wohnhaft in Kühberg und so weiter, hat unverzüglich das Deutsche Reich zu verlassen mit seiner Familie. War eine Anordnung von Hitlers Partei. So eine Anordnung, hat Vater gesagt, nachdem er alle Wörter gelesen hatte, ist wie ein Befehl, kann man nichts gegen unternehmen, muss man sich dran halten. Hat gekocht vor Wut wie ein Dampfkessel, der Alte, hat man richtig sehen können, wie seine Unterlippe gezittert hat, als hätt er was zurückgehalten, was rauswollte aus seinem Mund. Und seine Augen, dieser Blick, waren immer die Augen bei ihm.

Kaum waren die Uniformen abgerückt, da hat Vater angefangen zu fluchen, und wie. Aber erst als die Haustür wieder zu war, sollte keiner was hören. Ich glaub, er hat Schiss gehabt, sie könnten umkehren und ihn doch mitnehmen oder uns alle drei. Hat er nicht gesagt, hätt er auch nicht zugegeben. Hat nie was zugegeben, erst zuletzt in den Briefen, die er mir ins Zuchthaus geschickt hat. Hab's damals aber gespürt, hatte selber eine beschissene Angst.

In der Anordnung hat dringestanden, wir sollen in die Tschechoslowakei verschwinden. Mutter und Vater kommen von dort, sind alle beide da geboren. Deswegen wollten die Hitlerleute uns weghaben, hat Vater gesagt, weil wir für die keine richtigen Deutschen waren, sondern nur Sudetendeutsche. Vaters Familie stammt aus der Nähe von Kühberg, nur eben von der andren Seite des Bachs. Vom Hügel oben an der Straße, wo wir gewohnt haben, hat man rübergucken können in die Gegend, wenn das Wetter so war, dass man einen freien Blick hatte. Waren von da vielleicht fünf, sechs Kilometer, wär man durch die Luft geflogen. Irgendwo in dem Gebiet hat's früher einen Ort gegeben, der hieß genauso wie unsre Familie, war kein Buchstabe anders. Könnte also gut möglich sein, dass Vaters Vorfahren auf die Weise zu ihrem Namen gekommen sind, vor paar Generationen, hundert Jahre zurück oder zweihundert, was weiß ich. Auf dem Friedhof dort sind Leute beerdigt worden, die auch Pleil hießen. Vater hat die Gräber noch zu sehen gekriegt, hat er von erzählt. Soll früher, also ganz früher, im Mittelalter oder so, eine unheimliche Gegend gewesen sein, hat Vater auch von erzählt, mit Räubern, die sich in den Wäldern rumgetrieben und Leute totgemacht haben, um sich die Geldbeutel von denen zu schnappen.

Verrückt, was mir alles durch den Kopp schwirrt hier drin. Hab vorher nie drüber nachgedacht, wo wir unsren Namen herhaben. Kommt von der ewigen Grübelei. Bin die ganze Zeit am Grübeln, passiert von alleine. Zum Beispiel, wenn ich mich auf der Pritsche langmache und hoch an die Decke gucke. Oder wenn ich die Augen zu hab, gibt nicht viel zu sehen da oben, was man verpassen könnte. Höchstens mal eine Fliege, die paar Runden rumflattert und keine Ahnung hat, wo sie hin soll. Oder eine Spinne, die übern Putz krabbelt, so ein Exemplar mit langen dürren Beinen, die aussehen, als hätt sie wer mit ’nem spitzen Bleistift an die Wand gekritzelt. Wenn ich also so daliege, denk ich erst an nichts, als hätt grad jemand meinen Verstandskasten leer geräumt. Und wie ich so an nichts denke, fliegt mir auf einmal doch ein Gedanke zu wie ein Vogel, der zufällig vorbeikommt. Manchmal verschwindet dieser Gedanke gleich wieder, fliegt weiter, als hätt der Vogel nur eine kurze Rast eingelegt, um eine Portion Scheiße abzuladen oder so. Und manchmal bleibt er da, ist immer verschieden. Wenn er dableibt, kommt's mir vor, als würd ich in eine Höhle reingehen, mit einer Petroleumlampe in der Hand wie die Bergleute, damit man was sehen kann. Durch das, was ich zuerst gedacht hab, öffnet sich der Eingang zur Höhle, ich geh tiefer rein, erkenn was im Lichtschein der Lampe, schon flattert mir der nächste Gedanke zu. Ich mach noch einen Schritt, die Lampe leuchtet auf eine andre Stelle, wieder komm ich auf einen Gedanken, und so geht's weiter. Sind oft Erinnerungen, an die ich lang nicht gedacht hab, die dann aber plötzlich da sind, wie Besuch, der sich nicht angemeldet hat. Oder es sind Gedanken, die mit verschiedenen Erinnerungen zu tun haben und in meinem Denkkämmerchen neu zusammensortiert werden. Ich weiß nicht, ob sich jemand einen Reim drauf machen kann, aber besser erklären kann ich's nicht.

In der Anordnung, die Vater von den Uniformierten ausgehändigt gekriegt hatte, haben sie verlangt, dass wir innerhalb von zwei Tagen weg sein sollen. Mutter hat sich gleich drangemacht, unsren Kram zusammenzupacken, die ganzen Klamotten, Handtücher, Bettsachen, Tischdecken, das Küchenzeug und was weiß ich noch. Unsre Möbel sollten natürlich auch mit, Betten, Schränke, Tische, Stühle, das alte Sofa aus der Küche, alles, was unser Besitz war. Bis tief in die Nacht hat Mutter rumhantiert, und am nächsten Morgen, noch bevor's hell geworden ist, war sie gleich wieder dabei. Hat kaum ein Wort geredet all die Stunden, war richtig unheimlich, als wär ihr die Sprache abhandengekommen.

Indessen hat sich Vater auf die Spur gemacht, ein Fuhrwerk für den Transport zu organisieren. Tappelte von einem Bauern zum nächsten, dann zu Leuten, die keine Bauern waren, bei denen er aber mal ein Pferdegespann gesehen hatte, oder wo er glaubte, eins gesehen zu haben. War wie verhext, wo er auch aufgekreuzt ist, alle haben ihn bedröppelt angeguckt und den Kopf geschüttelt. Und paar haben sich dämlich gestellt, als wär Vater ein Fremder gewesen. Dabei hat ihn jeder gekannt, in Kühberg sowieso, in Bärenstein bestimmt auch die meisten. Aber kein Einziger hat sich bereit erklärt, unsren Kram über die Grenze zu schaffen. Hatten anscheinend alle Bammel, sich Ärger mit den Hitlerleuten einzuhandeln, wenn sie einem Kommunisten helfen. Oder sie waren selber Hitlerleute.

Sind nur noch paar Stunden geblieben, bis die Frist abgelaufen wär. Mutter hat angefangen zu beten, der Herr im Himmel möge uns aus der Patsche helfen. Ob er's gewesen ist, der Vater eine Eingebung geschickt hat, weiß der Kuckuck. Auf jeden Fall kam meinem alten Herrn der schlaue Einfall, auf der andren Seite der Grenze nach Fuhrleuten zu suchen. Und da hat er doch tatsächlich welche aufgespürt.

Kurz vorm Dunkelwerden, grad noch rechtzeitig, kamen zwei Männer angezuckelt, jeder mit einem Pferdewagen. Mit der Hilfe von den beiden haben Vater und Mutter alles aus unsrer Wohnung rausgeschleppt und auf die Wagen draufgeladen, zuerst die schweren Möbel, danach den Rest. Sind richtige Türme bei entstanden, haben ganz schön wacklig ausgesehen. Aber die Männer haben alles mit Stricken festgeschnürt.

Inzwischen war's finster geworden wie die Nacht. Vater ist mit auf den vorderen Wagen raufgeklettert, hat sich neben dem Kutscher breitgemacht. Mutter und ich haben uns auf dem andren hintern Kutschbock gequetscht, war grad Platz für uns zwei. Dann sind die Pferde auch schon losgetrappelt, runter zum Bach, um die Kurve und weiter nach Bärenstein. Aufm Weg dahin ging die Straße wieder ein Stück weg vom Bach. Sind am Bahnhof vorbeigekommen. Außer uns war keine Menschenseele unterwegs. In paar Häusern hat Licht gebrannt. Die Pferdehufe haben laut aufm Kopfsteinpflaster geklackert, hab das Geräusch noch heute im Ohr.

Sind tiefer reingefahren in den Ort, bis hin zu der Brücke, die übern Bach geführt hat. War weit und breit die einzige. Abgesehen von der Brücke mit den Schienen für die Eisenbahn, die beim Bahnhof über eine kleine Schlucht rüberging. War manchmal dorthin gelatscht, wenn die Schule aus gewesen ist, hab mich an der Böschung ins Gras gesetzt und abgewartet, bis ein Zug angerattert kam und die Lok Qualm aus dem Schornstein gefaucht hat wie ein Drache im Märchen. War manchmal fast schwarz wie Kohle, der Qualm, und in der Luft gehangen hat der noch, da war der Zug schon längst weg. Wie eine dunkle Regenwolke vorm Unwetter. Und gerochen hat's, als hätt einer am Bahndamm rumgekokelt.

Die Brücke, die im Ort, über die wir drüber mussten, war durch eine Schranke versperrt. Daneben hat eine Laterne gestanden. Ohne die Beleuchtung hätt man kaum was sehen können. An der Schranke haben zwei Uniformierte Wache geschoben. Vater ist vom Kutschbock runter und zu denen hin, hat was gesagt und einem ein Stück Papier gegeben, wahrscheinlich die Anordnung mit dem Hakenkreuz-Adler drauf, hab's aus der Entfernung nicht erkennen können. Der Uniformierte ist mit dem Blatt unter die Laterne gegangen. Sah aus, als hätt er gelesen, was draufstand.

In dem Augenblick hab ich gespürt, wie Mutter mich fester an sich gedrückt hat. Wo ich mich jetzt dran erinnere, kommt's mir vor, als könnt ich direkt ihren Körper spüren, wie er neben mir ist. Muss keiner was sagen, bin nicht meschugge, weiß natürlich, dass das nur in meinem Kopf passiert. Der macht manchmal so komische Sachen.

Nach einer Weile ist der Uniformierte, der das Blatt hatte, in unsre Richtung gekommen, ist um die Pferdewagen rumgeschlichen und hat genau inspiziert, was wir aufgeladen hatten. Mutter und mich hat er auch angeguckt. Ist mir so vorgekommen, hab seinen Blick gespürt, als er bei uns vorbeigegangen ist. Hab mich aber nicht getraut, zu ihm hinzugucken. Dann hat er Vater das Schriftstück zurückgegeben und gesagt, dass wir durchkönnen. Auf einmal hat's geruckt, und die Pferde sind wieder losgetrappelt, durchs Licht der Laterne auf die Brücke rauf. Der andere Uniformierte hatte schon den Schlagbaum hochgemacht.

Hinter der Brücke fing unmittelbar Weipert an, der erste Ort auf der tschechischen Seite. War bisschen größer als Bärenstein, haben fast nur Deutsche da gelebt, also Sudetendeutsche wie Mutter und Vater. Dass kaum richtige Tschechen anzutreffen waren, hatte mit der Geschichte zu tun. Der ganze Landstrich hatte vorm Ersten Weltkrieg zum Deutschen Reich gehört. Haben sie uns alles in der Schule beigebracht. In der Schule dort. War auch eine Volksschule, nicht viel anders als die in Bärenstein, haben alle Deutsch gesprochen, war ein Glück für mich.

Unsre Situation war erst mal so, dass wir bei Verwandten unterkriechen mussten. Waren welche aus Vaters Sippe, wohnten bisschen außerhalb von Weipert, die Straße dahin führte neben einem Wald lang. Glaub nicht, dass die Verwandtschaft begeistert war, als wir angerückt sind. War kein Palast, wo die drin wohnten. Unsre Möbel und das meiste von dem andren Zeug musste draußen aufm Hof stehen bleiben, drin war kein Platz für. Vater hat zum Schutz eine alte Plane drübergezogen und Ziegelsteine und Holzbalken draufgepackt, damit der Wind nicht drunter gekommen ist und sie weggepustet hat.

Nach paar Wochen, kann auch sein, dass schon Monate rum waren, hat Vater es geschafft, eine eigne Wohnung für uns zu organisieren. Die musste nun aber bezahlt werden. Dummerweise hat Vater keine Arbeit gefunden, gab schon für die Einheimischen nicht genug. Zwar war Weipert eine Industriestadt mit schätzungsweise zwanzig oder dreißig Fabriken. Die Schornsteine müssen nur so geraucht haben, nach dem, was die Leute erzählt haben. Aber diese seligen Zeiten waren vorüber, als wir dort hingekommen sind. Also hat sich Mutter wieder ums Geldverdienen kümmern müssen. Immer unser braves Mütterlein. Weiß nicht, was ohne sie aus uns geworden wär. Hat fleißig wie eine Biene geklöppelt. Und wenn sie paar Sachen fertiggestellt hatte, hat sie die in einem Rucksack verstaut und rübergeschleppt nach Bärenstein, in dieselbe Fabrik, für die sie vorher schon die Spitze gemacht hatte. Entweder wussten die nicht, dass die Hitlerleute unsre Familie verjagt hatten, oder Mutter hat so gute Arbeit abgeliefert, dass sie drüber weggesehen haben. Ihren Lohn hat sie gleich in die Hand gedrückt gekriegt. Deutsches Geld. War mehr wert als das tschechische. War nur nicht genug, konnte sie rackern wie sie wollte. Hätte vielleicht für die Miete gereicht, aber nicht noch für was zu futtern.

Auch da war's Mutter, die ihren Kopf angestrengt und eine Idee ausgebrütet hat. Ihre Idee war, was von dem Geld zu nehmen, das sie in der Fabrik kriegte, und in Bärenstein Schokolade von zu kaufen. Mal waren's zehn, mal fünfzehn Tafeln, kam drauf an, wie hoch ihr Lohn ausgefallen ist. Die Schokolade hat sie aber nicht gekauft, um etwa ihrem geliebten Sohn eine Freude zu bereiten. Muss ich wohl dazu erklären, dass man auf der tschechischen Seite normal kaum Schokolade zu kaufen kriegte. Und wenn doch, hat die nicht wie Schokolade geschmeckt, oder man hat mehr Moneten für hinblättern müssen als in Bärenstein. Da kostete eine Tafel fünfundzwanzig Pfennige, machte umgerechnet zwei tschechische Kronen.

Sobald Mutter nun also mit ihrem Einkauf zurück war, hat sie mich losgeschickt, die Schokolade in Weipert und den Dörfern drum rum zu verscherbeln. Bin von Haus zu Haus getippelt, hab an die Türen getrommelt und den Leuten die gute Ware unter die Nase gehalten. Für eine Tafel hab ich drei Kronen verlangt, wie's Mutter mir aufgetragen hatte. Das war der Trick dabei. So hab ich bei jeder Tafel eine Krone Reibach gemacht. Wenn ich zehn von verhökert hatte, konnte Mutter fünf neue Tafeln von kaufen. Nur als Beispiel, weil sich's einfach ausrechnen lässt.

Ist ein richtiges Geschäft draus geworden. War Mutters Werk. Und meins. Vater durfte sich drüben nicht blicken lassen. Bald sind Mutter und ich zusammen rüber, um Nachschub aufzutreiben. Dann waren's nicht mehr zehn Tafeln, sondern dreißig oder vierzig oder so, wie viel reinpassten in den Rucksack. Und wie viel Geld wir vorher eingenommen hatten. Mutter ist nach unsrem Einkauf zurückgestiefelt, den normalen Weg, über die Brücke mit dem Schlagbaum. Aber ohne unsre Beute, die hätten ihr die Uniformierten abgenommen. Und eingebuchtet hätten die sie wahrscheinlich auch gleich.

Den Transport hab ich zu meiner Spezialität gemacht. Hab

den Rucksack aufn Rücken geschnallt und bin alleine losmarschiert, hab eine andre Route eingeschlagen, eine geheime. Von der Rumstrolcherei mit den Nachbarjungs in Kühberg hab ich nämlich noch gewusst, wo man ohne Brücke übern Bach rüberkam. Gab eine Stelle, da lagen Wackersteine im Wasser, größer als der Kopf von einem Mensch. Konnte man fast drüberspazieren, als wär's ein Steg. Da hat aber kein normaler Weg hingeführt, konnte man nicht mal Trampelpfad zu sagen. Man musste tief reinpirschen in den Wald, bis hin zu einer Stelle, wo die Bäume und Sträucher so dicht gestanden haben, dass man nur weitergekommen ist, wenn man sich klein gemacht hat wie ein Fuchs oder so. Von da an musste man auf allen vieren weiterkrabbeln, durchs Unterholz, bis man's irgendwann plätschern gehört hat, dann war's nicht mehr weit zum Bach. Wär für Mutter nichts gewesen, diese Krabbelei, aber ich hab meinen Auftrag immer zum Besten erfüllt.

War die Zeit vor Weihnachten, drum ist das Geschäft gut gelaufen. Erinnere mich noch genau dran, hab bis Neujahr paar Hundert Tafeln durch den Wald über die Grenze geschleppt. Und so ist unser Verdienst hoch genug ausgefallen, dass wir die Miete und unsre Schulden haben bezahlen können. Vaters Sippe hatte uns was vorgestreckt, für den Anfang in der neuen Heimat. Muss man aber dazusagen, dass der Alte das meiste von in die Wirtschaft getragen hat. Hatte sich sofort eine ausgeguckt, da waren wir noch gar nicht richtig angekommen. Ist er immer fleißig hingelatscht, wie wir's nicht anders gekannt haben. War Mutter oft verzweifelt drüber. Musste gar nichts zu dem Thema verlauten lassen, hab's ihr auch so angesehen. Hat noch mehr Sorgenfalten auf der Stirn gekriegt. Und dürr geworden ist sie vor lauter Gram, war kaum noch was dran an ihr, als hätt der Kummer ihr den Speck von den Hüften weggefressen.

Weil ich sowieso immer hab rüber und nüber schleichen müssen, paarmal die Woche war die Normalität, sind wir draufgekommen, das Geschäft auszuweiten. Hab, wenn ich rüber bin, Butter und Tabak mitgenommen, war beides billiger in der Tschechei. Das Pfund Butter hat bloß fünf Kronen gekostet. Den Deutschen hab ich das Doppelte für abknöpfen können. So konnt ich gleich wieder fünf Tafeln Schokolade einkaufen. Und für die hab ich auf der andren Seite fünfzehn Kronen einkassiert, für alle zusammen. Wie die Rechnung geht, hab ich erklärt. Waren also zehn Kronen Gewinn, die ich aus nur einem Pfund Butter rausgeschlagen hab.

Aber ein Kinderspiel war's nicht, nee, das kann man nicht behaupten. Hat eine große Arbeitslosigkeit gegeben zu der Zeit, hab mir die Leute schon suchen müssen, die noch was Geld bei sich hatten und an unsrer Ware interessiert waren. Und aufpassen hab ich müssen, dass ich nicht an Tschechen gerate, die waren über solche Aktivitäten nicht erfreut. Nur wenn sie selber was in der Art unternommen haben, dann war's in Ordnung für die. Sonst hat man mit rechnen müssen, dass sie einen angeschwärzt haben bei der Behörde, die für den Zoll und so was zuständig war. Die Finanzer. Oder man ist von alleine reingetappt in die Falle, weil man an eine Tür gekloppt hat, wo so ein Heini von denen gewohnt hat. Stand draußen nicht drangeschrieben, bei wem man hat Obacht geben müssen. War der schöne Verdienst ratzfatz futsch.

Ist mir aber nur einmal passiert, dass sie mich beim Paschen ertappt haben. War auf der deutschen Seite, da haben die Finanzer genauso ihr Unwesen getrieben. Hab grad ein Geschäft mit Butter abwickeln wollen. Bin ich für bestraft worden, obwohl ich noch ein Kind war, hat die nicht interessiert. Drei Reichsmark hab ich zahlen müssen, war die Strafe. Und in eine Akte reingeschrieben haben sie den Vorfall. So eine Akte wird über jeden angelegt, der mal was ausgefressen hat. Liegt ewig bei der Behörde rum, solange man am Leben ist, glaub ich. Hab ich selber nichts von gewusst, hab's erst bei den Terminen rausgekriegt, wo die totgemachten Weiber das große Thema waren. Hat mich ziemlich verwundert, was der Richter alles über meine Person in Erfahrung gebracht hatte. Auch Sachen von früher. Bei dem Vorfall mit der Butter war ich zwölf, vielleicht dreizehn, kann auch sein. Hab das Rätsel aber lösen können. Die Akte war's. Darin war alles fein säuberlich notiert, mit Datum und wie sie das Verbrechen bezeichnet haben. Unerlaubter Butterhandel. Muss ein Schlaumeier ausgegrübelt haben, wer normal denkt, kommt nicht auf so was. Soll mir mal einer erklären, so, dass man's kapiert, warum solche Aktivitäten gegen das Gesetz verstoßen. Wo doch jeder seinen Nutzen draus zieht. Der eine wird seine Butter los, ganz normal, gegen Bezahlung, hab die ja nicht geklaut. Und der andre kriegt welche für 'nen guten Preis, dass er noch was sparen kann im Vergleich dazu, was er normal im Laden hätte hinblättern müssen. Dass ich für meine Leistung, die ich erbracht hab, Butter kommt nun mal nicht von alleine durch den Wald über die Grenze, dass ich also einen Obolus für meine Mühen eingestrichen hab, dagegen kann doch keiner was einzuwenden haben.

Jedenfalls hab ich dann gewusst, der Richter hat gar nicht solchen großen Aufwand betreiben müssen, wie ich's erst vermutet hab, um sich schlauzumachen über Vorfälle aus der Vergangenheit, wo ich dran beteiligt war. Hat bloß in die Akte reingucken müssen. Viele Verbrechen haben da nicht dringestanden, höchstens drei oder vier. Die andren sind aber erst später angefallen, wie ich zur See gefahren bin und nach dem Krieg.

Über Vater haben sie hundertprozentig auch so eine Akte angefertigt. Hat sich im Suff paar Schlägereien erlaubt, der Herr Pleil senior. Ist schon mal die Polizei angerückt, was ich mitgekriegt hab. Erzählt hat er's freiwillig nicht. Und den Finanzern ist er nachher auch in die Fänge geraten. Als er nämlich mitgekriegt hat, wie durch Mutters und meine Rührigkeit ein Haufen Moneten zusammengekommen sind, da hat er sich uns angeschlossen und ist mit hausieren gegangen in den Ortschaften, die um Weipert rum lagen. Zu dritt haben wir noch mehr Fortschritte gemacht und bald unser Sortiment erweitern können. Mal sind's die Leute gewesen, die gefragt haben, ob wir was Bestimmtes für sie beschaffen können, bei andren Dingen war's unsre eigne Idee, die zum Kauf anzubieten. Zu den Waren, die wir unsrer treuen Kundschaft an die Haustür geliefert haben, meistens mit einem Handwagen, haben dann solche begehrten Sachen gehört wie Toilettenseife, Parfum, Feldpostkarten und Rasierklingen, um mal nur eine Auswahl kundzutun. Sogar Grammophonplatten, fällt mir grad ein, haben wir organisiert gekriegt, wenn einer Interesse dran bekundet hat, und Spielwaren und verschiedene Gegenstände für den Haushalt. Die aber nur, wenn sie einer vorher bestellt hat. Damit wir die Sicherheit hatten, die Sachen wieder loszuwerden, und zwar zu einem Preis, dass sich die Anstrengung auch gelohnt hat. Da waren wir schon schlau.

7

Und wie wir so eine Zeit lang vom Paschen gelebt haben, war ein gutes Leben, haben keinen Mangel zu beklagen gehabt, ist es uns gelungen, bisschen Geld zu sparen. Mutter hat's heimlich versteckt vor Vater, um die ganze Wahrheit zu sagen. Wenn er's in die Hände gekriegt hätte, wär wohl nie was von zum Aufbewahren übrig geblieben. Na ja, auf jeden Fall haben wir die paar Moneten genommen und einen kleinen Laden von aufgemacht, Stück außerhalb von Weipert. Die Arbeit war dann so aufgeteilt, dass Mutter im Laden regiert hat, Vater war fürs Transportieren der Ware zuständig, auf tschechischem Gebiet, und mich haben sie weiterhin über die Grenze gescheucht, damit ich Einkäufe von Sachen vornehme, die drüben billiger zu kriegen waren, wie ich's vorher schon gemacht hab. Wie gut wir unsre Arbeit verrichtet haben, hat man daran sehen können, dass bei Mutter im Laden alles zu haben war. Sämtliche Sorten Fisch, Brot und Kuchen und andre Backwaren, Wurst und Fleisch von verschiedenen Tieren, Gemüse und Obst auch, wenn die richtige Jahreszeit für war, und Lutschbonbons und Schnaps und Bier. Man kann sagen, was es an Lebensmitteln und Süßwaren gegeben hat, haben wir für unsre Kunden auf Lager gehabt.

Zu dem Laden muss ich noch eine wichtige Information loswerden, ist nun mal die Stunde der Wahrheit angebrochen. Walter soll nicht denken, ich würd gegen unsren Pakt verstoßen. Mach ich nicht, bin ein Ehrenmann, ich sag's ausdrücklich noch mal. Deswegen kann ich nicht schweigen drüber. Bei den Terminen am Gericht hat einer von den Plaudertaschen, die sie hinbestellt hatten, damit sie über mich was verraten, was ich so gemacht hab, Zeugen hat der Richter die genannt, so einer hat also die Behauptung aufgestellt, Mutter hätte Fleisch von Katzen als Karnickel ausgegeben und an die Leute verkauft. Und ich soll die Viecher vorher eingefangen und totgeschlagen haben. Muss einer aus Weipert gewesen sein, wie hätt er sonst was von dem Laden wissen können? Oder, die andre Möglichkeit, unser Geschäftserfolg hat sich bis rüber nach Bärenstein rumgesprochen gehabt. Selber hab ich die Behauptung nicht zu hören gekriegt beim Gericht, sonst wär ich an Ort und Stelle gegen eingeschritten. Und ich könnt jetzt den Namen von der Person hier nennen, damit sie nicht so davonkommt. Dummerweise hab ich erst hinterher von erfahren, war der ganze Rummel schon vorüber, das große Theater von Braunschweig, ich nenn's mal so. Durch paar Zeitungsfritzen, die haben drüber Bericht erstattet in ihren Schmierblättern. Haben's so geschrieben, als wär's die Wahrheit. Deswegen wird's nun höchste Zeit, dass ich eine Richtigstellung verkünde, sonst bleibt's noch für alle Ewigkeit falsch in der Welt. Wenn's nämlich wirklich einer behauptet hat und keine Erfindung war von den Zeitungsfritzen, wie sie's bei andren Sachen gemacht haben, die mich betroffen haben, dann hat derjenige den Richter an der Nase rumgeführt. War eine Lüge, eine verdammte Lüge war's, krieg ich heute noch die Wut drüber. Wär's nur um mich gegangen, drauf geschissen, hab meine eignen Gedanken, weiß, wie's in Wirklichkeit war, hab keine Katzen abgemurkst, nicht als Kind. Aber Mutter als Schwindlerin hinzustellen, als hätt sie ihre Kunden übers Ohr gehauen, mein herzensliebes Mütterlein, die gute Seele unsrer Familie, nee, das ist eine Schurkerei, das kann ich nicht erlauben. Wer so was rumerzählt hat, der sollte auch eine Strafe kriegen.

Die Sache hat mir immer auf der Seele gelastet, wenn die Gedanken dran gekommen sind. Wie ein Albtraum, den man nicht abschütteln kann, als würd er wie Pech für immer an einem kleben. Ob's nun besser wird, weiß ich nicht, aber grad ist mir leichter ums Herz.

Kann ich also weitererzählen von unsrem kleinen Familienunternehmen, wie ich fleißig über die Grenze bin und Sachen rangeschafft hab, dass Mutter den Leuten keinen Wunsch hat abschlagen müssen. Waren wir bisschen stolz drauf. Aber die Medaille hat auch eine andre Seite gehabt. Dadurch, dass Mutter und Vater sich in einem fort um unsre Handelsgeschäfte gekümmert haben, Mutter in erster Linie, Vater hat schon für gesorgt, dass sie im Wirtshaus nicht zu lange ohne ihn auskommen mussten, war ich viel auf mich allein gestellt, so gut wie die ganze Zeit, kann man sagen. Und so hab ich manches Geheimnis gehabt, aber nicht wie Kinder Geheimnisse haben, sondern wie die Erwachsenen.

Eines Tages, war grad wieder durchs Unterholz gekrabbelt und mächtig ins Schwitzen bei geraten, dass der Saft nur so rausgeströmt ist aus allen Poren, da ist mir der Einfall gekommen, paar Sachen aus dem Rucksack rauszupacken. Damit's für den restlichen Weg nicht so eine Plackerei war. Hab mir also mitten im Wald, wo ich war, ein Versteck ausgeguckt und da die Sachen deponiert. Als ich das nächste Mal zum Paschen losgeschickt wurde, hab ich's wieder so gemacht, und das Mal drauf auch, immer so weiter, bis aus dem Versteck ein kleines Warenlager geworden ist. War ein gutes Gefühl, über paar Besitztümer zu verfügen, von denen kein andrer was gewusst hat. Hab die Sachen dann nach und nach auf eigne Faust verscherbelt, aber nur an Leute, die nicht zu unsren Stammkunden gehört haben, war ich vorsichtig bei, sonst wär's noch rausgekommen. So hab ich paar Kröten zusammengekriegt, die ich für Vergnügungen zur Verfügung hatte, für Kinobesuche als Beispiel. Hab mir gern Abenteuerfilme angeguckt, *Der Berg ruft* und solche. Oder welche mit Räubern. Mussten aber schlaue Räuber sein, die paar Tricks geliefert haben, die mir nicht bekannt waren. Hab die dann nachgespielt, mit Jungs aus der Schule oder von unsrer Straße. Räuber und Gendarm oder so. Wollte immer der Räuber sein, andren konnt ich die Rolle ja wohl nicht überlassen. Die Sache war nämlich die, wer der Räuber war, der war gleichzeitig der Anführer, Räuberhauptmann kann man sagen. Aber Anführer, wenn's einer noch nicht erfahren hat, wird man nicht von alleine, diesen Posten kriegste nicht als Geschenk überreicht als wär Weihnachten. Anführer wird man erst, wenn man sich gegen die andren behauptet hat, die auch Anführer sein wollen. Ist wie ein Gesetz. Hat der eine oder andre von den Spielkameraden nur nicht immer gleich kapiert, hab ich manchmal bisschen nachhelfen müssen. Wenn's nicht ausgereicht hat, dass ich was gesagt hab, oder ich nicht genügend Geduld hatte zum Erklären, hab ich einen Stein genommen, irgendein Exemplar, das grad verfügbar war. Ist wie ein Hammerschlag aufm Deetz gelandet von dem, der etwas begriffsstutzig war. Besser gesagt, wie paar Hammerschläge, hab den Stein so bald nicht loslassen können, wenn einmal die Wut in mir aufgestiegen ist. Musste erst Blut kommen. Wenn ich Blut gesehen hab, das hat gewirkt wie eine Tablette zum Beruhigen, hab ich gleich nicht mehr toben müssen. Manchmal hab ich auch ein Messer beigehabt, da ist noch schneller Blut gekommen. Und ich hab mich nicht erst nach einer Klamotte bücken müssen.

Wer nun auf den Gedanken kommt, ich hätt nur an mich selber gedacht, dem kann ich versichern, er liegt verkehrt mit seiner Vermutung. Ums zu erklären, muss ich auf die Moneten zurückkommen und die Vergnügungen. Wenn ich durch meine heimlichen Geschäfte paar Taler angesammelt hatte, hab ich die nicht nur für mich ausgegeben, sondern hab andren was von spendiert, ob's die Eintrittskarte war fürs Kino oder was Süßes zum Futtern. Ganz ehrlich, knausrig sein war noch nie eine Charaktereigenschaft, die auf mich zugetroffen hat. War nicht mal knausrig, wenn ich keine Kröten in der Tasche hatte. Hab ich eben welche beschafft, oder was andres, wo ich gewusst hab, dass ich meine Kumpels mit freudig stimmen konnte. Wenn's einen gegeben hat, der sich auskannte mit dem Beschaffen von allen möglichen Dingen, dann war's ja wohl ich. Hatt ich damals schon die Meisterprüfung drin abgelegt.

Stenogramm der Zeugenvernehmung [unter Eid, d. A.] Maria Lauterbach aus Sehma/Erzgebirge im Prozess gegen Pleil und Mittäter vor dem Landgericht Braunschweig am 7.11.1950 (Auszug)

Die Zeugin hat schon in Weipert/Tschechei mit Pleils zusammengewohnt. Sie kennt Pleil, seit er wenige Jahre alt war. Auch schon aus Kühberg. Auch seine Eltern kenne sie gut, seine Mutter sei eine sehr gute, seelengute Frau gewesen, die jedem Menschen geholfen habe. Der Vater habe aber gern getrunken. Die Mutter habe allein einen Kolonialwarenladen geführt, und der Vater habe das ganze Geld fortgetragen. Mit einem Korb sei er in die Ortschaften hausieren gegangen, was sein Sohn später auch machen musste. Schon als Junge habe er seinen Vater aus der Wirtschaft holen müssen, da der so stark betrunken war, dass er allein nicht nach Hause gefunden hätte. Vater Pleil habe sich damals auch mit Kellnerinnen abgegeben.

Pleils Schwester habe seit früher Jugend epileptische Anfälle gehabt, Pleil als kleiner Junge noch nicht. Von ihm könne sie nichts Schlechtes sagen, er sei auch ein sehr guter Junge gewesen. Vor allem sei er sehr wahrheitsliebend gewesen. Wenn er etwas angestellt habe, habe er sich immer dazu be-

kannt, auch wenn er Strafe zu erwarten hatte. Die Mutter habe ihm aber viel Strafe erspart, weil sie vieles dem Vater nicht erzählte.
Wenn ihn die Kinder reizten, sei Pleil auch wild geworden, habe einen Stein genommen und manchem Kind ein Loch in den Kopf geschlagen. Einmal habe er einen Jungen einen Felsen hinuntergeworfen. Oft sei wegen solcher Dinge die Gendarmerie im Hause gewesen. Pleil habe auch seiner Mutter öfter was aus dem Laden gestohlen, was er dann aber unter den anderen Kindern verteilte. Er war sehr ehrgeizig, habe immer das große Wort führen müssen und jemand anderen neben sich nicht geduldet. Wenn die anderen nicht machten, was er wollte, sei er böse geworden, jähzornig, aber er sei dann auch schnell wieder gut gewesen und nicht nachtragend. Im Jähzorn schlug er auch um sich. Des Öfteren seien auch die Lehrer zu ihm nach Hause gekommen, um sich bei der Mutter zu beschweren, weil er die Kinder nicht in Ruhe ließ.

Wird nun Zeit, dass ich das Thema Schule abhandle. Wegen der Reihenfolge, damit Walter alles geordnet vorfindet, und überhaupt, hab ich's hinter mir, ist keine Geschichte über Ruhm und Ehre. War auf der Volksschule, hab ich bereits mitgeteilt. Genau gesagt waren's zwei Schulen, eine in Bärenstein, eine in Weipert. Bin ich acht Jahre hingestiefelt, die beiden zusammengezählt, doch am Schluss war ich nicht in der achten Klasse angelangt, wie's normal gewesen wär, sondern nur in der fünften. Bin hängen geblieben, dreimal, das ist die Erklärung für, ganz einfach. Was das allerdings nicht erklärt, ist die Frage, warum's dazu gekommen ist, dass ich's so oft nicht geschafft hab. Aber muss ich die wirklich beantworten? Ich mein, dann stell ich doch mal eine andre Frage an die

Menschheit. Wie soll ein armer Junge das bewerkstelligen, der eine Kindheit hat, wie ich sie gehabt hab? Mit den ganzen Verpflichtungen, die ich erfüllen musste, war ich gezwungen zu, wenn ich kein Verlangen nach hatte, Dresche zu beziehen von Vater. Und das hatt ich garantiert nicht, an keinem einzigen beschissenen Tag, ich schwör's. Und dann noch die Not, die geherrscht hat in unsrer Familie, über die ganzen Jahre, bis wir's mal fertiggebracht haben, paar Kröten aufm Haufen zusammenzukriegen durch unsre Handelsgeschäfte. Und wer war's denn gewesen, der die Handelsgeschäfte möglich gemacht hat? Außer Mutter, mein ich. Liefere die Gedanken hiermit als Hilfestellung, falls einer sie benötigt, um selber die Antwort zu finden. Wen's betrifft, für den hab ich noch zusätzlich was anzubieten. Muss er nur mal dran denken, was für Handelsgeschäfte das waren, durch die wir zu unsrem Laden gekommen sind und den dann am Laufen gehalten haben. War nicht erlaubt nach dem Gesetz, über die Grenze rüberzumachen und so, all die Aktivitäten, die ich vollbracht hab, damit's in unsrer Familie mal einen Lichtblick gegeben hat. Zu dem Gesetz hab ich meine Meinung verkündet, hätt's schneller abgeschafft, als ein Tag rum gewesen wär, hätten die mir bloß mal das Kommando für übergeben müssen. Nur war's eben da, das Gesetz, und die Finanzer waren da, kamen ständig mehr rausgekrochen aus ihren Löchern, hat man den Eindruck gehabt. Und gelauert haben die auf Leute, wie wir welche waren, wie das Rudel Löwen auf die Beute. Könnte jetzt die Behauptung aufstellen, ich hätt keine Kenntnis gehabt drüber, dass solche Aktivitäten verboten waren. Mit neun Jahren muss man nicht Bescheid wissen über Gesetze und Vorschriften, auch nicht mit zehn oder elf. Würd man als Kind doch nicht vermuten, dass Gefahr droht, wenn's die eignen Eltern sind, die einen losjagen durch die Botanik. Wär sogar besser gewesen, ich hätt keinen Schimmer von gehabt, wär ich nicht dauernd mit Arschsausen unterwegs gewesen, dass die Finanzer mich schnappen könnten nachts im Wald, oder dass ich andren Bösewichtern in die Hände gefallen wär, ausgehungerten Landstreichern oder solchen Gesellen. Ist reichlich von diesem Grobzeug durch die Landschaft gepilgert in den Jahren. Aber die Wahrheit ist ja, dass ich's gewusst hab, und zwar vom ersten Marsch an, den ich unternommen hab über die Grenze. Weil ich eben ein schlaues Kerlchen war, damals schon, darf man sich nicht täuschen lassen von der Information, dass ich bloß fünf Klassen absolviert hab.

Das mit dem Schlausein hab ich sogar schriftlich vorliegen, vom Richter, der das Urteil über mich gesprochen hat. So 'n Richter ist eine bedeutende Amtsperson, der darf nicht schwindeln oder einfach was erfinden, was nicht wahr ist. Hab die Stelle mal rausgesucht im Ordner, wo's drinsteht. Hab ich gestern Abend schon gemacht, als ich keinen Satz mehr aufs Papier raufgekriegt hab. Soll man nicht unterschätzen, was ich hier leiste an Arbeit. Gibt Tage, da ist's eine richtige Quälerei. Mal sind's die Augen, die sind's eigentlich immer. Muss ich ab und zu Pausen für einlegen, damit die bisschen Erholung kriegen zwischendurch. Und mein Verstandskasten, der hat auch seine Tücken aufzubieten, funktioniert mal besser und mal nicht so gut. Wenn's drum geht, sich zu erinnern, das ist ja die große Aufgabe. Weiß nicht, woran's liegt, warum's an einem Tag flutscht und am andren hakt. Ist ein unergründbares Geheimnis, kann ich nur sagen. Hab mich mittlerweile aber dran gewöhnt, kenn's nicht anders.

Also die Stelle, die ich aus den Schriftstücken rausgesucht hab, da hat der Richter ausnahmsweise mal was Erfreuliches über mich geschrieben, nämlich dass ich nicht schwachsinnig, sondern mit einer, aufgepasst, jetzt kommt's, weit über dem Durchschnitt stehenden Intelligenz begabt bin. Weit überm Durchschnitt, so steht's da, Wort für Wort, hab nichts dazugedichtet. Dass mir was an Schulbildung gefehlt hat, sind immer noch die Worte von dem Richter, würd für diese Feststellung über meine Schlauheit ohne Bedeutung sein. Kluger Mann, ist genau meine Meinung. Man kann auch schlau sein, wenn man sich in der Schule paar Klassen erspart hat.

Was ich noch mitteilen muss, ist das Datum, wann's vorbei war mit dem Schulgefängnis. Ostern achtunddreißig war das, muss ich nicht erst groß in meinem Denkkämmerchen rumkramen. Hat immer Ostern angefangen, das Schuljahr, und war immer Ostern zu Ende. Und das Jahr selber hab ich sowieso abgespeichert. Sind bedeutsame Ereignisse passiert. Eins war, dass Hitler fünf Jahre die Macht hatte, dreißigster Januar, ist noch drin im Kopf. Und bisschen später, waren nur die letzten Wochen noch zu absolvieren auf der Schulbank, hat's ein andres großes Ereignis gegeben. War ein Sonntag, als wir von erfahren haben, genau mittags, die Uhr vom Kirchturm hat grad zwölf geschlagen, da ist im Rundfunk eine Stimme ertönt, die jedermann bekannt war, die vom Herrn Goebbels, der mit dem Klumpfuß. Hatten die Herren von der Reichsregierung sich schlau ausgerechnet, weil, Sonntagmittag, da sitzen alle zu Hause am Küchentisch und futtern was. Und wer einen Volksempfänger gehabt hat, der hat den eingeschaltet, um sich mit bisschen Musik den Tag zu versüßen, haben wir auch gemacht. So werden wohl eine Menge Leute ihre Ohren gespitzt haben, wie auf einmal der große Redenschwinger zu hören war, der eine Proklamation vorgetragen hat von seinem obersten Chef. Ging drum, dass die Heimat von dem, nicht von Goebbels, von Hitler, seine richtige Heimat, durch deutsche Truppen befreit und wieder heimgeholt wird ins Deutsche Reich. Und heute? Da ist es doch wieder ein eignes Land, wie man weiß. So 'n Kuddelmuddel. War bei dem Stück Tschechoslowakei, wo wir gelebt haben, das gleiche Theater. Hat mehr Ordnung gegeben auf der Landkarte unterm Führer, muss man schon sagen. Aber der hat sich ja aus dem Staub gemacht, rauf ins Himmelreich oder wo so einer sonst hinkommt. Obwohl, wenn's mal einer genau wissen würde. Hab noch von keinem echten Beweis was erfahren, dass er wirklich tot ist. Vielleicht kommt er eines Tages zurück, man kann's nicht wissen.

Wie's war, wenn Truppen von der Wehrmacht ins Land reinmarschiert gekommen sind, haben Mutter und Vater paar Monate drauf, war noch das Jahr achtunddreißig, dann selber erleben dürfen. Besser gesagt müssen, war für die kein Vergnügen. Wie bei unsrem Umzug damals in der Nacht haben die Wachleute, die auf der Brücke zwischen Bärenstein und Weipert postiert waren, den Schlagbaum hochgemacht, um die deutschen Soldaten und Offiziere durchzulassen mit ihren Lastwagen und wo die noch dringesessen haben. Panzer waren, glaub ich, auch welche bei. Die Bürger von Weipert, nicht alle, aber die meisten, haben da schon bereitgestanden am Straßenrand, dicht an dicht wie eine Bretterwand, wo kein Spalt mehr ist zum Durchgucken. Heil Hitler!, haben sie gerufen bei jedem Auto, was vorbeigefahren ist, und mit so kleinen roten Fahnen, wo das Hakenkreuz drauf war, rumgewedelt wie aufgeregte Köter mit ihrem Schwanz. Manche haben sogar paar Tränen rausgedrückt, so ergriffen waren sie von der Zeremonie. Und quer über der Straße hatten Leute ein Spruchband aufgehängt. »Wir danken dem Führer!«, hat da draufgestanden, dabei war der gar nicht mitgekommen.

Mutter und Vater haben nicht mitgemacht bei der Jubelfeier, sind nicht mal hingewatschelt zu dem Empfang. Als hätten sie vorher in eine Glaskugel reingeguckt, wodrin man sehen kann, was bald auf einen zukommt. Und tatsächlich hat's nicht lange gedauert, dann hatten die Hitlerleute, die nun auch in Weipert das Regiment geführt haben, Vater wieder aufm Kieker. Ging immer noch um seine Verbindung zu den Kommunisten, obwohl er gar nicht mehr tätig war für die. Ich nehm an, die hatten eine Liste mit den Namen von allen Leuten, die sie irgendwann mal unter Kommunist verbucht hatten. Und die haben sie dann einen nach dem andren von zu Hause weggeholt. Für Vater ging's mit einem Sammelzug nach München, dienstverpflichtet für Führer, Volk und Vaterland. Hat schwer schuften müssen in verschiedenen Betrieben, der Alte. Haben ihn lange nicht mehr zu Gesicht gekriegt. Näheres weiß ich dazu aber nicht. Wie Mutter alleine zurechtkommen sollte, mit ihrem Laden und dem Ranschaffen der Ware und so, darum haben die Hitlerleute sich nicht geschert, war denen scheißegal. Sind nur angetrabt gekommen, wenn's Steuern einzutreiben gab. Hat sich die Verkauferei bald nicht mehr gelohnt, ist kaum was übrig geblieben, von dem Mutter hätte leben können. War für sie auch zu viel Plackerei. Und so hat sie den Laden, für den wir uns die ganzen Jahre den Arsch aufgerissen hatten, war doch so, wie soll man's anders sagen, schweren Herzens aufgeben müssen und ist zu Maria gezogen, nach Marienberg, damit sie nicht so alleine war.

Nun könnte sich einer die schlaue Frage ausdenken, warum Mutter überhaupt alleine war und keine Unterstützung gekriegt hat von mir. Wär doch meine Aufgabe gewesen als braver Sohn, wie ich's die Zeit davor auch gemacht hab. Vielleicht ist es schon aufgefallen, meine Person taucht seit einer ganzen Weile nicht mehr auf bei dem, was ich berichte. Gibt's eine Erklärung für, nur kann ich die heut nicht mehr liefern. Schreib beinah wie ein Blinder. Kann die Buchstaben, die ich aufs Papier kritzle, kaum mehr erkennen. Draußen vorm Fenster steht die Dunkelheit, als wär da 'ne schwarze Wand. Und hier drin die Lampe macht grad so viel Licht, dass man nicht wo gegenrennt, wenn man zum Scheißen aufm Thron muss. Also Feierabend jetzt.

Dr. med. F. Barnstorf: Fachärztliches Gutachten, Landes-Heil- und Pflegeanstalt Königslutter, 27.4.1950 (Auszug)

Das geistige Inventar, wie es sich aus dem Zusammenwirken aus dem sogenannten Schulwissen und dem im späteren Leben gemachten Zuwachs an theoretischen Begriffen und Tatsachen ergibt, zeigt eine deutliche Einschränkung gegenüber einer Durchschnittsnorm. Geografische Kenntnisse sind nur insofern einigermaßen entwickelt, als es sich um Gegenden handelt, die er bei seinen rastlosen Fahrten in Deutschland und während des Krieges im westlichen Europa berührt hat. Auf naturwissenschaftlich-biologischem Gebiet sind die Kenntnisse besser, er kann eine Reihe von Sing- und Raubvögeln aufzählen, kennt Getreidearten und die wichtigsten Metalle. Physikalisch-theoretische Begriffe wie Gefriertemperatur des Wassers, Unterschied zwischen Thermometer und Barometer sind dagegen ohne Anschauung. Geschichtliche Ereignisse der Vergangenheit und Gegenwart sind nur ganz dürftig bekannt. Rechnen mit einfachen und benannten Zahlen geht relativ schnell, Begriffe wie Invalidenkosten, Akkordarbeit, Zinsen werden in dürftiger Weise erklärt. Bruchrechnung ist für ihn zu schwierig.

Auffällig gut ist die Ordnung von Eigentums- und Tötungsdelikten nach ihrer rechtlichen und ethischen Schwere.

Als er alle roten Dinge nennen soll, die ihm einfallen, nennt er zuerst die Hakenkreuzfahne, Feuer, Sowjetstern, dann mit leichterer Stimme und hörbarem Zögern: Blut.

Konzentration und Merkfähigkeit waren ungestört. Die praktische Intelligenz erwies sich als kaum unterdurchschnittlich. Der Ballsuchtest wurde von ihm prompt gelöst,

dabei sollte er in einem runden Garten den Weg einzeichnen, der beim Suchen eines darin liegenden Balls mit Aussicht auf Erfolg gewählt werden würde.
Unproduktivität seiner Gedankengänge, der Mangel an eigenen sprachlichen und vorstellungsmäßigen Einfällen, die Denkunlust und unfrohe, mürrische Schweigsamkeit traten bei einzelnen Unterhaltungen deutlich hervor. An anderen Tagen, besonders nach dem Geständnis im Fall …, war er lebendiger und gesprächiger, fragte auch von sich aus nach irgendwelchen Dingen und war dabei gierig auf Verbesserung seiner Launen durch Zigarettenspenden aus.

Prof. Dr. med. G. Jungmichel/Prof. Dr. W. Ewald: Vorläufiges ärztliches Gutachten, Göttingen, 21.5.1950 (Auszug)
Die schulmäßigen Kenntnisse sind offenbar infolge sehr mangelhaften Schulbesuchs gering. Die praktische Intelligenz ist jedoch voll ausreichend. Sein Stil sowie seine Ausdrucksweise sind erstaunlich fließend, untermischt mit Zynismen, treffenden allgemeinen Lebensbeobachtungen und Beurteilungen, zwischendurch mit gemeinsten Obszönitäten durchsetzt.
Die Auffassung geschieht schnell, Kombination und Urteil sind sicher. Die Intelligenz ist in keiner Weise tiefer gestört. Pleil ist nicht einmal als debil zu bezeichnen. Allgemeine ethische Begriffe und Vorstellungen sind ihm nicht fremd, er kennt sie durchaus und hat ihren Sinn verstandesmäßig erfasst, sie »betreffen« ihn aber nicht, haben für ihn persönlich keine Geltung.
Pleil ist sehr eitel und für Lob empfänglich, stolz auf die zahlreichen Berichte der von ihm verübten Mordtaten, besonders gehoben, wenn diese Berichte mit seinem Bild erscheinen. Er hebt sie dann sorgfältig auf und zeigt sie voll

Selbstgefallen. Auf jede Weise versucht er, mit der Presse und der Öffentlichkeit Verbindung zu bekommen.

Prof. Dr. med. G. Jungmichel/Prof. Dr. W. Ewald: Ärztliches Hauptgutachten, Göttingen, 9.7.1950 (Auszug)

Nach Angaben seines Vaters war Pleil intellektuell nur mäßig begabt, in der Volksschule blieb er dreimal sitzen, »weil er es geistig nicht schaffte« (Vater). Das bedeutet aber nicht, dass er schwachsinnig ist. Bei psychopathischen Persönlichkeiten findet man oft eine langsamere intellektuelle Entwicklung, die sie später vielfach in Form einer Nachreife aufholen. Das scheint auch bei Pleil so gewesen zu sein.

Weder die Beobachtungen von Barnstorf noch die der Gutachter ließen Pleil als schwachsinnig erkennen. Er hat sogar eine recht gute praktische Intelligenz, erscheint durchaus schlagfertig, vielfach verschlagen und hat eine sehr lebendige Fantasie. In rein schulischen Leistungen wie etwa der Orthografie zeigt er freilich noch heute erhebliche Defekte, er schreibt aber kalligrafisch und stilistisch gar nicht ungewandt, wenn auch seine Gedankenwelt überaus primitiv ist. Für diese ist es bedeutungsvoll, dass er viel und gern gelesen hat, im Wesentlichen freilich nur Schund- und Mordgeschichten, mit denen er seine Innenwelt erfüllte.

Trotz der gefährdenden Einflüsse seines Lebensraumes, in dem er seit der Kindheit aufwuchs, ist er in instinktiver Vorsicht kaum wesentlich straffällig geworden. Aus seinen eigenen Schilderungen geht hervor, dass Gefühlswerte nie bei ihm hoch im Kurs standen und dass ihn ethische Werte nie behindert haben.

8

Heut Morgen hat Walter mir mal wieder einen Besuch abgestattet. Hab die Gelegenheit gleich genutzt und ihm paar Seiten zugesteckt. Kann er sie schon mal abtippen, wenn er in der Schreibstube hockt. Die Übergabe haben wir abgewickelt wie zwei Agenten vom Geheimdienst, Harry Piel lässt grüßen. Hab Walter kurz zugezwinkert mit den Augen, sollte ein Zeichen sein, dass ich was Geheimes vorhab. Weiß nicht, ob er's erkannt hat. Und dann hab ich so getan, als würd ich ihm nur ein Buch in die Hand drücken, das er mir vor einer Zeit mal gegeben hatte zum Lesen. Aber da waren die Seiten mit meinen Niederschriften drin versteckt. Hätt einer von den Wachtmeistern direkt danebenstehen können, wär dem nicht aufgefallen. Geredet haben wir auch paar Minuten. War eine richtige Freude für mich. Hab sonst nur die Wände zum Reden, oder die Papierblätter, wo ich die ganzen Erinnerungen draufschreibe. Das Papier ist mein bester Freund, denn wenn ich was aufschreibe, ist es so, als würd ich's wem erzählen. Bin ich mit Walter auch drauf zu sprechen gekommen, auf die Erinnerungen. Hab bisschen rumgejammert, wie die Schreiberei mich anstrengt und das Nachgrübeln und so. Walter sagt, ich brauch nicht jeden Tippelschritt, den ich mal gemacht hab, rauskramen aus dem Gedächtnis. Von Bedeutung, sagt Walter, sind die Ereignisse, die für meinen Charakter wichtig waren, durch die ich so geworden bin und die ganzen Sachen gemacht hab.

Als würd ich das wissen. Mal ehrlich, wer kann so was über sich sagen? Paar Macken, hat jeder welche von, kriegt man vererbt von Mutter und Vater, hab ich gehört. Aber alles andre? Keine Ahnung, wo das herkommt. War eigentlich die Aufgabe von den Psychoheinis, das rauszufinden. Von dem Doktor in Königslutter und den andren mit ihren dämlichen Fragen. Aber denen hab ich natürlich nicht die ganze Mahlzeit aufgetischt. Müssen nicht jedes Geheimnis wissen von mir, diese neugierigen Schlaumeier. Haben bei den Terminen immer so getan, als wären sie die klügsten Leute von der Welt, die alles über mich erforscht haben, was ich für ein Mensch bin und warum alles so gekommen ist, mit den Weibern und so. Was die sich eingebildet haben, bloß weil sie paar Stunden im gleichen Raum verbracht haben mit mir. Aber das reicht nicht aus, nee, da muss man schon mehr Zeit für aufbringen, paar Tage und Nächte mit dem Menschen zusammen sein, um das Innere von ihm ergründen zu können. Hätt sich einer von den Doktoren mal mit einsperren lassen müssen in die Bucht, dann hätt er vielleicht erkannt, was für ein guter Kerl ich bin. Aber so. Man lernt jemand doch nicht dadurch kennen, dass man hingeht und ihm paar dusselige Fragen an den Kopf knallt und sich hinterher Gedanken zu macht, was die tiefere Bedeutung sein könnte von dem, was er drauf geantwortet hat. Oder durch komische Experimente, haben sie mit mir auch welche angestellt, Strom messen im Verstandskasten und so was. Hab gar nicht gewusst, dass man da Strom drinhat.

Nur einmal, da hatte sich der Doktor, der aus Königslutter, ein besonderes Experiment ausgedacht, das war so recht nach meinem Geschmack. Hat er mal Herz gezeigt, der Herr Doktor, rechne ich ihm heut noch hoch an. Das Experiment hat nämlich darin bestanden, dass ich Schnaps saufen musste. Keine Lüge, das war die Aufgabe. Hab ich innerlich natürlich ein Fest gefeiert, gleich von dem Augenblick an, wo er mir erklärt hat, was für ein Experiment das werden soll. Hab die Nächte kaum noch schlafen können, bis der Tag endlich ran war, so groß war die Vorfreude drauf. Wo ich ewig keinen Schnaps mehr gekriegt hatte, paar Jahre waren's da schon, nicht einen einzigen verdammten Tropfen. Und dann war's gleich ein halber Liter, den der Doktor mir gegönnt hat. War kein richtiger Schnaps, nicht so ein feines Tröpfchen, das man in einer anständigen Wirtschaft ausgeschenkt kriegt oder wie der, den ich mir früher bei meinen Geschäftsaktivitäten organisiert hab. In Hamburg, da bin ich ja nun öfters gewesen, hat sich immer was Schmackhaftes auftreiben lassen, musste man nur die richtigen Leute anhauen und die passenden Worte parat haben. Und paar Moneten oder andre Sachen, die als Tauschobjekt von Interesse für die waren.

Was der Doktor anzubieten hatte, war sozusagen Schnaps für wissenschaftliche Erkenntnisse, zusammengemischt aus Alkohol und Zucker. Ohne Zucker hätt das Zeug im Rachen gebrannt wie Feuer, aber so war's recht bekömmlich. Normalerweise hätt ich die Ladung mit zweimal ansetzen weggeschluckt, wenn nicht bloß einmal ausgereicht hätte. Als ich noch richtig in Übung gewesen bin, vorm Zuchthaus die Jahre, hätt's das. Weil sich's nun aber um ein Experiment gehandelt hat, wo der Doktor genau beobachten wollte, welche Reaktion der Fusel auslöst in mir, hab ich ihn in kleinen Portionen serviert bekommen, schluckweise abgefüllt, kann man sagen, in einem Reagenzglas. So was wird sonst von Wissenschaftlern benutzt, die im Laboratorium ihre Experimente machen, hat der Doktor erzählt, hab ich aber auch selber gewusst. War angeblich die gleiche Menge drin wie in normalen Schnapsgläsern im Wirtshaus.

Der Doktor hat's Kommando gegeben für den ersten Schluck. Haben mir die Hände bei gezittert, war aber auch nicht einfach zu halten, das dünne Röhrchen. Danach hat er mich ganz schön auf die Folter gespannt, der Doktor. Hab mich zehn Minuten gedulden müssen, bis er den nächsten

Schluck rausgerückt hat. Kam mir wie eine Stunde vor. Aber dann durft ich wieder, prost, Herr Kapitän, oder besser gesagt, lieber Herr Doktor. War mein bester Freund an dem Tag. Hab jedes Mal auf ihn angestoßen, auf den edlen Spender, gehört sich doch so. Wird er aber nicht bemerkt haben, hab meinen Trinkspruch im Stillen runtergebetet, wie ich manchmal Gespräche mit mir selber führe, wenn ich in der Bucht drinsitze und die Einsamkeit hochkommt, hört dann auch keiner was von.

Jedenfalls hat's der Doktor doch tatsächlich fertiggebracht, mich ganze drei Stunden zu beschäftigen mit dieser Pfütze von einem halben Liter. Würd man normal nicht für möglich halten, ist aber dadurch gekommen, dass ich nicht bloß nach dem ersten Schluck gezwungen war, eine Pause einzulegen, sondern nach jedem andren auch, hat er drauf bestanden. Und in der Zeit, wo ich die nächste Gabe herbeigesehnt hab wie ein einsames Pflänzchen in der Wüste paar selige Regentropfen, da hat er mir Fragen gestellt, war er ja der große Meister drin. Wollte wissen, wie's sich so drin lebt im Zuchthaus, ob ich öfters mit welchen von den Wachtmeistern aneinandergerate. Hab ich ihm direkt die Wahrheit präsentiert, was da für Schufte bei sind. Zu den toten Weibern hat er auch was gefragt, zu den Fällen, die ich schon bekannt gegeben hatte, waren nicht alle, ob ich mich an bestimmte Einzelheiten erinnern kann. Paar von den Fragen hat er noch mal und noch mal gestellt, war seine spezielle Methode, glaub ich. So hat er rauskriegen wollen, ob ich was andres erzähle, wenn der Schnaps erst mal seine Wirkung entfaltet hat in meinem Denkkämmerchen. War aber nicht der Fall, werden doch keine andren Erinnerungen draus, bloß weil man sich das Leben bisschen schöner macht mit einem Schlückchen Schnaps.

Was ich noch nicht mitgeteilt hab, das Experiment hat frühmorgens stattgefunden. Und zwar aus dem Grund, weil der Doktor unbedingt wollte, dass mein Magen noch leer ist, wenn der erste Tropfen reinplätschert. Hab nichts zu futtern gekriegt, bevor's losgegangen ist, nicht mal einen Krümel trocknes Brot. War ich schon hungrig wie ein Bär, aber dafür hab ich nicht lang drauf warten müssen, bis sich so ein schönes Gefühl eingestellt hat vom Schnaps. Wie wenn man in einen Badebottich reinklettert, mit Wasser drin, das bisschen zu heiß ist, man's aber grad aushalten kann. Dieses Kribbeln unter der Haut, wo das heiße Wasser rankommt, falls das einem bekannt ist, das mein ich.

Nach einer Weile, schätze mal, die Hälfte der Zeit vom Experiment ist rum gewesen, hat der Doktor sich keine Fragen mehr ausdenken brauchen. Schnaps löst die Zunge, wenn es einer noch nicht weiß. Und so hab ich von alleine losgeplappert. Manch dämliches Zeug hab ich bei gequatscht, musst ich selber drüber lachen. Wörter, die's gar nicht gibt, oder die an der Stelle, wo ich sie angebracht hab, nicht hingepasst haben. Ist lustig gewesen. Hat der Doktor sogar mal lächeln müssen, ich glaub, der hat auch seinen Spaß dran gehabt. War wohl die andre Seite von meiner Persönlichkeit, die da zum Vorschein gekommen ist. Hat jeder noch 'ne zweite Seite in sich drin, hab ich irgendwo gelesen, oder der Doktor hat's mir anvertraut, weiß nicht mehr.

Und weil ich dem Doktor so dankbar gewesen bin, dass er mir paar schöne Stunden bereitet hat, hab ich ihm am Ende vom Experiment noch eine Wahrheit verraten, von der keiner was gewusst hat bis zu dem Tag. Als Belohnung sozusagen. War die Sache mit dem Kopf, den Karl dem einen Weibsbild abgeschnitten hat, wo ich lang von Albträume hatte. Na gut, alles über den Fall hab ich ihm dann doch nicht offenbart. Wie ich so geplappert hab, ist mir nämlich eingefallen, Geständnisse mit besoffnem Kopp, die sind ungültig nach deutschem Gesetz. Aber paar Puzzleteile hab ich ihm dagelassen, dass er was zum Nachgrübeln hatte. Eins davon war eine Zeichnung von der Stelle im Wald, wo Karl den Kopf hatte verschwinden lassen. War nicht mein bestes Werk, die Hand mit dem Bleistift hat sich bisschen selbstständig gemacht. Einen Schwung hat die plötzlich draufgehabt, holla, war das Blatt fast zu klein. Hab's aber trotzdem hingekriegt, dass man was erkennen konnte, obwohl ich tüchtig einen in der Krone hatte. Waren nur noch zwei Schlucke oder so, die auf mich gewartet haben.

Eine kleine Theatervorstellung hab ich dem Doktor auch noch geschenkt, direkt nach der Fertigstellung der Zeichnung, war ich grad in Stimmung zu. Konnte er sich besser ein Bild von machen, was ich ihm vorher über Karls gruselige Tat berichtet hab. Bin aufgestanden, bisschen hin und her gehopst, oder mehr geschwankt, kann auch sein, hat sich alles ganz schön gedreht um mich rum, und dabei hab ich so Bewegungen gemacht mit meiner Hand, als würd ich einem den Hals durchschneiden, bis der Kopf ab ist und runterpurzelt. Wie man sich's eben vorstellt, selber hab ich ja nie so was gemacht, und gesehen hatte ich's auch nicht, wie Karl sein Messer geschwungen hat.

Dr. med. F. Barnstorf: Fachärztliches Gutachten, Landes-Heil- und Pflegeanstalt Königslutter, 27.4.1950 (Auszug)

Außer der Befriedigung seiner sexuellen Gelüste füllt ihn noch die Frage aus, wie er mehr zu essen bekommt. Er bettelt mich oft ungeniert an und ist stets unzufrieden, wenn er in seinen Hoffnungen enttäuscht wird. Noch lieber ist ihm aber Schnaps. Ein angekündigter Alkoholversuch verursachte ihm angeblich vor Freude schlaflose Nächte.

Dieser Alkoholversuch wurde nochmals wiederholt, obwohl ein früher unternommener keine besonderen Auffälligkeiten ergeben hatte, um die Wirkung einer größeren Alkoholmenge auf Pleil abschätzen zu können. Er erhielt auf nüchternem Magen im Verlauf von drei Stunden etwa in Mengen von 0,02l alle 8 bis 10 Minuten mit zwei Pausen von je 15 Minuten insgesamt einen halben Liter ca. 50%igen Alkohol mit Zuckerzusatz.

Nach der ersten halben Stunde war außer einer etwas verstärkten Ablenkbarkeit und gesteigertem Rededrang mit leichtem Silbenstolpern noch keine wesentliche Reaktion festzustellen. Eine Viertelstunde später kommt es zu Wortverwechslungen, Pleil verliert oft den Faden. Zweimal traten im Abstand von einer Dreiviertelstunde typische kurz dauernde Absencen auf. Die affektive Enthemmung steigert sich in der Mitte der Versuchszeit zu unbeherrschtem Lachen, Pleil bemerkt, dass er »dämlich quatscht«. Zeitweilig wird er gereizt, schimpft auf die Wachtmeister. Es gelingt immer noch, Pleil zu Einzelheiten seiner Taten zu befragen. Er verspricht als Dank für den Alkohol einen neuen Fall zu erzählen, macht aber nur geheimnisvoll klingende Andeutungen, zeichnet mit ausfahrenden Bewegungen eine Skizze vom Tatort und der Fundstelle des Kopfes. Er unterbricht sich dann und sagt, nach deutschem Gesetz seien aber alle Geständnisse, die in der Besoffenheit gemacht würden, ungültig (!). Zwei Stunden nach Beginn des Versuchs rührseliges Selbstlob. 10 Minuten später erneutes Ansetzen zu einem »Geständnis«, fängt mehrfach an, verliert aber wieder den Faden. Man hat den Eindruck psychischer Hemmungen, die durch die Trunkenheit nicht aufgehoben sind. Etwas später motorische Enthemmung, läuft herum, demonstriert mit wilden Bewegungen ohne viel sprachliche Erläuterungen die Ermordung der Frau bei Zorge nach Art einer Pantomime (Kopf abschneiden und vergraben). Schrift unbeherrscht und übergroß, Silbenstolpern, paraphrasische Entgleisun-

gen, deutliche Betrunkenheit mittleren Grades, aber ohne pathologische Merkmale.
Nach dem Versuch schlief Pleil lange, hatte aber volle Erinnerung an alle Phasen der Betrunkenheit.

Dr. med. F. Barnstorf: Der Fall Pleil, in: *Der Spiegel,* 8.11.50 (Auszug)
Ich habe nie so grauenhaft deutlich die abnorme Triebentladung sich enthüllen sehen wie in einer unheimlichen Szene, als der untersetzte, verfettete junge Bursche mit dem ostischen Kugelkopf in leichter Angetrunkenheit (bei einem zur klinischen Prüfung seiner Alkoholreaktion angestellten Versuch) in erstaunlicher Behändigkeit und Gewandtheit mit seiner in Form eines menschlichen Körpers auf den Boden gebreiteten Jacke und Hose eine stumme Pantomime agierte, in der er die Erschlagung und sexuelle Misshandlung einer Frau »spielte«, dabei genießerisch kicherte und hinterher erklärte, diesen Fall einer »Bearbeitung« – so nennt er seine sadistischen Misshandlungen der toten Opfer – habe er noch nicht gestanden.
Am nächsten Tag folgte dann die schriftliche und zeichnerische Offenbarung eines der grauenhaftesten Morde, bei denen der Mittäter Hoffmann (36 Jahre alt, intelligent, verschlagen und bisher nicht geständig) der toten unbekannten Frau nach Pleils Schilderung den Kopf abschnitt.

Das war also das große Experiment beim Doktor. Wenn's doch heute mal so eine Abwechslung hier gäbe. Jeder Tag ist gleich, kommt man nicht mehr klar, ob grad Montag oder Freitag ist oder Sonnabend. Wie bin ich da eigentlich drauf gekommen? Ach, weil Walter gesagt hat, was von Bedeutung ist bei dem, was ich niederschreibe, das mit dem Charakter und so. Hab drüber aber nicht vergessen, dass ich noch ein Rätsel aufklären muss. Warum ich nicht mehr in Weipert aufhältig gewesen bin, als die Hitlerleute wieder anmarschiert gekommen sind und Vater nach München deportiert haben. Und mein Mütterlein über Nacht alleine dagestanden hat mit dem Laden und allem. Hängt aber damit zusammen. Durch Walters Worte hab ich an einen von den andren Psychoheinis denken müssen. Sein Name ist mir entfallen, war was mit Krätze oder Grätsche oder so. Jedenfalls hat der mich bei einer Sitzung mal gefragt, wann's war, dass ich angefangen hab zu wichsen, und ob ich's allein bewerkstelligt hab oder ob jemand bei war. Wie dem so eine Frage einfallen konnte? Na, bei diesen Doktoren braucht man sich über nichts zu wundern, hab ich die Erfahrung gemacht. Ich glaub, die haben selber ein Problem mit dem Thema. Kann mir nicht vorstellen, dass denen die Freuden nicht bekannt sind, die man sich mit paar Handgriffen verschaffen kann. Sind doch auch Männer, werden wohl einen Schwanz dranhaben. Tun sie mir leid, wenn sie drauf verzichten, auf die Freuden, aber wirklich.

Die Psychiater und die andren Doktoren, die ich kennengelernt hab, die von den ganzen Zuchthäusern, also, manchmal weiß ich nicht, was ich von denen halten soll. Sind Studierte, aber die einfachsten Sachen sind ihnen nicht bekannt. Oder tun nur so, das ist eben das Rätsel, das ich nicht lösen kann. Durch die Bank haben sie alle über die schönste Beschäftigung geredet, als würd man eine schlimme Krankheit von kriegen. Dabei ist's doch was Natürliches, sonst hätt der liebe Gott uns wohl kaum mit dem Fridolin da unten ausgestattet, oder wer's war, der die Menschheit erschaffen hat, Adam und Eva und so.

Ich nehm nur mal ein Beispiel, die Sache mit meinen Augen. Ewig hab ich mich drüber beschwert, sind Jahre bei vergangen, muss man sich mal vorstellen, so behandeln die einen hier. Hab dem Zuchthausdoktor gesagt, ich muss eine Brille kriegen, Millionen Mal hab ich's ihm gesagt. Dem Direktor vom Zuchthaus auch, und den Wachtmeistern, allen, die hier aufgekreuzt sind. Sogar drum gebettelt hab ich. Ist normal nicht meine Art, um was zu betteln, fühlt man sich nicht gut bei, als hätt man als Mensch keinen Wert. Aber die Schmerzen waren nun mal da, und die sollten endlich weggehen. Doch statt mich zu einem Augenarzt zu delegieren, hat der Doktor immer nur gesagt, hör auf zu wichsen, dann wird's mit den Augen wieder besser. Von wegen, hab ich mehr gewusst als dieser Schlaumeier, wie sich rausgestellt hat. Aber denkste, der hat sich vielleicht mal entschuldigt für das ganze Leid, das ich hab ertragen müssen wegen ihm. Muss man nichts mehr zu sagen, oder?

Selbst der Doktor aus Göttingen, und der war immerhin Professor, hat versucht, mir das einzige Vergnügen, das einem hier drin noch bleibt, madig zu machen. Der Professor hat auch was rausfinden sollen über mich. War der gleiche Staatsanwalt, der ihm den Auftrag erteilt hat, als wär er nicht zufrieden gewesen mit den Erkenntnissen, die der Doktor aus Königslutter geliefert hat. Also, in der Zeit, wo ich nach Göttingen umquartiert war, bin ich von Kreuzschmerzen heimgesucht worden, waren richtig gemein schlimme, so was wie Rheumatismus, wo sonst nur alte Leute mit geplagt sind. In der Hölle hätt's nicht schlimmer sein können, wenn's die gibt, Himmelherrgott, waren das Schmerzen, ist mir Hören und Sehen bei vergangen. Aber der Verstand hat noch seinen Dienst getan. Hab mir gleich denken können, was die Ursache für sein musste. Bin bei der Seefahrerei mal mit 'nem Schiff abgesoffen. *Timandra,* so hieß das Schiff, hat man für ewig gespeichert nach so einem Erlebnis, ist wie ein Brandzeichen im Gedächtnis. Zu Kriegszeiten ist das passiert, im

Jahr dreiundvierzig oder so, auf jeden Fall war Winter. Sind von einem feindlichen U-Boot attackiert worden, bei Drondheim in der Gegend, vor der Küste von Norwegen. Waren immer rübergependelt von Hamburg aus, haben Sachen hingebracht und andre mit zurückgenommen. Weil nun dieses verfluchte U-Boot mitten in der Nacht losgeschlagen hat, hab ich halb nackt, wie ich in der Koje gelegen hab, raufgemusst an Deck, um rasch ins Rettungsboot reinzuklettern mit den andren. Bei Sturm und Regen, der ist auf die Haut geklatscht als wären's Peitschenhiebe gewesen, hundert Millionen oder so. Haben's trotzdem geschafft, Seemänner sind robuste Gesellen, ist keiner von der Mannschaft abgegluckert. Doch die eisige Kälte hat mir ein Andenken verpasst, eine Lungenentzündung, die dann auch noch eine Rippenfellentzündung herbeigeführt hat, als hätt eine beschissene Krankheit nicht ausgereicht. Wenn das Rippenfell entzündet ist, kann man keinen Atemzug mehr machen, ohne dass es sticht in der Brust. Und wie's sticht, als wär jemand mit einem Dolch zugange, der einem das Ding reinbohrt, wenn man nur versucht, normal Luft zu schnappen. Und beim Husten erst, da denkt man, dieser Schuft, der hat seinen Dolch gegen einen Säbel oder gegen eine Lanze eingetauscht. So bin ich im Lazarett gelandet, also mit der Lungenentzündung schon. Wo das war, krieg ich nicht mehr zusammen, war nicht das einzige in den Jahren, nur dass ich zwei Monate dort zugebracht hab. Und an den Geruch vom Bettzeug kann ich mich komischerweise erinnern. Bisschen wie Frühlingsluft. Hab's mir vielleicht auch nur eingebildet, ist grad der Frühling ausgebrochen, als ich da wieder wegmusste. War nicht mein eigner Wunsch, hätt's gut noch paar Wochen ausgehalten auf der faulen Haut, war so friedlich dort. Doch der Doktor, der im Lazarett der Bestimmer war, hat mich wieder einsatzfähig geschrieben. Musst ich also los, auf einem andren Schiff malochen. Wenigstens war's diesmal eins, das in wärmeren Gefilden rumgeschippert ist. Werd ich noch was drüber berichten, wenn ich die Zeit bei der Seefahrt abhandle. Dieses eine Vorkommnis hab ich nur jetzt schon erzählt, damit Walter und alle, die's mal lesen werden, auf dem gleichen Kenntnisstand sind, wie's der Professor war. Den hab ich sofort kundig gemacht über die Geschehnisse von damals in der Nacht, als das mit den Rückenschmerzen angefangen hat. Hab ihm auch dazu gesagt, dass ich was zurückbehalten haben muss. Von dem Zwischenfall. Aber anscheinend war der an dem Tag schwerhörig, sonst hätt er nicht diesen Blödsinn geredet als Professor. Ach, Quatsch, hat er gesagt, nachdem ich ihm alles anvertraut hatte, die Kreuzschmerzen, die würden mich nur peinigen, weil ich zu viel an meinem Schwanz rumspiele. Vielleicht hat er's nicht wortgenau so gesagt, aber so ähnlich. Als wären die Schmerzen eine Strafe vom lieben Gott. Hat er mich enttäuscht, muss ich sagen, mächtig enttäuscht. Bei einem Professor würd man doch erwarten, dass der sich besser auskennt mit der Biologie vom Menschen und mit den Bedürfnissen, die man so hat als Mann.

Nun aber dazu, wie ich die schönste Sache überhaupt entdeckt und gleich meine Freude dran gefunden hab. Wobei, hat sich später noch was Schöneres hinzugesellt, aber das ist nicht die richtige Stelle, um schon mehr drüber zu verraten. Also erst mal das mit dem Wichsen, das hat sich so zugetragen. Drauf gekommen bin ich durch einen Jungen aus der Schule. Seinen Namen sag ich nicht, weiß nicht, ob's ihm recht wär, müsst ich ihn erst fragen, aber geht ja nicht. Vielleicht hat er mit in den Krieg gemusst und lebt gar nicht mehr, kann doch sein, sind viele nicht zurückgekehrt oder nur in einer ollen Holzkiste. Dieser Junge also hatte ungefähr das gleiche Alter, ist aber zwei Klassen über mir gewesen, war nicht sitzen geblieben, deswegen. Beim ersten Mal, war aufm

Klo in der Schule, hat er mir vorgeführt, wie ich's machen soll, nur nicht bis zum Ende. Dann hab ich's probiert nach seinem Vorbild, war aber nicht erfolgreich. Da hat er mich angefeuert, mach weiter, mach weiter, los, und nach einer Weile, schwuppdiwupp, da hab ich plötzlich so ein dämliches Grinsen im Gesicht gekriegt. Hat sich von alleine eingestellt, dieses Grinsen, kam ich mir schon bisschen doof bei vor. So, hat mein Lehrmeister dann gesagt und mir auf die Schulter geklopft, jetzt biste auch ein Mann. Die Zeit danach haben wir's mehr an andren Orten praktiziert, wenn wir im Wald waren oder am Bahndamm rumgesessen und Züge beobachtet haben. Manchmal, bevor ein Zug angerattert kam, sind wir rasch zu den Schienen hin, haben einen Pfennig draufgelegt und dann zugeguckt, wie er platt gewalzt wurde von den Rädern. War aber meistens nur das erste Rad, das drübergerollt ist, danach ist der Pfennig direkt weggehopst wie ein Grashüpfer, haben ihn hinterher suchen müssen zwischen den ganzen Schottersteinen, die da rumgelegen haben. Aber platt gewalzt war er immer, bald so dünn wie Papier.

So, und dann ist die Zeit gekommen, wo Mutter den Laden aufgemacht hat und ich beauftragt war, allerlei Sachen ranzuschaffen. Zu unsrem reichhaltigen Angebot haben auch Gasanzünder gehört. Solche mit kleinen Feuersteinen, mit denen man Funken erzeugen kann, ritsch, ratsch, und schon ist einer da, wenn man's richtig anstellt, mit dem Daumen derb genug bei gegendrückt. Damit haben die Leute die Kochflammen an ihrem Küchenherd angezündet, wenn's ein Gasherd war. Und dadurch nun, dass wir regelmäßig Nachschub gebraucht haben von diesen Zündgeräten, sind wir mit jemand in Kontakt getreten, der die Dinger selber hergestellt hat. Ein gewisser Pasternick war das, Jakub, das kann ich ruhig preisgeben, den haben alle Leute gekannt, bestimmt im Umkreis von fuffzig Kilometern. Hat aber kaum mal einer seinen richtigen Namen in den Mund genommen, haben alle nur vom Räuberhauptmann gesprochen, wenn's was mitzuteilen gegeben hat über ihn. Räuberhauptmann haben sie zu ihm gesagt, weil's nach der Meinung von den Leuten eine Räuberhöhle war, wo er drin gewohnt hat. In Wirklichkeit war's aber eine alte Burg, halb verfallen war die, mit Höhlen und Gängen und so. Und paar Räume waren da, wo Betten dringestanden haben und Schränke. War's immer finster drinnen. Als Licht hat nur eine Kerze gebrannt. Hier und da hat's wohl Fenster gegeben, nur waren die zugenagelt mit Brettern, haben überall die Scheiben gefehlt.

Die Leute haben nicht gut geredet übern Räuberhauptmann. Hat keiner zugegeben, aber ich glaub, die meisten haben sich gefürchtet vor ihm. Weil er nicht so ein Leben geführt hat wie sie selber, mit Eheweib und Bälgern, in einem normalen Haus, und weil's in seiner Behausung so geheimnisvoll zuging. Für mich dagegen war's immer die hellste Freude, zu der Burg hinzulatschen, war ich gleich flinker mit den Beinen. Hab mich auch auf Anhieb gut verstanden mit dem Burgherrn. Nicht lange, und wir sind wie Kumpel gewesen, kann man sagen. Dabei hätt er mein Vater sein können vom Alter her. Aber mit ihm war's nicht wie mit andren Erwachsenen. Die haben immer nur Aufträge zu erteilen gehabt, da denk ich an Mutter und Vater, oder sich über was beklagt und tüchtig zu den Rohrstock geschwungen, mein ich die von der andren Abteilung mit, kann man sich ausmalen, meine speziellen Freunde, die Herren Lehrer, zum Teufel mit ihnen. Hätten mir gegenüber bisschen Verständnis aufbieten können, wo sie doch Bescheid gewusst haben müssen über meinen Alten und seine Sauferei und wie locker ihm die Hand gesessen hat bei seinem Sohn. Aber nichts, all die Jahre hab ich keine Unterstützung erfahren, hat sich keiner die Mühe gemacht von dieser Bande.

Der Räuberhauptmann, nee, ab sofort nenn ich ihn beim richtigen Namen, hab ich grad den Beschluss zu gefasst. Also Jakub, der hat auf andre Art mit mir geredet. Hat man nicht gleich den Gedanken gekriegt, da redet ein Erwachsener mit einem Kind. Und Geschichten erzählt hat der, sind mir die Ohren bei heiß geworden. Von Weibern und von ihren Fotzen und was man mit den Dingern so alles anstellen kann. Werd ich Stielaugen bei gekriegt haben, wie ich die Wörter gehört hab das erste Mal, und 'ne rote Birne dazu, jede Wette. Aber gleichzeitig, weiß ich noch, wie wenn's grad eben geschehen wär, hab ich an seinen Lippen gehangen wie ein Jünger an den Lippen von seinem Propheten. Ist auch so geblieben, wenn er andre Geschichten ausgebreitet hat wie eine Decke auf der Wiese, wo keine Weiber drin vorgekommen sind. Waren dann stattdessen Männer, die die Hauptrolle eingenommen haben, oder vielmehr ihre Pimmel, ging fast nur um die. So ein kleines Exemplar, den von meinem Wichskumpel aus der Schule, hatt ich ja bereits zu sehen gekriegt. Und wie mein eigner Schwanz ausgesehen hat, der noch am Wachsen war in den jungen Jahren, das ist mir natürlich auch nicht verborgen geblieben. Nun aber bin ich zu dem Vergnügen gekommen, mal einen großen Pimmel bewundern zu dürfen. Wem seiner es war, brauch ich nicht extra zu sagen, kommt man selber drauf, oder? Hab ihn nicht mal drum bitten müssen, so schnell hatte er den rausgefriemelt aus seinem Hosenschlitz. Und beim bloßen Angucken ist's natürlich nicht geblieben, wo ich schon mal auf so eine aufregende Entdeckungsreise gegangen bin. Jakub hat sich direkt als Leiter unsrer Expedition angeboten. Hab ich nichts gegen einzuwenden gehabt, konnt er gleich das Kommando übernehmen und Anweisungen geben, was ich mit seinem Pimmel anstellen sollte, wär mir von alleine nicht viel eingefallen. Bei dieser ersten Expedition war's noch nicht der Fall, da hab ich ihm zu

Diensten sein müssen und alles so gemacht, wie er's gesagt hat. Später bei andren aber hat er sich auch bisschen um meinen Pimmel verdient gemacht, dass der zu paar freudigen Momenten gekommen ist.

Dr. med. F. Barnstorf: Fachärztliches Gutachten, Landes-Heil- und Pflegeanstalt Königslutter, 27.4.1950 (Auszüge)

Charakterlicher Befund:

Er [Pleil, d. A.] scheint seit früher Jugend ein widersetzlicher, eigensinniger und störrischer Mensch gewesen zu sein. Der Vater soll ihn viel geprügelt und oft prophezeit haben, dass er einmal im Gefängnis enden werde. Zu den Familienangehörigen hat er nach eigener Auskunft keine inneren Bindungen gehabt. Sprach bei seiner ersten Klinikbeobachtung einmal mit Tränen in den Augen von seiner Mutter, die sei gut zu ihm gewesen. Später hat er nie mehr solche Gefühlsregungen erkennen lassen. Frau und Kinder, die er als ruhestörende Elemente empfindet, sind ihm gleichgültig wie völlig Fremde. Spricht in den obszönsten Ausdrücken von seiner Frau. Versichert, nie einen Menschen gehabt zu haben, an dem er mit Liebe hing. Solche Regungen sind ihm überhaupt fremd und unverständlich. Einen wirklichen Freund hatte er nie. Was er so nennt, sind ihm irgendwie ähnliche Typen, bedenkenlose, zu allen leichten und schweren Verbrechen fähige Burschen …

Eine besondere Eigentümlichkeit Pleils ist seine Empfindlichkeit gegenüber Geräuschen. Er beklagte sich bei der klinischen Beobachtung oft über laute Kranke. Kinder und Hunde sind ihm verhasst, weil sie Lärm machen. Im Gefängnis schimpft er über den Krach in den Zellengängen. Er versucht sich durch Verstopfen der Ohren davor zu schützen. Dieses Isolierungsbedürfnis kennzeichnet sein Einzelgän-

gertum und seinen Mangel an Kontakt mit anderen Menschen, aber auch seine Reizbarkeit.
Die Schamlosigkeit, mit der er während seiner Haft über seine sexuellen Regungen spricht und schreibt, ist ein Ausdruck seines moralischen und ethischen Defekts.

9

Durch diese Umstände nun hat's sich ergeben, dass ich öfters hinspaziert bin zur alten Burg, ob ich was Geschäftliches abzuwickeln hatte dort oder nicht. Und so hab ich auch bald in Erfahrung bringen können, für wen die ganzen Betten in den Räumen rumgestanden haben, wo Jakub doch keine Familie oder andre Verwandtschaft unterzubringen hatte. Waren fremde Männer, die sich da einquartiert haben, mal für eine Nacht, mal für paar Tage, hat keiner fest gewohnt da von denen. Und des Öfteren haben sich Weiber hinzugesellt, waren auch fremde, nicht aus dem Ort oder so. Hab ich eine ganze Auswahl von angetroffen mit der Zeit. War manchmal ein recht fideles Leben dadrin in den alten Gemächern, wenn man versteht, was ich damit sagen will. Der Burgherr selber hat's mit Vertretern von beiden Geschlechtern getrieben, wonach ihm grad der Pinsel stand. Hat ihn auch nicht gekümmert, wenn jemand bei zugeguckt hat, wie er sich mit wem aufm Bett rumgewälzt hat. Einmal, da hab ich den rechten Zeitpunkt erwischt und bin Zeuge von geworden, wie er grad bei war, so ein Weibsstück zu ficken. Das Luder hat mit dem Arsch vor ihm gekniet wie eine läufige Hündin. Und seltsame Laute hab ich von der zu hören gekriegt, wie wenn man so schnell gerannt ist, wie man kann, und am Ziel nach Luft japst, nur lauter, war fast wie Schreien.

In der Sekunde, wie ich da reingestolpert bin in den Raum und erkannt hab, was für ein Schauspiel mir dargeboten wurde, bin ich erstarrt wie ein Zinnsoldat. Hätt normal auf der Stelle kehrtgemacht und wär wieder abgedampft. Will man ja nicht, dass die sich gestört fühlen. Aber das Merkwürdige war, ich hab mich nicht rühren können, ging nicht vor und nicht zurück, als hätt wer meine Schuhe festgenagelt am Boden. Oder als wär plötzlich ein Zauber über mich gekommen. Hab ich also weiter hingestarrt, wie die beiden Hund und Hündin nachgeahmt haben, wenn's nun mal das Einzige war, womit ich mir die Zeit vertreiben konnte. Und wie ich so hingestarrt und mich an die Dunkelheit gewöhnt hab, dass ich alles sehen konnte, als wär's fast hell, sind mir bald die Augen übergegangen. Muss man bei bedenken, dass ich ein zartes Jünglein von höchstens vierzehn Jahren war und vorher nie was zu sehen gekriegt hatte von der Art. Ob das keuchende Biest meine Anwesenheit bemerkt hat, ich kann's mir fast nicht vorstellen, so wie sie mit beschäftigt war, die Töne rauszupressen aus ihrem Mund, als wär's die größte Anstrengung überhaupt. Jakub aber, dem ist der brave Zinnsoldat aufgefallen, der nur paar Schritte weg in der Tür gestanden und Maulaffen feilgehalten hat. Hab seinen Blick bemerkt, wie er in meine Richtung geguckt hat, wird er mich nicht bei übersehen haben.

Weiß nicht, wie lange das Theaterschauspiel sich hingezogen hat. Denkt man ja nicht an die Zeit, wenn man da so rumsteht und was lernt fürs Leben, nur durchs Gucken. Irgendwann war's aber vorüber. Hat man auch dran gemerkt, dass kaum noch was zu hören war von dem Luder. Und ich hab mich auf einmal wieder normal bewegen können, war die Hexerei zu Ende. Bloß hab ich nun nicht mehr weggewollt. Aber was andres hab ich gewollt. Kann man sich vielleicht denken, oder bedarf's dafür noch der Mitteilung, dass sich was geregt hat in meiner Hose, wie ich die zwei bei ihrem Treiben beobachtet hab. Ich sag's, wie's war, ich wollte nun auch meinen Schwanz reinstecken bei dem Luder. Nur gucken, hab ich gedacht, da lernt man womöglich doch nicht genug bei. Jakub wär einverstanden gewesen, hab ihn gefragt, war eben ein echter Kumpel. Doch das Miststück hat nicht gewollt, hat sich geziert wie eine Prinzessin. Wenigstens hab ich sie dahin gekriegt, mit Jakubs Unterstützung, muss ich dazusagen, der war auf meiner Seite, dass ich meinen Fridolin freilassen durfte aus der Hose und sie ihn in ihren Mund reingesteckt hat.

Die Weiber sind das Ende von der Menschheit. An dem Tag, in der Burg, da hätt ich's merken müssen. Hab ich aber nicht. Hab dagesessen aufm Bett, war das gleiche, wo grad das Schauspiel zu Ende gegangen war, und hab meinen Genuss dran gehabt, wie das Luder aufm Boden vor mir gekniet und an mir rumgelutscht hat. Bis der Punkt ran gewesen ist, wo einem ganz dämmrig wird da oben im Stübchen, ist immer so, hab ich mit den Jahren festgestellt, und ich's wieder gekriegt hab, dieses dämliche Grinsen im Gesicht. Und mit einem Mal erschöpft war und müde wie ein Murmeltier, dass ich beinahe eingenickt wär an Ort und Stelle. Das Weib ist gleich aufgestanden und hat was gebrabbelt von wegen, ich wär einer von der flinken Sorte oder so.

Ist eine teuflische Geschichte, die Sache mit den Weibern, aber wirklich. Wird man nicht schlau draus aus diesen Biestern. Erst lutschen sie einem am Schwanz rum wie unterwürfiges Getier, weil ihnen mal zu Ohren gekommen ist, ist jedenfalls meine Vermutung, dass sie uns paar Glücksgefühle mit bescheren können. Doch kaum zieht man seinen Schwanz wieder raus aus ihrem Maul, führen sie sich auf, als wären sie plötzlich zur Königin vom ganzen Land aufgestiegen. Passt doch nicht zusammen. Aber soll ich was sagen? Ist unsre eigne Schuld. Hab ich aus der Zeit damals gewonnen, diese Erkenntnis. War nämlich so, dass es mir gefallen hat, die Schwanzlutscherei und was das Luder an Spezialitäten auf dem Gebiet noch anzubieten hatte. Und weil's mir gefallen hat, hab ich's noch mal haben wollen, das Vergnügen, den Tag drauf oder den danach, die nächste Woche, wann sie bereit für war. Und genau das war eben die Sache. Ich hab's nicht entscheiden können, sie hat das Regiment geführt. Aber was willste machen? Ist man nicht mehr richtig bei Verstand, wenn Fridolin erst mal strammsteht wie ein Wachsoldat. Und das wittern die Weiber natürlich, haben sie feine Antennen für. Also macht man, was diese Biester wollen, damit die machen, was man selber will. Ich sag's doch, eine Teufelei ist das. Nur hab ich's damals nicht durchschaut, bin ich ehrlich, war ich nachher schlauer.

Wenn ich's bloß da schon gewusst hätte. Wenigstens hab ich mich rächen können an den Weibern. Hätt ich mehr von totmachen sollen. Im Krieg sind so viele Männer umgebracht worden, aber die Weiber sind übrig geblieben. Müsste man mir dankbar für sein, dass ich die Welt von paar Exemplaren befreit hab, grad zu der Zeit, wo die Lebensmittel knapp waren und es viele Obdachlose gegeben hat. Kann ich jetzt auch nicht behaupten, dass ich's bedaure oder dass es mir leidtut, nee, so was kenn ich nicht, tut mir nicht leid. Hab ich vielleicht mal gesagt, zum Richter oder so, damit der nicht gar so schlecht denkt von mir. Ist aber nicht die Wahrheit gewesen. Hab ein gutes Werk getan, begreifen die Brüder nur nicht. Sperren mich ein, und nun soll ich in der Bucht drin sitzen bleiben, bis ich verrottet bin. Eine große Ungerechtigkeit ist das. Hab ich denen tausendmal erklärt, den Kommissaren, waren verschiedene, dem Staatsanwalt, dem Richter, allen hab ich's gesagt. Bleib ich auch bei, ist meine Meinung, lass ich mich nicht von abbringen. Muss man nur mal richtig nachdenken drüber. Wie viele Deutsche, die beim Militär waren im Krieg, haben welche totgeschossen? Und was war das Ergebnis? Auszeichnungen haben sie für gekriegt und laufen frei rum heute. Da waren auch welche bei, die jetzt Wachtmeister sind. Oder Polizisten oder so. Aber ich nehm nur mal die Wachtmeister. Die schikanieren nun einen, der nichts andres gemacht hat als sie selber. Und wer weiß, was grad die angestellt haben im Krieg, die mich ins Zuchthaus gesteckt haben, Staatsanwalt, Richter und Konsorten. Nee, das ist keine Gerechtigkeit. Aber wenn ich das mal laut ausspreche, dann krieg ich zur Antwort, damals war Krieg, das Vaterland musste verteidigt werden. Quasseln alle dasselbe, auch die Doktoren, Krieg wär was andres. So ein Blödsinn, Vaterland verteidigen. Sein Vaterland verteidigt man, indem man die Grenzen schützt und so. Aber was haben die gemacht? Ganz Europa haben sie besetzt, wie's der Führer ausgebrütet hat, ist kein Geheimnis. Und wenn sich einer in den Weg gestellt hat, weil er's nicht akzeptieren wollte, dass die überall einmarschiert sind, dann haben sie den abgeknallt oder ins Lager gesteckt, wo die meisten auch bloß verreckt sind. Als wär da ein Unterschied, tot ist tot. Entweder gehören nun alle eingesperrt, oder alle dürfen in Freiheit draußen rumspazieren. Die nicht einsperren, aber mich, das ist nicht zu verstehen. Was ist eigentlich los in Deutschland, verdammt noch mal.

Aber jetzt bin ich ganz abgekommen. War bei dem Luder, das in der Burg von Jakub ein und aus gegangen ist. Bin der bisschen verfallen, muss ich zugeben. Hat sie natürlich ausgenutzt. Wie Weiber nun mal sind, lauern stets auf ihren Vorteil, um was andres geht's denen nicht, ist meine Erfahrung. Hat sich nur bereit erklärt, meinen Pimmel zu verwöhnen, wenn ich vorher paar Kröten rausgerückt hab. Wie's die Huren machen. Ficken durfte ich die aber trotzdem nicht. So hab ich also manche Krone hingebracht, um bisschen Freude zu haben. Und wie sie gemerkt hat, dass ich ihr gehorche, ist sie gierig geworden. Hat beinah bei jeder Zusammenkunft noch mehr Kröten haben wollen. Als hätt sie's mit dem Sohn vom Bankdirektor zu tun gehabt. Aber was willste machen? Hab ich schon gesagt, oder? Ist aber auch immer das gleiche

Dilemma. So ein Weib bringt dich dazu, ein andrer zu sein, erkennste dich bald selber nicht wieder.

Einen Teil von dem, was sie verlangt hat für die schönen Stunden, hab ich durch mein geheimes Lager im Wald zusammengekriegt, musst ich fleißig was verscherbeln. Aber eine Gelddruckmaschine war das nun auch nicht. Wenn's mal nicht gereicht hat, bin ich hin zu Mutter in den Laden und hab bisschen Ordnung geschaffen in der Kasse. Hat man gleich einen bessren Überblick gehabt, wenn da nicht mehr so viele Scheine drin waren. Ob Mutter was von gemerkt hat, kann ich nicht sagen. Hat öfters ein Auge zugedrückt, das Mütterlein, damit ich's nicht gar zu schwer hatte. Aber Vater, der brutale Hund, der hat mich doch prompt bei erwischt, wie ich mal einen Schein hab stibitzen wollen. Ein Hundertkroner war's wohl. Hab ich sofort gewusst, dass es Schläge setzen wird. Mit dem Riemen aus seiner Hose. Das Ding reinzufummeln, da hat er ewig für gebraucht, aber rausgezerrt hat er's ganz fix gehabt. Eine Sekunde oder so. Und in der nächsten hab ich's Leder vom Riemen schon gespürt aufm Arsch oder aufm Rücken, wo er grad hingedroschen hat in seinem Zorn, war er nie wählerisch bei.

Zu der Zeit hab ich die Schule schon hinter mir gehabt. Bin bei einem Schmied in die Lehre gegangen. War kein Wunsch von mir gewesen, hat Vater mich hingeschickt. Die beiden müssen sich gekannt haben, aus der Wirtschaft, vermut ich. Auf alle Fälle hat Vater dem was erzählt von der Sache mit den hundert Kronen. Versteht man nicht, wie man den eignen Sohn anschwärzen kann bei andren Leuten. Wird er mächtig duselig gewesen sein im Kopp. Die andre Möglichkeit wär, dass er deswegen so was rumerzählt hat, weil er mich verflucht hat, dafür, dass ich überhaupt auf der Welt bin und so. Ist ein Gedanke, den Maria mal geäußert hat, aber auf ihre eigne Person bezogen. Als sie noch bei uns gelebt hat, vor der Erlösung durch ihren Adolf, da hat sie öfters Angst gehabt, Vater würd sie eines Tages noch totschlagen, im Suff oder wenn er so mal gewütet hat, als hätt er sich in ein wildes Tier verwandelt.

Der Schmied wird sich seine Gedanken gemacht haben. Hab nicht dringesessen in seinem Stübchen da oben, dass ich's bezeugen könnte, aber muss so gewesen sein. Als er fertig war mit dem Gedankenmachen, da hat er mich davongejagt, wollte keinen Dieb haben in seiner Schmiederei. Und so hab ich also die Überlegung anstellen müssen, was mach ich nun? Nach Hause zu Mutter und Vater? Vom Mütterlein hätt ich noch paar tröstende Worte erwarten können, aber der Alte, der hätt nicht viel geredet, windelweich geschlagen hätt der mich, hab ich keinen Zweifel dran gehabt. Als Junge war ich ein Stück robuster als mein zartes Schwesterchen mit ihren Anfällen und so. Die Rumschleicherei an der Grenze, ob Sommer war oder Winter, so was härtet ab. Und die Schläge von Vater, die haben mich auch abgehärtet auf eine Art. Trotzdem hab ich große Furcht gehabt vor seiner Zornigkeit. Und an dem Tag war die Furcht so groß, wie der höchste Berg, den's gibt auf der Welt, hoch ist. Hab ich keinen Weg gesehen, wie ich da drüberkommen sollte.

Und noch eine andre Überlegung hab ich angestellt, wo ich schon mal bei war, über alles nachzugrübeln, übers Leben und so. Die Pascherei, immer loslaufen auf Kommando und Zeug ranschleppen durchs Gestrüpp und ewig bei die Angst haben, dass ich hopsgenommen werd von den Finanzern, nun war mal genug damit, hab ich nicht mehr machen wollen, ums Verrecken nicht. Ist mir klar geworden an dem Tag. Gibt solche Tage, wo einem was klar wird, wo man was erkennt, was man bisher nicht erkannt hat. Hat Hitler auch gehabt, denk ich mal. Hat jeder, sogar Vater, wo ich's bei dem zuletzt erwartet hätt. Ist mir aufgefallen, wie ich den ersten

Brief gekriegt hab von ihm im Zuchthaus, in dem Jahr, wo der Termin war, der große, paar Monate davor ist der angekommen. Hat er drin gestanden, dass er welche von den Zehn Geboten vergessen hatte früher und deswegen aufn falschen Weg geraten ist. Und dass Mutter und wir Kinder, Maria und ich, haben drunter leiden müssen. Dass er das zugegeben hat, hätt er sich vorher nie zu bekannt. Das mein ich eben. Muss ihm was klar geworden sein auf seine alten Tage. Wenn's stimmt, was Maria geschrieben hat in einem von ihren Briefen, hat er die Sauferei inzwischen aufgekündigt. Vorstellen kann ich's mir nicht, kenn ihn nur mit besoffnem Kopp, aber kann ja möglich sein, ist ihm vielleicht noch mehr klar geworden mit der Zeit.

So ist es also gekommen, dass ich das Mütterlein im Stich gelassen hab. Bin nicht nach Hause an dem Tag, bin losgetippelt, um mir die Welt anzugucken. Paar Kröten hab ich noch in der Tasche gehabt, hab ich für das gierige Luder bei Jakub verwenden wollen. Hat sie aber keinen Pfennig von in die Hände gekriegt, bin ohne Umweg über die Grenze, rüber ins Deutsche Reich. Bärenstein erst, in Kühberg noch mal da lang, wo wir früher gewohnt haben, und von da weiter. War ein schöner Tag, das Wetter mein ich, mit Sonne und paar Wolken am Himmel, erinnere ich mich deutlich dran. Würd man auch nicht verstehen, wie man so einen Tag hätte vergessen können. Ich glaub, es war Sommer, grad noch, später Sommer. Da ist die Luft im Wald anders, als wenn er grad erst anfängt. Bisschen wie abgestandenes Wasser. Schätze mal, den Unterschied merkt nur einer, der viel draußen ist in der Natur, wie ich's war. Versteht man nun vielleicht, was für ein großes Leid es ist für einen wie mich, eingesperrt in der Bucht drinzusitzen. Dass es mal so kommt, wer hätte das gedacht. Ach, wenn ich nur das Gitter am Fenster seh, werd ich ganz traurig von. Ist es denn gar so schlimm, was ich verbrochen hab? Wenn's mein Gefühl nun mal verlangt hat. Hat mich zu getrieben, die Weiber zu bearbeiten. Hab ich doch nicht anders gekonnt. War nicht meine Schuld deswegen, nee, schuld dran war mein Gefühl. Und die innere Stimme, die's mir befehligt hat.

Bleib ich besser bei der Erinnerung, wie ich noch hab die Freiheit genießen dürfen. Der Sommer nun war ganz die rechte Jahreszeit für eine Wanderschaft. Alle Etappen aufzählen kann ich nicht, wo ich durchgetippelt bin, hab oft selber nicht die Orientierung gehabt, wo's mich grade hingeführt hat. Die Nächte hab ich im Wald verbracht, wenn's ein Stück gegeben hat in der Gegend. Hab mich auf Moos gebettet, musste eben nur trocken sein. Oder ich bin auf Hochsitze von Jägern raufgeklettert und hab da meinen Schlaf gefunden. Und wo's sich ergeben hat, hab ich nach Arbeit angefragt, musste schließlich von was leben, Esssachen kaufen und so. Auf die Weise bin ich bei einer Baufirma gelandet. Die haben Handlanger gesucht und waren nicht neugierig, wenn einer nur kräftig zupacken konnte. Hat keiner groß Fragen gestellt von wegen, wie alt man ist und wo man herkommt und solche Sachen. Den Ort, wo das war, muss ich schuldig bleiben, ist wie ausgelöscht in meinem Verstandskasten. Ist aber auch nicht wichtig, kann Walter nichts sagen. Hab nur geschuftet da. Und gepennt. Und wieder geschuftet. Sieben Tage die Woche, den heiligen Sonntag mit Kirchgang und so hatten die offenbar abgeschafft. Dafür hab ich mal ein richtiges Bett zum Schlafen gekriegt, mit paar andren Arbeitsleuten im selben Raum. Einer ist bei gewesen, dem sind nachts, grad dass er eingepennt war, die Fürze nur so ausm Arsch gedonnert, als hätt ein alter DKW dauernd Fehlzündungen gehabt. Muss was mit seinem Darm gewesen sein, war nicht mehr feierlich, Nacht für Nacht das gleiche Trommelfeuer. Bin ich mit dem Kopp immer unter die Decke gekrochen, wenn die Winde allzu arg rübergeweht kamen zu mir. Dadrunter war dann manches Mal das allerschönste Leben. Hell geleuchtet hat's, obwohl's finster war, finstrer als die Nacht draußen. Muss man sich nur Stückchen tiefer denken als da, wo der Kopp sitzt. Und meine Hände muss man sich denken dazu, sind flinke Gesellen, die zwei. Und eben meinen Schwanz. Ohne den hätt's die Freude nicht gegeben.

War aber nichts für ewig, da aufm Bau. Gehen die Knochen von kaputt, wenn man so was länger betreibt. Hab auch nicht den Diener spielen wollen ständig, hierhin hopsen, dahin hopsen, wie's dem Vorarbeiter grad gepasst hat. Kann ich nicht leiden, wenn andre über mich bestimmen, vielleicht noch Befehle erteilen wie beim Militär, war ich als Junge schon stur. Bin also bald weitergezogen. Ist ja so ein Punkt, das mit der Wanderei. Haben sich die Psychiater mit beschäftigt. Ob das eine Krankheit ist bei mir, dass ich immer durch die Gegend wandern muss. Gibt's wirklich als Krankheit so was. Haben die gesagt. Kriegt man urplötzlich einen Drang, kommt aus dem Innern, kann man nicht anders, als sich dünnezumachen. Eben hat man's noch nicht gewusst, vor einer Sekunde oder so, aber dann will man sofort los, augenblicklich, wie's so heißt, auch wenn man selber gar nicht weiß, welchen Grund es für gibt, und nicht mal ein Ziel hat, wo's hingehen soll, Hauptsache, weg von der Stelle, wo man ist. Verrückte Sache, oder? Kommt mir aber bisschen bekannt vor. Wenn mir der Begriff nur einfallen würde. War so ein Doktorbegriff, Manie oder so, aber mit noch was davor. Steht irgendwo bei den Sachen, die im Ordner drin sind, da hab ich's gelesen. Muss Walter mal drauf achten beim Abtippen.

Hab meine Wanderschaft also fortgesetzt und bin mit paar Stopps zwischendrin in Leipzig angelangt. Fürs letzte Stück hab ich mich in einen Zug reingesetzt. Wär ich sonst noch Tage am Latschen gewesen und am Ende womöglich woanders angekommen. Wie ich so am Hauptbahnhof rausgeklettert bin ausm Zug und mich umgeguckt hab, hallo, da war das große Staunen angesagt. So ein riesiger Bahnhof, kam mir vor, als wär die größte Fabrik in Weipert nicht halb so gewaltig gewesen. Wie weit ich den Hals nach hinten biegen musste, um hochgucken zu können bis unters Dach. Da oben sind Tauben rumgeflattert. Für die muss ich ausgesehen haben wie ein Fliegenschiss aufm Boden. War höher als die höchsten Bäume, die ich gekannt hab vom Wald.

Bin eine Weile hin und her getapst und hab alles betrachtet mit großen Augen. Dann hab ich den Weg rausgefunden ausm Bahnhof und bin davor über eine breite Straße marschiert. Sind ständig Autos langgefahren, und alle paar Minuten ist eine Straßenbahn angezuckelt gekommen. War auch was Neues für meine Augen, so was hat's nicht gegeben in Weipert oder Bärenstein oder in den Ortschaften, durch die ich auf meinem Weg durchgetippelt war. Bin ich aus dem Staunen nicht mehr rausgekommen die ersten Tage. Weil ich nicht gewusst hab, wo ich hinsoll, bin ich kreuz und quer durch die Stadt gestromert und hab Ausschau gehalten, wo ich die Nacht über unterkriechen kann. Und wo's was zu futtern gibt. Sind noch andre Gestalten so rumgeirrt wie ich, Obdachlose und Zigeuner und so, hat man bald in jeder Ecke welche von angetroffen.

War nicht lange in Leipzig, da haben mich die Bullen gekascht. Einfach so, bin grad eine Straße langgebummelt und hab Schaufenster inspiziert, ob ich was Interessantes erspähe. Erst hab ich keine gute Meinung gehabt von den Herrn Polizisten. Doch wie sich rausgestellt hat, waren's angenehme Zeitgenossen. Haben's mir nicht schwer gemacht, haben sich schön an der Nase rumführen lassen. Hab denen erzählt, ich wär volksdeutscher Abstammung und hab fliehen müssen aus der Tschechei, wär mir sonst schlecht ergangen bei den

Brüdern. Die geklauten Moneten und die Sache beim Schmied und alles, das hab ich schlauerweise weggelassen. Sonst hätten die bestimmt wissen wollen, wo meine Eltern stecken, und mich zu denen heimgeschickt mit meinen fünfzehn Jahren. So aber haben sie mir ein Bett verschafft, in einem Heim mit lauter Leuten, die nichts besessen haben außer dem, was sie aufm Leib hatten. Hat auch was zu futtern gegeben dort. War ich am rechten Ort, hatte die letzten Tage schon stibitzen gehen müssen, um was zu beißen zwischen die Zähne zu kriegen. Paar neue Klamotten haben sie mir da ebenfalls ausgehändigt, war ich wohl an die barmherzigen Samariter geraten. Aber zu meinem allergrößten Erstaunen hab ich wieder in die Lehre gehen dürfen, zu einem Fleischermeister diesmal, haben die alles organisiert für diesen zugelaufenen Stromer aus dem Erzgebirge. Hab ich so manchen Tag gedacht, Leipzig, du bist wirklich die Stadt zum Staunen.

Die Arbeit in der Fleischerei hat mir zugesagt, ist mein Ernst. Hab reichlich Blut zu sehen gekriegt von den abgestochenen Viechern. Und gerochen hab ich's. Blut riecht wie die Pisse von einem Köter, wenn der dich anschifft, an die Hose ran oder so. Hat mir aber nichts ausgemacht, das viele Blut und alles andre. Sag's nur deshalb, weil die Doktoren mich ausgefragt haben zu dem Thema. Was meine Lieblingsfarbe ist und ob ich's früher mit Freude gesehen hab, wenn meine Spielgefährten geblutet haben. Hab mir denken können, auf was die rauswollten. Hatte denen mal gebeichtet, was das in mir drin auslöst, wenn ich bei andren Blut zu sehen krieg. Aber das war noch nicht so, wie ich in der Fleischerei angefangen hab, das Handwerk zu lernen. Na ja, richtig gelernt hab ich's dann doch nicht. War die Zeit zu kurz für, drei Wochen oder so, dann bin ich wieder losgestiefelt.

Prof. Dr. med. G. Jungmichel/Prof. Dr. W. Ewald: Ärztliches Hauptgutachten, Göttingen, 9.7.1950 (Auszug)

Pleils Vater sagte, er [sein Sohn, d. A.] sei schon als Kind sehr »wanderlustig« gewesen, war unbotmäßig und hielt in seinen Lehrstellen nicht aus. Diese Wanderlust ist in der Psychopathologie bekannt als Poriomanie, man begegnet ihr besonders gern bei späteren Epileptikern, wo plötzlich aufschießende Drang- und Triebzustände ohne rechtes Motiv zu plötzlichem Davonlaufen aus der Arbeitsstätte und Berufszucht Anlass werden. Eine weitere Wurzel dieser Wanderlust kennt die Psychopathologie in der Haltlosigkeit und Umweltbedingtheit hypomanischer Naturen mit ihrem allzu lebendigen Temperament, wie es dem Pleil noch heute zu eigen ist, das in seiner Vielgeschwätzigkeit, dem oft geradezu ideenflüchtigen Abspringen von Gedankengängen und seiner selbstsicheren Art beredten Ausdruck findet. Haltlos und augenblicksbedingt, weitgehend von der Umgebung abhängig pflegen diese Persönlichkeiten zu sein. Dieses hypomanische Temperament hat bei Pleil offenbar auch dazu geführt, dass die dem epileptischen Wesen sonst eigene Langsamkeit und Umständlichkeit nicht so zum Durchbruch gekommen ist, wie man es erwarten würde.

Das vitale hypomanische Temperament zögert oft die Entwicklung organisch kranker Züge heraus.

Das Abenteuerleben und die Schwarzmarktgeschäfte waren das Milieu, das seiner Wesensart am besten entsprach.

10

War mitten in der Nacht, wie ich abgehauen bin. Sollte niemand was von merken. Hab meine Siebensachen geschnappt und mich so leise ich konnte ausm Haus geschlichen. Eine von den Türen hat geschnurrt wie ein Kater, ist aber keiner von wach geworden, glaub ich. Aufm Weg zum Bahnhof sind paar Gestalten an mir vorbeigehuscht, als wären's Gespenster gewesen. Hätten mich fast berührt, konnt man Angst von kriegen. Im Wald hab ich mich weniger gefürchtet, aber da hat sich auch kaum mal einer rumgetrieben auf meinen Routen. Bin einfach weitergelatscht, nur schneller, und starr gradaus geguckt hab ich, als hätt ich die gar nicht bemerkt, diese komischen Menschengespenster. Wenigstens waren's keine Uniformierten. Am Bahnhof hab ich mich in eine Ecke verdrückt, wo keiner mich gleich sehen konnte, und gewartet, bis die ersten Züge losgefahren sind. Hatte ich mir vorher so ausgedacht, damit ich rauskomme aus der Stadt. Hätte sonst nicht gewusst, in welche Richtung ich latschen muss, damit ich nicht im Kreis rumgetippelt wär. Und jetzt, da kommt so ein Punkt, wo ich nicht sicher bin, wie sich's genau zugetragen hat. Hab ich mir vorher auch ausgedacht, wo ich hinwill, oder hab ich einfach den ersten Zug genommen, der abgefahren ist? War noch halb die Nacht, sind nur paar Hanseln eingestiegen mit mir. Nach einer Stunde oder so bin ich wieder raus ausm Zug. Ist ein kleiner Bahnhof gewesen, zwei Gleise und das Gebäude, wo der Wartesaal drin war. Gegenüber hat's eine Bäckerei gegeben. Wenn man's nicht gesehen hätte, hätt man's gerochen. Aber war schon Licht drin. Hab ich Brot eingekauft für die Wanderung. Von da bin ich nun zwei, drei Tage durch die Landschaft getippelt, und mit einem Mal war ich in Dresden.

Wenn ich so drüber nachgrüble, nee, wird kein Zufall gewesen sein, dass ich in Dresden gelandet bin. Mir kommt nämlich grad die Erinnerung dran, wie ich da zum Arbeitsamt hin bin und die gefragt hab, ob bei der Binnenschifffahrt Leute gebraucht werden. War ein lang ersehnter Wunsch von mir, mal bisschen mit einem Schiff rumzutuckern. Deswegen glaub ich, dass ich mich vorher schlaugemacht hab, zu welcher Stadt ich hinmuss, um auf ein Schiff draufzukommen. Wär in Leipzig nicht möglich gewesen, da hat's keinen Hafen gegeben, nicht für die richtige Schifffahrt.

Wie ich in Dresden angekommen bin, das war die gleiche Zeit, wo Mutter und Vater und die andren Leute von Weipert Besuch gekriegt haben von der deutschen Wehrmacht. Was ich erzählt hab, wie die Soldaten über die Brücke rüber sind in Bärenstein und der ganze Jubel und so. Da war dann schon Herbst. Selber hab ich von den Ereignissen durch die Zeitung erfahren, die paar Jungs auf der Straße ausgeschrien haben. Im Stadtzentrum sind die rumgelaufen, in dem Revier, wo das Opernhaus gestanden hat, das berühmte, und die andren prächtigen Bauten von den Kurfürsten und Königen, die in Sachsen mal das Volk regiert haben. Was muss das für ein Gaudium gewesen sein, wenn die ihre Feste gefeiert haben mit den wilden Weibern vom Hof, diese Schlawiner. Immer hoch, die Kelche, prost, kann's mir richtig vorstellen. Und ran an die dicken Titten, und die Ärsche schön durchkneten, hatten alle ordentlich was dran, diese Weiber, hab ich Bilder von in Büchern gesehen. Wär ich gerne mal mit von der Partie gewesen, hätt ich mein Vergnügen dran gehabt.

Doch zu den Zeitungsjungen. Die waren die ganze Zeit am Rumschreien, was dringestanden hat in der Zeitung. War nicht das Schlauste, wenn man mich fragt. Hat man gar keine mehr kaufen brauchen, um die neuesten Nachrichten in Erfahrung zu bringen. Und sowieso hat das Wichtigste vorn draufgestanden, in großen Lettern, die man noch auf der andren Straßenseite hat lesen können. So hab ich's immer gemacht, wenn ich mal neugierig war, was in der Welt passiert ist. Hatt ich noch Augen wie ein Adler. Und an solch einem Tag, da hat die frohe Botschaft, die sie auf die erste Seite draufgeschrieben haben, eben mal gelautet: Das Sudetenland kehrt heim ins Reich. Hab ich gleich ans Mütterlein denken müssen, wie's ihr wohl ergangen ist, die ganze lange Zeit ohne ihren geliebten Buben. Ach, ist mir das Herz bisschen schwer geworden.

Da war ich nun also aufm Arbeitsamt und hab erfahren, ich kann als Schiffsjunge auf einem Schleppkahn anheuern. Was war das für eine Freude, glücklicher hätte man mich nicht machen können. Noch am selben Tag hab ich mich im König-Albert-Hafen einfinden sollen, da hat der Kahn gelegen. Und dann ist es auch bald losgegangen. Der Schiffer war von Oberschlesien, ein recht gemütlicher Geselle, kann nichts Schlechtes über ihn berichten. Hat auch mal paar Schnaps geschluckt mit der Mannschaft, wenn Feierabend war und wir irgendwo angelegt haben für die Nacht. Auch von den andren Besatzungsmitgliedern bin ich gut aufgenommen worden.

Auf einem Schiff ist es wie in einer Familie. Gibt bessere Tage und schlechtere, man kriegt sich mal in die Wolle mit dem einen oder andren, wenn's aber brenzlig wird, hält die Bande zusammen, ob man sich nun gut leiden kann oder nicht. Ich war der Jüngste an Bord, kann man sich denken, und der einzige Frischling. Hab mich aber ganz gut geschlagen, hat keine Beschwerden gegeben. Die erste Fahrt hat uns die Elbe lang stromabwärts geführt, Hamburg war das Ziel, mit paar Zwischenstationen. Von da ging's die halbe Strecke zurück und rüber nach Stettin. Dann wieder ganz zurück nach Dresden und andre Strecken lang. Elbe, Oder, Havel, Spree und die ganzen Kanäle dazwischen, sind wir überall mit dem Kahn durchs Wasser gepflügt.

So ist es eine ganze Weile gut gegangen. Ist noch das Jahr achtunddreißig, über das ich berichte. War mittlerweile Dezember, eine Woche vor Weihnachten, da ist plötzlich ein Kälteeinbruch gekommen. Wir waren grad in Berlin, haben im Hafen gelegen, auf neue Fracht gewartet. War schon kalt gewesen die Tage davor, dass man sich nach Sommer gesehnt hat, aber auf einmal hat eisige Kälte eingesetzt. Minus zehn Grad in der Nacht, dann waren's fast minus zwanzig, und tagsüber ist es kaum wärmer geworden. Dazu hat Frau Holle fleißig ihre Betten ausgeschüttelt, die ganze Stadt war zugedeckt mit Schnee. Und wir aufm Schiff haben bei zugucken können, wie die Eisschicht im Wasser dicker und dicker geworden ist, bis unser Kahn komplett eingefroren war. Haben wir übers Wasser latschen können wie Jesus in der Bibel zu seinen Jüngern, bei uns war's nur das andre Ufer, wo wir hin sind.

Da der Schiffer nun mit gerechnet hat, dass die Eiszeit länger andauern wird und wir ewig nicht fortkommen, hat er mich entlassen. Stand ich also kurz vorm Weihnachtsfest ohne Arbeit da und hab nichts mehr verdient. Schöne Bescherung. Über Weihnachten bin ich noch in Berlin geblieben. Hab mit andren vom Kahn paar Spelunken aufgesucht, wo's billigen Schnaps gegeben hat und wo man die Nacht über drin hocken bleiben konnte, damit man sich den Arsch nicht abgefroren hat draußen auf der Straße. Aber dann waren auch die letzten Pfennige weg. Bin ich noch mal zum Hafen und hab auf andren Schiffen nachgefragt, ob wer einen fleißigen Schiffsjungen gebrauchen kann, aber die waren alle stillgelegt. Und so bin ich wieder losgetippelt, bei Eis und Schnee, sind frostig geblieben, die Tage, bis ins neue Jahr rein.

Mein Weg hat mich nach Stettin geführt. Hab die Hoffnung gehabt, dass ich dort eine neue Anstellung finde auf einem Schiff. Wie ich angekommen bin, hab ich jedoch feststellen müssen, dass die Oder auch zugefroren war. Wenigstens haben sie mir in der Werft Arbeit gegeben. Und ein Quartier hab ich auch gefunden, Herberge zur Heimat, so hat das Etablissement geheißen. War wie ein Wohnheim für Männer, Weiber hab ich da keine erlebt, abgesehen von paar Huren auf der Pirsch nach Freiern, die noch in ihren Wintermänteln mager ausgesehen haben wie gerupfte Hühner. Die meisten Leute, die mir begegnet sind in der Heimat, hatten was mit der Schifffahrt zu tun. Waren auch richtige Seemänner bei, die aufm Meer um die halbe Welt geschippert sind. Mit Schiffen, die vielleicht dreimal so groß waren wie ein normales Haus. Hatt ich in Hamburg mal welche von zu sehen gekriegt, wie wir mit dem Schleppkahn da gewesen waren. Vorher hatte ich die nur von Postkarten und aus Büchern gekannt. Konnte man sich schlecht eine Vorstellung von machen, wie gewaltig groß diese Dinger sind. In Stettin haben auch paar von diesen Kolossen im Hafen gelegen. Bin ich manchmal hingewatschelt, wenn die Schicht zu Ende war, bis vor zum Kai, und hab hochgeguckt an der Bordwand. Hat man beinah den Eindruck gehabt, dass die raufgeht bis in den Himmel. In solchen Momenten, so denk ich's mir, muss in meinem Kopp die Idee rangewachsen sein, eines Tages selber auf so einem Schiff über die Meere zu schippern, bis zum andren Ende der Welt oder so.

Eines Tages, das war dann ziemlich genau ein halbes Jahr später, Juli neununddreißig. Kann man nachprüfen, ist in den Unterlagen der Berufsgenossenschaft vermerkt, die für die Seeleute zuständig ist. Da führen die genau Buch drüber, auf welchem Schiff man war, von wann bis wann und was für 'ne Funktion man hatte. Die Zeit bis dahin bin ich auf der Oder rumgedümpelt, nachdem das Eis weggetaut war, als Halbmann. Auf einem Kahn, der ähnliche Ausmaße aufzuweisen hatte wie der vorherige. Wem's nicht bekannt ist, der Halbmann steht in der Hierarchie zwischen Schiffsjunge, auch Moses genannt, nach dem in der Bibel, und Jungmann, was wiederum die Vorstufe zum Leichtmatrosen ist. War also ein kleiner Aufstieg, was paar Pfennige mehr Heuer bedeutet hat, auf die Woche gerechnet. Mit dem Kahn haben wir die Oder so gut wie nie verlassen, höchstens mal, um durch einen der Kanäle nach Berlin zu tuckern, wenn wir für da Aufträge hatten. Und wieder zurück. Aber sonst, nur hin und her, stromaufwärts, stromabwärts. War ganz schön, hat man sich nicht totgeschuftet bei, und darben mussten wir auch nicht. Hat immer was zu futtern gegeben, und die Schnapsversorgung war ebenfalls sichergestellt. Gibt kein Schiff, groß oder klein, auf dem nicht gesoffen wird, also mir ist keins bekannt. Hab ich noch paar Lehrstunden gekriegt und bald gut mithalten können mit den älteren Fahrensleuten. Dasselbe gibt's über die Raucherei zu verkünden, die hatt ich mir auch angewöhnt, auf dem andren Kahn schon. Somit waren's nun drei schöne Beschäftigungen, die ich hatte neben der täglichen Plackerei, dass ich nichts vermisst hab im Leben. Die dritte, falls es einer vergessen hat, das war das Wichsen. Hab ich natürlich beibehalten, wär ich ja schön verrückt gewesen, wenn ich mit aufgehört hätte, wo's die schönste Freude von allen war. Hab ich schon geschwärmt von, ich weiß. Muss ich Walter mal fragen, ob ich's nicht jeden Tag mit aufschreiben soll, wenn ich's doch jeden Tag mache.

Im Sommer neununddreißig bin ich dann also zur Seefahrt gewechselt, und zwar auf den Hamburger Dampfer *Walküre.*

Der hatte Bananen nach Stettin gebracht und ist grad entladen worden. Als er wieder auf große Fahrt gegangen ist, war ich mit an Bord, angemustert als Maschinenjunge. Was das für ein Unterschied war zur Binnenschifffahrt, meine Güte, hab mich kaum zurechtgefunden die ersten Tage. Der Pott hat zehntausend Tonnen Fracht laden können und war über hundert Meter lang. Kann man sich ausrechnen, dass paar mehr Hanseln zur Besatzung gehört haben als auf dem Kahn, wo ich vorher drauf war. Hab ganz schön zu tun gehabt da unten im Maschinenraum. Morgens musst ich als Erster raus aus der Koje, dann gleich Frühstück und Kaffee ranschaffen für die Heizer und die Trimmer, und so ist es weitergegangen, bis Feierabend war. Als Moses hat man ständig allen möglichen Dreck nachzuräumen gehabt. War 'ne richtige Dienerarbeit, hat mir aber ganz gut gefallen, wenn ich auch nicht viel verdient hab bei. Dafür waren die Heizer anständige Kerle, haben mir Trinkgeld für gegeben, dass ich sie bewirtet hab. Und wenn wir irgendwo im Hafen gelegen haben und Landgang angesagt war, haben sie mich ins Schlepptau genommen, durft ich schön mitsaufen mit denen, hab aber nichts bezahlen müssen.

Bei so einem Landgang haben die mich mal in einen Puff geschleppt. War direkt auf der ersten Reise, wie wir in Hamburg Station gemacht haben. Bin ich noch fuffzehn gewesen oder grad sechzehn geworden, muss um meinen Geburtstag rum gewesen sein. War auch eine Frage von den Doktoren, wann's das erste Mal war, dass ich eine Frau gefickt hab. Hier ist die Antwort drauf. Hab ich aber nicht die schönsten Erinnerungen dran. Der Puff war an der Reeperbahn, in einer Seitenstraße. Sind die Huren nur so rumgeschwirrt, schon draußen aufm Gehsteig, dass man gleich gewusst hat, was man für Exemplare abkriegen konnte. Die Heizer haben eine ausgesucht und mir das Luder spendiert. Dafür sind sie mit rein ins Zimmer, die ganze Bande, waren fünf oder so, und haben aufgepasst, wie ich der an der Fotze rumgenuckelt hab und was mir noch so eingefallen ist. Muss ein Heidenspaß gewesen sein für die Kerle, so wie die abgewiehert haben. Aber ich armes Würschtchen, ich hab mich rumgequält mit dem Weibsstück, damit's bald vorbei war. Und was ist passiert? Nichts ist passiert, das war's ja, warum die sich so amüsiert haben. Hat nicht gespurt, mein Schwanz, konnt ich mich abmühen, wie ich wollte. Stückchen aufgerichtet hat er sich, dass es grad gelangt hat, um ihn reinzustecken, aber die große Erlösung, die hat nicht stattgefunden.

Wie die Heizer nun auch diese Blamage noch mitgekriegt haben, hätten sie sich beinah beschifft vor Lachen, so kam's mir vor. Aber wie gesagt, waren keine schlechten Kerle. Zum Trost haben sie mir Schnaps ausgegeben, die halbe Nacht, noch ein Glas und noch eins, bis ich so blau war, dass ich am nächsten Tag nicht mehr gewusst hab, wie ich aufs Schiff zurückgekommen bin. Von den Weibern war ich erst mal kuriert, wollt ich nichts mehr mit zu tun haben. Hab ich mir lieber wieder mein eignes Vergnügen bereitet.

Von Hamburg sind wir rübergeschippert nach Südamerika. Sind Wochen bei vergangen. Manchmal hat man tagelang nichts andres zu sehen gekriegt als Wasser, wenn man hoch ist aufs Deck und nach Land Ausschau halten wollte. Und ordentlich geschwankt hat's die ganze Zeit, waren immer Wellen, musste sich mein Magen erst dran gewöhnen. Kann sein, dass wir unterwegs paar Stopps eingelegt haben, um was abzuladen oder neue Fracht aufzunehmen. Unser Ziel war jedenfalls Brasilien, Rio de Janeiro, um's genau zu sagen. Da waren wir grad auch angekommen und haben das Schiff mit Weizen beladen, als unseren Funker die Nachricht erreichte, in der Heimat ist Krieg ausgebrochen. Nun war der Auftrag, so schnell wie möglich zurückzukehren. Hat allerhand Überraschungen gegeben unterwegs. Der Tommy und die Franzosen hatten inzwischen schon eine Seeblockade errichtet. Aber wir haben's geschafft, da irgendwie durchzukommen, sogar ohne was von der kostbaren Ladung einzubüßen. Wie wir in Hamburg eingelaufen sind, war die Freude groß bei der Reederei, dass wir das Schiff heil nach Hause gebracht hatten. Sind wir später sogar für geehrt worden. Hat das Blockadebrecherabzeichen gegeben für jeden von der Besatzung. So ein rundes Ding mit einem Schiff drauf, das durch eine Kette durchfährt, die zerrissen ist. Die Auszeichnung hatte sich Hitler oder wer's war extra ausgedacht für solche tapferen Seeleute wie uns.

Den Weizen haben sie dann ausgeladen, und das Schiff wurde ab sofort als Truppentransporter verwendet, zur Unterstützung der Wehrmacht. Unsre Aufgabe war's nun, Militärfahrzeuge, Pferde und Soldaten nach Königsberg, Ostpreußen, zu bringen. Die ersten Touren sind wir unbeschadet hin- und hergekommen, doch dann, waren grad wieder Richtung Königsberg unterwegs, hat uns ein polnisches Flugzeug unter Beschuss genommen. MG-Feuer, diese Schweine, haben sie unsre Steuerung mit ramponiert.

Die Folge war, dass wir den Kurs verloren haben, zur Küste abgedriftet und da auf Grund gelaufen sind. Hat einen ordentlichen Ruck gegeben, dass paar von uns Männeken durch die Gegend geflogen sind wie Strohpuppen. Und der Schiffsboden ist aufgerissen bei, kam gleich kräftig Wasser reingeströmt. Wenn man unter Deck ist und dieses Geräusch hört, nee, verflucht, da will ich jetzt nicht dran denken. Wir sind also alle schleunigst hoch ausm Maschinenraum, der Kapitän war schon bei, SOS zu funken, und tatsächlich ist bald ein Schlepper angekommen, der uns freigeschleppt und nach Königsberg gezogen hat, sind nur paar Seemeilen gewesen bis dahin.

In Königsberg ist gleich alles runtergeschafft worden vom Schiff, was wir geladen hatten. Und mehrere Schlepper haben sich drangemacht, das Wasser rauszupumpen aus dem Rumpf. Dann sind verschiedene Leute von der Werft gekommen, die das Leck provisorisch abgedichtet und die Steuerung wieder in Ordnung gebracht haben. Und so ist es mit Volldampf nach Hamburg zurückgegangen, direkt ins Dock zu Blohm & Voss, wo sich dann gezeigt hat, dass wir nicht nur das eine Leck hatten, sondern der halbe Boden aufgerissen war. Wär man abgesoffen mit so einem Schaden, drum sind solche Schiffe mit Doppelböden ausgestattet. Da nun die Reparatur paar Wochen in Anspruch nehmen sollte, hat die Reederei mich abgemustert, damit sie für die Zeit keine Moneten rausrücken musste.

Dadurch bin ich nun wieder auf einem kleinen Schiff gelandet. So ’n richtiges Schiff war’s eigentlich nicht, war mehr ein Floß, flacher Boden, kaum Tiefgang. Hat sich Leichter genannt, konnte hundert Tonnen transportieren und ist für da gewesen, den Güterverkehr auf der Niederelbe aufrechtzuerhalten zwischen Hamburg und Otterndorf. Otterndorf ist ein kleines Städtchen mit lauter Fachwerkhäusern, die aussehen, als wären's große Puppenstuben. Liegt direkt an der Elbmündung, wo's in die Nordsee reingeht, nicht weit von Cuxhaven, diese Stadt dürfte wohl bekannt sein. Dort hatte der Tommy gleich paar Bomben abgeworfen, wie der Krieg angefangen hat. Haben mir die Fischer berichtet, mit denen ich auf See rausgefahren bin, komm ich gleich zu, muss nur eben die Zeit auf dem Leichter abhandeln. Der hieß übrigens *Helene.* Ist irgendwie dringeblieben in meinem Verstandskasten, der Name, weiß der Teufel, was der Grund für ist. Warum kriegen die Pötte eigentlich immer Weibernamen? Machen nur Scherereien, diese Miststücke, aber die Leute pinseln die Namen von denen ans Schiff ran, wo's jeder zu sehen kriegt. Als wollten sie den Weibern ein Denkmal mit setzen. Soll mal einer kapieren.

Also mit der *Helene,* das war nur ein kurzes Intermezzo. Bis Weihnachten war ich drauf, dann ist wieder die Eiszeit ausgebrochen. Der Schiffer hätt mich dabehalten, hat mir Verpflegung zugesichert, aber Geld hat er keins ausbezahlen wollen. Wie der sich das gedacht hat. Sollt ich wochenlang in Otterndorf rumliegen und nischt verdienen? Dass ich nicht mal was gehabt hätt, um mir Schnaps zu kaufen. Und selber hat er keinen rangeschleppt. Nee, bei dem hätt ich den Winter nicht überstanden.

Wie ich nun so nachgegrübelt hab, wo ich hinkönnte, bin ich auf den Gedanken gekommen, das Stück nach Cuxhaven zu fahren und auf einem Fischdampfer anzuheuern. Die haben keine Winterpause machen müssen, hat kein Eis gegeben auf der Nordsee, nur am Ufer bisschen was, nicht, wo's tiefer war und Strömung geherrscht hat. Auf die Weise bin ich zum Leichtmatrosen aufgestiegen. Aber eine Arbeit war das an Bord, Tag und Nacht hat man sich abplacken müssen, und Schlaf hat's kaum welchen gegeben draußen aufm Wasser. Dafür hat ein guter Verdienst in Aussicht gestanden, wenn's wieder an Land gegangen ist, konnt man anständig einen von zwitschern.

Die Sache war bloß, ich hab nur eine Reise mitmachen können. Nach unsrer Rückkehr ist nämlich der Befehl gekommen, dass Schiff zu reinigen und sofort rüberzuschaffen nach Wesermünde, wo's in ein Vorpostenboot umgebaut und der Kriegsmarine unterstellt werden sollte. Samt Besatzung. So schnell ist man Soldat geworden im Krieg. Nur ich nicht, ich war denen zu jung. Haben mich gleich runtergeschickt vom Schiff, nachdem das mit dem Saubermachen beendet war.

Bin ich also wieder hin zum Heuerbüro, wo sie die Arbeitsplätze auf den Schiffen verteilt haben. Eine Stelle als Kochjunge hatten sie noch anzubieten, auf einem Lastendampfer, der lag im Hafen von Emden. War 'n ehemaliger Fischdampfer, wo sie die Kühlräume in Kammern umgebaut hatten. Richtige Lasten sind aber nicht mit transportiert worden, nur Personen, und zwar welche von der Kriegsmarine, Begleitoffiziere haben die sich genannt.

Ich versuch mal zu erklären, was genau unsre Aufgabe war. Also, gestartet sind wir in Emden, haben Kurs genommen auf die Insel Sylt und dort in der Nähe vom Ufer die Anker geworfen. Mit an Bord waren eben diese Begleitoffiziere. Für die war das Schiff so was wie ein Warteraum, oder wie ein schwimmendes Hotel. Und gewartet haben sie auf andre Schiffe, ums genau zu sagen, auf Truppentransporter, die nach Norwegen aufm Weg waren. Ist ein Truppentransporter gekommen, sind sie übergesetzt und mitgefahren. Und aufm Rückweg sind sie dann wieder bei uns ausgestiegen und haben aufs nächste Schiff gewartet. Hat manchmal zwei Tage gedauert, manchmal nur paar Stunden.

Sind immer drei Wochen da aufm Wasser geblieben, wie eine riesige Boje, dann ist unsre Ablösung gekommen. Wir sind nach Emden zurückgetuckert und haben eine Woche im Hafen gelegen. Und jeden Abend gesoffen, will ich nicht verschweigen. Nach der Woche sind wir wieder los, mit andren Offizieren, oder es waren die gleichen, und so weiter. Ist schnell ein halbes Jahr drüber vergangen, war der Sommer da. Sommer vierzig. Der Krieg in vollem Gange. Die Wehrmacht aufm Vormarsch nach Westen, Niederlande, Belgien, Luxemburg, dann hat sie Paris eingenommen. Waren die Begleitoffiziere gut informiert drüber, was sich getan hat an der Front. Und so haben wir auch viel von erfahren. Doch dann war wieder Abschiednehmen angesagt. Die Kriegsmarine hat sich auch dieses Schiff geschnappt. Und mich wollten sie immer noch nicht in eine Uniform reinstecken.

Das nächste Schiff, auf dem ich angeheuert hab, war wieder ein Fischdampfer. Da haben sie mir sogar die Kochmütze aufgesetzt. Als hätt ich Ahnung gehabt vom Kochen. War wohl eher so, dass die keinen andren gefunden haben für die Aufgabe. Langsam ist denen das Personal ausgegangen, wo alle weggeholt wurden für den Kriegseinsatz. Unser Fangrevier war die Nordsee. Drei- oder viermal sind wir rausgefahren. Da war das mit den Heringen, wo ich was gesehen hab, mit der Seele und so. Wären bestimmt noch öfters rausgefahren, wenn's nicht eine verdammte Seemine verhindert hätte. Haben sie die Nordsee mit vollgeschüttet im Krieg. Die Dinger sind ein Stück unter der Wasseroberfläche geschwommen. Hat man also schlecht sehen können, dass man aufn Tod zugetuckert ist. In unsrem Fall, wir haben's gar nicht gesehen, sind gradwegs drauf auf die Mine. Hundert Kilo Sprengstoff waren da drin, oder so ungefähr. Einen Rumms hat's gegeben, haben wir gleich gewusst, das war's mit uns, halleluja, hilft kein Beten mehr. Hat vielleicht fünf Minuten gedauert, dann war der Kahn abgesoffen, und drei Mann von der Besatzung mit. Selber hab ich Glück gehabt, dass man's kaum glauben kann. Hab mir nur paar Verstauchungen zugezogen. Und ins Rettungsboot hab ich's auch geschafft, zu den andren, die noch am Leben waren, aber alle verletzt, zehn Hanseln oder so, war 'ne große Bluterei bei denen. Sind paar Stunden aufm Wasser getrieben, will man sich nicht dran erinnern. Hat kaum einer einen Mucks rausgekriegt, haben alle still den lieben Gott angefleht. Oder Gedanken gehabt an die Liebste zu Hause. Oder an gar nichts gedacht, was weiß ich denn. Dann, als es hell geworden ist, hat ein andrer Fischdampfer uns entdeckt, und wir sind bei denen an Bord geklettert. Hat keiner mehr gebetet, haben alle geheult.

11

Im selben Sommer hab ich noch so was durchmachen müssen, nur dass ich da in Italien war, aufm Mittelmeer. Haben sie mich hinverfrachtet, nachdem ich wieder einsatzfähig gewesen bin. War schön da, bloß bisschen zu warm. Aber hat der Wein gegen geholfen und der Schnaps, haben sie genug von auf Vorrat gehabt. Auf dem Schiff hab ich mal eine andre Rolle gekriegt, Messesteward. Das ist der, der für sorgt, dass das Essen aufn Tisch kommt. Und der hinterher alles wegräumt und Putzarbeiten erledigt und so was. Eigentlich Weiberkram, aber die werden ja nicht geduldet bei der Seefahrt.

Bei dem Schiff hat's sich wieder um eins gehandelt, das als Truppentransporter seinen Auftrag für die Wehrmacht zu erfüllen hatte. Von Italien haben wir Kriegsmaterial nach Kreta und nach Afrika geschifft. Mussten wir quer übers Mittelmeer. War zu der Zeit schon ein ganz schönes Schlachtfeld. So hat's auch nicht lange gedauert, bis es uns mal erwischt hat. Wenn's nicht meine erste Reise dort gewesen ist, war's die zweite, höchstens die dritte. Kann man sich nicht alles genau merken, so oft wie ich auf andre Schiffe draufgekommen und in den verschiedenen Gegenden rumgegondelt bin. Wird Walter Verständnis für haben. Sind mit einem Geleitzug Richtung Afrika unterwegs gewesen. Also paar Schiffe zusammen, Transporter und Begleitschiffe, wie ein Konvoi, bloß aufm Wasser. Auf einmal ist der Tommy, dieser verfluchte Hund, mit paar Fliegern über uns aufgetaucht und hat Bomben abgeschmissen. Drei Schiffe waren's, die's erwischt hat, unsres auch.

Durch die Druckwelle bin ich irgendwo gegengeschleudert

worden und muss eine Weile weg gewesen sein, bewusstlos oder so. Hat mir aber keiner verraten können, ob's eine halbe Stunde war oder nur paar Minuten. Wie ich die Augen wieder aufgemacht und mich gerührt hab, hab ich auf Deck gelegen. Weiter war mir nichts passiert, bloß mein Schädel hat gebrummt, als wär ein Panzer drübergerollt. Unser Schiff hatte starke Schlagseite, war zum Glück aber nicht abgesoffen. Noch nicht. Abgesoffen ist es erst, nachdem sie mich runtergeholt und auf ein heiles Schiff gebracht hatten, zusammen mit den andren von der Besatzung, die kein Fischfutter geworden waren.

Sind direkt zurückgeschafft worden nach Italien. Und von da haben sie mich in die Heimat geschickt. Vierzehn Tage Absaufurlaub, hab ich in Hamburg verbracht. Danach durft ich gleich dortbleiben. Bin wieder auf ein Schiff draufgekommen, aber das ist nicht mehr in See gestochen. War mir ganz recht, hab erst mal genug gehabt von der Abenteuerei.

Das Schiff war die *General Artigas.* Muss mal ein prächtiger Frachter gewesen sein, elftausend Tonnen oder so, hundertfuffzig Meter die Länge. Hat viele Jahre die Route nach Südamerika befahren. Aber nicht mehr, als der Krieg losgegangen ist, da haben sie ein Wohnschiff draus gemacht, für Soldaten und Offiziere von der Kriegsmarine, die auf ihren nächsten Einsatz gewartet oder sich vom letzten erholt haben. Oder beides. Als ich da meinen Dienst geschoben hab, hat zum Beispiel mal der Kommandant der *Bismarck* an Bord gewohnt. Von der hat's geheißen, sie ist das größte und kampfstärkste Schlachtschiff auf der ganzen Welt. Zweitausend Mann Besatzung, hundert Geschütze und Kanonen, sogar Wasserflugzeuge sind da mit drauf gewesen. Wenn man von so was der Kapitän war, hat man bestimmt mit Hitler und solchen Leuten reden können. Hat ihm aber nichts genützt, ist trotzdem abgesoffen mit seinem tollen Schlachtschiff, bei einem Gefecht im Atlantik, irgendwo bei Irland oder so. War nicht lange nach der Zeit, die der Kommandant mit Leuten von seiner Besatzung bei uns verbracht hatte.

Auf der *Artigas* waren wieder meine Fähigkeiten als Messesteward gefragt. Gibt aber nicht viel zu berichten über die Arbeit. Das Geld war knapp und der Schnaps teuer. Und die Vorgesetzten, die waren streng wie Militärs. Muss abgefärbt haben auf die, wo so viele von aufm Schiff gewohnt haben. Na gut, dann will ich's mal nicht verheimlichen. War ich vielleicht nicht ganz schuldlos dran. Ist vorgekommen, dass die mich bei erwischt haben, wie ich mit duseligem Kopp versucht hab, meine Arbeit zu verrichten. Nicht bloß einmal, wo ich schon bei der Wahrheit bin. Und wie ich reagiere, wenn einer schlecht redet über meine Person oder mir Befehle erteilt wie ein General, darüber hab ich schon paar Worte verloren. So ist es jedenfalls mal passiert, dass sie mich zu Bordarrest verdonnert haben. Kann sein auch zweimal. Oder die Brüder haben mir paar Kröten weggenommen vom Lohn, dass es nicht mehr gereicht hat für genug Schnaps und Zigaretten. Hab ich mir also was ausdenken müssen, wie Mutter früher, von der hab ich's mir abgeguckt, wie man was zu Geld macht, die ganzen Tricks. Und so hab ich mir Bettwäsche geschnappt vom Schiff und Decken dazu, war von beidem reichlich vorhanden, dass es nicht gleich aufgefallen ist, bin an Land marschiert mit und hab's verscherbelt. Mit dem Erlös in der Tasche bin ich weitergezogen zur Herbertstraße, zu den Huren, hab meine Kröten an die verteilt und mich bisschen für verwöhnen lassen. Wo nun kein andrer bei war, der zugeguckt und sich einen Jux draus gemacht hat, hab ich doch meinen Spaß dran gefunden. Hallo die Enten, war das 'ne schöne Zeit. Schnaps hat's auch gegeben. Drüber hab ich nur ganz vergessen, mich wieder aufm Schiff blicken zu lassen. Hab wahrscheinlich zu lange gepennt, ist nicht so klar in der Erinnerung bei mir. Aber da's nun sowieso zu spät gewesen wär, hab ich's mir einfach noch paar Tage gut gehen lassen bei den Huren.

Oje, da hatt ich mir was eingebrockt. Zwar hab ich nicht als Militärangehöriger gegolten, da das Schiff aber der Marine unterstellt war, haben sie mich vors Marinefeldgericht geschleift. Und der Richter, so ist's mir vorgekommen, der hat kein Verständnis gehabt für Hurengeschichten und die Freuden, die man haben kann mit Schnaps. Und dass ich die Bettwäsche gebraucht hab, weil's die Freuden sonst nicht gegeben hätt für mich, dafür hat er auch kein Verständnis gehabt. Hat mir ein Jahr Gefängnis aufgebrummt, dieser Banause, und jeden verdammten Tag von hab ich absitzen müssen. Strafgefängnis Glasmoor, falls das jemandem was sagt. Sind viele Norweger da rumgekrochen, junge Kerle, die sie auch eingebuchtet hatten. Warum die extra aus Norwegen da hingebracht worden waren, das kann ich nicht erklären, hat mir keiner verraten.

Damit ist die *General Artigas* nun passé gewesen. Als ich den süßen Duft der Freiheit wieder hab schnuppern dürfen, haben sie mich auf einen Dampfer gesteckt, der noch rumgeschippert ist. *Thielbek* hieß der, war ein Frachtschiff. Trimmer bin ich auf dem geworden, als hätten sie meine Strafe verlängern wollen. Als Trimmer, da hockt man unten im Kohlenbunker, wo kaum Licht drin ist, nur eine kleine Funzel, eine Kabellampe, schaufelt Kohle in eine Schubkarre und schafft die rüber zum Heizer in den Kesselraum. War nichts mit süßem Duft von Freiheit. War mehr so, wie man sich die Hölle vorstellt. Nur Kohlenstaub ist da gewesen und stickige Luft, dass ich oft gedacht hab, ich ersticke. Bin aber nicht erstickt, hab nur den verfluchten Dreck eingeatmet die ganze Zeit. Muss in der Lunge drin ausgesehen haben nach einer Schicht, als wär sie geteert worden. Vier Stunden hab ich das machen müssen, dann hat's acht Stunden Pause gegeben, Und anschließend war wieder vier Stunden malochen verlangt, immer im Vier-acht-Rhythmus. Hat man bald nicht mehr gewusst, ob grad Tag war oder Nacht, und was für ein Wochentag sowieso nicht.

Ein halbes Jahr ist das so gegangen, bisschen länger. Sind immer raufgefahren nach Norwegen, von Hamburg aus. Hab meistens keinen Schimmer von gehabt, was der Dampfer überhaupt geladen hatte, außer der Kohle, die ich hab wegschaufeln müssen mit meinen Trimmer-Kollegen, das Höllenkommando hab ich uns genannt. Waren wir doch auch, oder wie hätt man sonst zu sagen sollen?

Aber wie das halbe Jahr rum war, da ist die Erlösung gekommen. Maschinenschaden. Als hätt der liebe Gott Erbarmen gehabt mit mir. Das Schiff hat in die Werft gemusst, und ich hab einen andren Dampfer kennengelernt. Auf dem waren zum Glück genug Trimmer vorhanden. Bin ich wieder Steward geworden. Das war auf der *Timandra,* die dann vor Norwegen durch U-Boot-Beschuss abgesoffen ist. Die Rippenfellentzündung und so, brauch ich nichts mehr zu schreiben drüber.

Geht da weiter, wo sie mich weggeschickt haben aus dem Lazarett mit der Bettwäsche, die nach Frühling gerochen hat. April dreiundvierzig muss das gewesen sein. Bin wieder nach Süden beordert worden, aufs Mittelmeer, diesmal aber nach Frankreich, mit dem Zug, von Hamburg aus nach Marseille, war ein Sonderzug nur für Seeleute, Soldaten und Zivile. Unterwegs haben wir paarmal die große Knallerei erlebt, sind aber unbeschadet ans Ziel gekommen. In Marseille, wo deutsche Truppen das Regiment übernommen hatten, war dann ein ganz schönes Durcheinander. Zuerst bin ich auf ein Wohnschiff draufgekommen, ein großer Passagierdampfer war das. Doch schon am nächsten Tag haben sie mich auf einen ollen dreckigen Frachter geschickt. Wurden grad Geschütze draufmontiert. Hat sich aber rausgestellt, dass die Maschine nicht in Ordnung war, die das Schiff antreiben sollte, und gänzlich überholt werden musste, bevor's losgehen konnte. Hab ich meinen Seesack gleich wieder packen dürfen und bin auf ein andres Passagierschiff versetzt worden. War keine große Reise, hat bloß paar Meter weiter gelegen im Hafen. Was ich da gearbeitet hab, weiß ich nicht mehr, wahrscheinlich als Steward.

Urteil der 1. Strafkammer des Landgerichts Braunschweig gegen Pleil und Mittäter (Aktenzeichen: 6 Ks 1/50), erlassen am 17.11.1950 (Auszug)

Pleil blieb noch einige Zeit auf der *Walküre,* wechselte dann aber mehrmals die Schiffe, auf denen er abwechselnd als Schiffsjunge, Kochjunge, Leichtmatrose, Trimmer, Wachmann und Koch Dienst tat. Dieser häufige Wechsel der Beschäftigung hatte seinen Grund darin, dass die Mannschaften der jeweiligen Schiffe nacheinander in die Kriegsmarine übernommen wurden, Pleil für den Kriegsdienst innerhalb der Wehrmacht aber noch zu jung war. Indessen gehörte er als Angehöriger der Handelsmarine, die kriegswichtige Aufgaben zu erfüllen hatte, zum Gefolge der Kriegsmarine und unterstand damit militärischen Gesetzen. Auf seinen Fahrten kam Pleil in die Gewässer um Ostpreußen, Skandinavien, Frankreich, Italien und Afrika. Er geriet infolge feindlicher Einwirkung mehrfach in Seenot, wurde aber immer gerettet, ohne ernsthafte Schäden zu erleiden. Aus den verschiedenen Schiffsuntergängen, die er miterlebte, schlug er insofern Gewinn, dass er durch stark übertriebene Verlustanzeigen in einem solchen Maß an Wäsche und Gebrauchsgegenständen entschädigt wurde, dass er jeweils

einen großen Teil davon nach Hause schicken und für sich verwahren lassen konnte.
Längere Zeit war Pleil auf dem Wohnschiff *General Artigas,* das im Hamburger Hafen stationiert war, als Messesteward, später als Aufwäscher tätig. Wegen Trunkenheit und Widersetzlichkeit wurde er während dieser Zeit einmal mit einer Geldstrafe und Bordarrest belegt. Aufgrund eines anderen Vorkommnisses wurde er am 28.7.41 durch ein Feldkriegsgericht in Hamburg wegen militärischen Diebstahls und unerlaubten Entfernens zu einem Jahr Gefängnis verurteilt, die Strafe saß er komplett ab.
Zu Frauen unterhielt Pleil während seiner Seemannszeit keine Beziehungen. Nur in Hamburg und Marseille kam er je einmal zu einem gelegentlichen Geschlechtsverkehr mit einer Lohndirne. Im Übrigen verschaffte er sich durch manuelle Onanie geschlechtliche Befriedigung. Dafür verfiel er immer stärker dem Alkohol. Wo immer er Wein oder Schnaps bekommen konnte, trank er ohne jedes Maß.

Nach drei Wochen hat's einen neuen Befehl gegeben. Darf man jetzt nicht denken, dass ich doch bei den Soldaten war. Weil ich was von Befehl sage. Nee, ich war nicht bei den Soldaten, aber machen musste man trotzdem, was die festgelegt haben, also war's wie ein Befehl. Dreißig Mann von uns sollten rüber auf den Passagierdampfer *Sphinx.* Der hat eigentlich den Franzosen gehört, die hatten den als Lazarettschiff genutzt, war nun aber von den Italienern beschlagnahmt worden. Und die sind auf Hitlers Seite gewesen, da noch. Mussolini, der große Duce. Haben wir also die Wachablösung durchgeführt, die Franzosen runter, wir rauf. War bisschen so, als wär man ins Paradies reinmarschiert, wenn's rundrum nicht immer die Knallerei gegeben hätte. Jeder hat sich aussuchen können, in welcher Kabine er wohnen wollte. Bin ich natürlich gleich losgeflitzt und hab mir ein Luxusquartier in der ersten Klasse gesichert. Ein Riesendampfer war das. Hat man Stunden für gebraucht, jemand andren von unsrer Truppe zu finden. Ich hab mal wieder den Steward machen müssen. Außer mir hat's noch einen Koch gegeben, fuffzehn Matrosen und Steuerleute, der Rest von den dreißig Mann sind Heizer und Ingenieure gewesen. Viel Lohn haben wir nicht gekriegt, dafür hat's zu futtern gegeben, wie ich's noch auf keinem andren Pott erlebt hatte. Die Franzosen waren mit hundertfuffzig Mann an Bord gewesen. Und für die hatten sie Lebensmittel eingelagert, die sechs Wochen gereicht hätten. Dazu haben wir unsre normale Ration gekriegt, was noch mal Konserven und Lebensmittel für vier Wochen waren. Hätten wir uns alle einen Wanst von anfressen können.

Nur mit dem Schnaps, das war so eine Sache. Von den paar Kröten Heuer, alle zehn Tage hat's zweihundertachtzig Franc gegeben, dass man sich das merkt, verrückt, hat man höchstens einmal richtig einen zwitschern gehen können, dann war's Portemonnaie schon aus Zwiebelleder. Hab ich mir aber zu helfen gewusst. Haben sich alle zu helfen gewusst, die mit an Bord waren, aber ich erzähl nur, wie ich's angestellt hab. Als Steward hatt ich die Silberkammer zu verwalten, wo das gute Besteck und Silberschüsseln und solch Zeug drin waren. Hab ich 'ne Goldgrube draus gemacht. Und aus der Wäschekammer gleich mit, die hat auch zu meinem Beritt gehört. Ach, da war so viel von allem da. Berge von Tischdecken und Handtüchern, stapelweise Bettwäsche und Servietten, hätt ich drei Tage für gebraucht, um die zu zählen. Hab ich also jeden Tag bisschen was von zusammengepackt, bin runtergestiefelt von unsrer edlen Herberge und hab meine Geschäfte getrieben. Gleich am Hafen hat's ein Viertel gegeben, gibt's bestimmt immer noch, Le Panier oder wie das heißt, mit lauter engen Gassen, wie ein Labyrinth, dass man sich kaum zurechtfinden konnte. Da hatten die Deutschen paar Wochen, bevor wir nach Marseille gekommen sind, eine große Säuberungsaktion durchgeführt. Auf Befehl von Himmler, wenn ich's noch richtig weiß. Sind die meisten Bewohner bei vertrieben worden, an die zwanzigtausend oder so. Waren viele Juden drunter und andre Leute, die gegen Hitler gewesen sind. Und nachdem sie die weggescheucht hatten, haben sie die Häuser von denen gesprengt. Damit keiner zurückgekommen ist. Und weil alle sehen sollten, was passiert, wenn man sich gegen Hitler stellt. Das ganze Viertel war ein riesiger Schutthaufen. Paar Häuserzeilen hat's aber noch gegeben. War das Revier von Arabern und Negern und solchem Gesocks. Da bin ich nun hin und hab die Sachen verscheuert. Hab ich normal immer Abnehmer für gefunden. Nur einmal, da ist keiner da gewesen, dem ich was andrehen konnte. Bin ich bisschen durch die Gegend gelatscht und nach 'ner Weile vor einem Puff gelandet. Was nun keine große Überraschung gewesen ist, hat da an jeder Ecke Puffs gegeben. Die hatten sie nicht verscheucht gehabt. Wo hätten die ganzen Seeleute dann auch hingesollt? Wenn alle nur gewichst hätten auf ihren Schiffen, na, das wär ein schöner Wellengang geworden im Hafen.

Bin ich also rein zur Puffmutter. Hat gleich Interesse gezeigt an meiner Ware, das alte Luder. Doch als es ans Bezahlen ging, hat sie auf einmal weniger Kröten rausgerückt, als wir ausgemacht hatten. Mehr hätte sie nicht, hat sie gesagt, aber für den Rest könne ich eins von ihren Mädchen ficken. Hatte mir das Geschäft zwar anders vorgestellt, aber was willste gegen machen, wenn's nun mal nicht zu ändern war. Hat mir auch bisschen Schnaps eingeflößt, die Alte, dass ich gleich freudiger gestimmt war. Die hat die Tricks rausgehabt, wie man Leute rumkriegt, was andres zu tun, als sie vorgehabt haben. Wär sie sonst wahrscheinlich auch nicht Puffmutter geworden, was muss sie ja gekonnt haben.

War ein ziemliches Monstrum, das Weib, das sie mir als Restbetrag zugewiesen hat. Haben noch was getuschelt, die beiden, hab aber nicht verstehen können, worüber die sich ausgetauscht haben. Dann ist es auch schon losgegangen. Das Weib hat gleich das Kommando an sich gerissen, nicht mal ausziehen hab ich mich selber müssen, hat die gemacht. Und wie ich mich aufs Bett gelegt hab, hat sie direkt angefangen, mir den Pimmel abzulutschen. Ist mir ganz schummrig bei geworden. Zwischendurch haben wir uns an den Schnaps gehalten, den die Puffmutter noch hingestellt hatte. Und dann hat sich das Monstrum auf mich draufgesetzt, dass sie mich bei angucken konnte, hat sich meinen Schwanz reingesteckt und mich gefickt. Und dabei haben ihre Titten vor meinem Gesicht rumgebaumelt wie Glocken in der Kirche.

Na ja, war alles schön und gut, hab mich nicht anstrengen brauchen, die Arbeit hat das Luder erledigt, so hab ich's mir schon gefallen lassen. Mit dem Schnaps noch nebenbei, den haben wir natürlich allegemacht, wahrscheinlich mehr ich. Und so muss bisschen Müdigkeit über mich gekommen sein. Bin ich eingenickt, für ein Stündchen oder so. Irgendwann, ist Nacht gewesen, aber noch derselbe Tag, hab ich mich aufgemacht zum Rückmarsch. War schon fast beim Schiff angelangt, da hab ich's erst spitzgekriegt, was das Luder, dieses verfluchte Miststück, noch vollbracht hatte. Mein Portemonnaie, nur paar lächerliche Centimes sind dadrin noch rumgekullert, alles andre war verschwunden. Die Weiber sind eben überall schlecht, ist egal, ob sie nun von Deutschland kommen oder von Frankreich, von England oder sonst woher. Wollen einen alle nur bescheißen.

Ist mir eine Lehre gewesen. Hab ich die Geschäfte am nächsten Tag eben wieder mit meinen alten Bekannten gemacht. Hätten mich ruhig mal länger auf dem Schiff lassen sollen, wär ich noch ein reicher Mann geworden. Doch zu meinem Ärgernis hat die schöne Zeit nach drei Wochen ein Ende gehabt. Hab ich bedauert wie sonst nichts.

Ist aber schnell Trost da gewesen. War nämlich so, dass fünf Mann von uns, mich haben sie mit ausgewählt, als Koch, ein kleines Tankschiff übernehmen sollten. Und da nun hat die schönste Überraschung auf uns gewartet. Muss ich vorher aber erklären, was für ein Schiff das genau war. Wenn man Tankschiff hört, denkt man normal an Öl oder Treibstoff oder so. Bei dem jedoch hat sich's um eins gehandelt, das vorher Wein transportiert hatte. Haben ungefähr fünfhundert Liter von reingepasst in den Tank an Bord. Das Schiff ist vorher auch nur auf Flüssen rumgefahren. War so ein schlankes Ding, fuffzig Meter lang, aber nur fünf breit, eben für die Binnenschifffahrt gedacht. Aufs Meer rausfahren hat man damit nur gekonnt, wenn gutes Wetter geherrscht hat, also keine großen Wellen waren und so, sonst hätt die Gefahr bestanden, dass es auseinanderbricht. Von solchen Schiffen hat eine ganze Reihe da im Hafen gelegen. Waren alle für den Kriegsdienst beschlagnahmt und von irgendwelchen Flüssen rangeschafft worden. Nun sollte damit Treibstoff transportiert werden. Im Auftrag der Wehrmacht, speziell der Luftwaffe. Aber nicht auf Flüssen, sondern übers Meer, nach Italien und Afrika und sonst wohin.

Doch zu dem Tag, wo wir rauf sind auf das Schiff. Herrje, war das eine Freude, wie meine Augen gesehen haben, dass der Boden des Tanks noch reichlich mit Wein bedeckt war. Hab erst nicht gewusst, dass es Wein ist, doch dann ist mir ein angenehmer Duft in die Nase gestiegen, war 'n ganz süßer Tropfen. Und den sollten wir nun ausschöpfen und wegschütten ins Meer. Das wär ja ein Verbrechen gewesen, ein ganz böses, nee, das hätt ich nicht übers Herz gebracht. Und die andren auch nicht. Also sind wir ausgeschwärmt und haben sämtliche Behälter zusammengesucht, die an Bord zu finden waren. Und weil die nicht gereicht haben, bin ich noch mal zurück auf die *Sphinx* und hab paar große Töpfe aus der Küche rangeschafft. Die sind auch voll geworden. Hat keine Ecke mehr gegeben auf dem Kahn, wo nicht griffbereit ein Gefäß mit Wein gestanden hat. Bin zwei Wochen nur mit besoffnem Kopp rumgetaumelt.

Dann ist der Befehl gekommen, das Schiff klarzumachen für die Abreise. Wir sollten nach Genua fahren, dort die Tanks mit Treibstoff vollmachen und den rüberschaffen nach Palermo. Der gleiche Auftrag ist an vier andre Schiffe ausgegeben worden, waren alle ungefähr so groß wie unsres. Aber nur dem Schiff, das als erstes hat aufbrechen sollen, haben sie eine Seekarte ausgehändigt, war der genaue Kurs drauf eingezeichnet. Die andren haben einfach hinterherfahren sollen. Hat sich nicht so kompliziert angehört. Komisch ist nur gewesen, dass die Schiffe einen Tag Abstand halten sollten aufeinander. Also, wenn eins gestartet war, hat das nächste einen ganzen Tag warten müssen, bis es selber losdurfte. Hat man das vorherige Schiff nicht mehr sehen können, ist ja klar. War aber vielleicht normal, keine Ahnung, hab ich als Koch nicht kapieren müssen, dafür hat's den Steuermann gegeben.

Sind wir also schön die blaue Adria langgetuckert. War immer Land in Sicht. Und solange wir keinen Treibstoff an Bord hatten, war's auch nicht gefährlich. Haben die jedenfalls gesagt, die uns den Befehl erteilt hatten. Weiß nicht, ob's den Tommy interessiert hätte, ob unser Tank nun voll oder leer war. Die erste Station ist Toulon gewesen, und nach vier Tagen sind wir in Genua eingelaufen. Volltanken hat da aufm Programm gestanden. Aber bis wir an der Reihe waren, sind wir paar Tage älter gewesen. Mit vollem Tank haben wir dann also eine gute Zielscheibe abgegeben. Sind aber verschont geblieben von Bomben oder Maschinengewehrfeuer, kann ich hier schon mal verraten. In La Spezia war der nächste Hafen, wo wir für eine Nacht angelegt haben. Können auch mehr gewesen sein, wie soll man sich so was merken. Bin froh, wenn ich die Orte in meinem Dachkämmerchen abgerufen krieg. Alle sind's nicht, aber müssten ausreichen, um die Route noch mal langfahren zu können im Gedanken. In Livorno, fällt mir bei ein, sind wir danach auch noch gewesen. War wieder so ein Hafen, wo wir paar Tage die Zeit totschlagen mussten, bevor's weitergegangen ist. War Mitte Juli, als wir von da aufgebrochen sind. Ein Wetterchen, Klärchen hat den ganzen Tag vom blauen Himmel runtergestrahlt, dass einem die Brühe nur so die Arschritze runtergelaufen ist. War's egal, ob man am Schuften war oder sich in der Koje steif gemacht hat wie 'ne Mumie.

Dann, eines Tages, ist es mit einem Schlag still gewesen auf dem Schiff. Hat man nur noch das Wasser gehört, wie's gegen den Bug geklatscht ist. Gleich drauf ist der Maschinist von unter Deck angetrabt gekommen und hat dem Steuermann die Meldung gemacht: Maschine kaputt. War 'n Dieselmotor, der uns angetrieben hat. Mussten wir gleich den Anker werfen, sonst hätt uns die Strömung zur Küste abgetrieben. Nach paar Stunden ist der Schaden behoben gewesen. Der Maschinist hat ausgesehen, als wär er reingekrochen in den Motor, um die Reparatur vorzunehmen. Sind wir also weitergefahren, erst vorsichtig, um zu testen, ob der Motor wirklich mitmacht, dann mit normaler Geschwindigkeit. Irgendwie müssen wir aber den Kurs verloren haben durch den Stopp. Keiner von uns hat die Küste gekannt, und eine Karte hatten wir nun eben auch nicht zur Verfügung. Und so ist es dann passiert, ein Riff, und da sind wir gegengekracht. Unser Glück war nur, dass wir nah dran waren am Ufer, so konnten wir hinschwimmen. Der Tanker war nämlich nicht mehr zu retten, ist schneller abgegluckert, als wir rausgekrabbelt waren ausm Wasser.

An Land haben wir eine lange Tippeltappeltour machen müssen, eh wir einen Ort gefunden haben, wo's eine Kriegsmarinedienststelle gegeben hat. Oder so was Ähnliches. Jedenfalls welche von der Wehrmacht, die uns zu den richtigen Leuten hingebracht haben. So sind wir nach Genua gekommen. Haben auf der Dienststelle da alles zu Protokoll geben müssen, wie's passiert war und so. Neu eingekleidet haben die uns auch, und ein Quartier gegeben auf einem Wohnschiff.

Bin ich aber nicht sesshaft geworden, auf dem Pott. Haben die nicht zugelassen. Hatten gleich wieder Verwendung für mich. Auf einem andren Tanker war der Koch ausgefallen. Hatte sich den Schwanz verbrannt bei einer Hure, der Unselige, Syphilis oder so was. Für den hab ich an Bord gemusst. War 'n neues Schiff, aber der Auftrag war wie beim alten. Sind nur eine andre Route gefahren, von La Spezia nach Messina.

Jetzt muss ich mal was drüber schreiben, wie's auf dem Schiff wirklich gewesen ist. Wenn ich nur schreibe, dass wir da immer schön hin- und hergeschippert sind, eine Tour voll beladen mit Flugzeugbenzin, die andre leer, versteht man's vielleicht nicht richtig. Also, es war nämlich so, dass wir jeden Augenblick mit gerechnet haben, am Himmel über uns könnten paar unfreundliche Besucher auftauchen, ob's nun der Tommy war oder ein andrer Feind vom Deutschen Reich. Und wenn ich sage, jeden Augenblick, dann mein ich auch jeden, Tag und Nacht, jede verschissene Sekunde, die wir aufm Meer zugebracht haben. Dass man sich da nicht in die Koje reinlegt und den schönsten Träumen entgegenschlummert, vielleicht noch an seinem Schwanz rumfriemelt, ich glaub, da kommt man von selber drauf. Die Wahrheit ist, ich hab auf dem Kahn kaum ein Auge zugekriegt. Und wenn ich die Augen doch mal zugemacht hab, haben sich sofort meine

Lauscher aufgestellt und jedes Geräusch wahrgenommen. Und genug waren dabei, die hab ich gehört, die hat's aber gar nicht gegeben, Geräusche mein ich. Wenn man nämlich den Motor von so einer verfluchten Bristol hat hören wollen, dann hat man den auch gehört, selbst wenn weit und breit keine im Anflug war.

Na, jedenfalls hab ich drei Fahrten auf dem neuen Tanker mitgemacht, damit mein ich vollständig. Auf der dritten sind wir beschossen worden. Hatten aber Glück, ist auf der Rückfahrt passiert, der Tank war leer. Hat am Schiff auch keine großen Schäden gegeben. Wie wir bisschen später dann auf der vierten Reise waren, hat uns ein Stück vor Neapel der Befehl erreicht, dicht an die Küste ranzufahren und abzuwarten, bis wir neue Order erhalten. Die ist am nächsten Tag eingegangen. Wir sollten weiterfahren und den Hafen von Salerno ansteuern. Ist nicht mehr weit gewesen. Dort haben sie den Treibstoff aus dem Tank in Fässer abgefüllt und mit Lastwagen abtransportiert, zum Flughafen hin. Das hab ich an dem Tag noch mitgekriegt, war früh am Morgen, als die mit angefangen haben. Hab auch gehört, wie einer von den Fahrern gesagt hat, der Flughafen ist zwanzig Kilometer weg, also dass es bisschen dauern wird, bis sie zurück sein werden. Aber das war's auch schon, was noch angekommen ist in meinem Verstandskasten, für'n Moment.

12

Wie ein Käfer hab ich dagelegen, aufm Rücken, und hab gestrampelt. Also, ein richtiges Strampeln ist es nicht gewesen. War mehr ein Zucken. Beine und Arme und Finger, hat alles gezuckt, als hätt mir wer Stromstöße durch den Körper durchgejagt. Sogar mein Deetz, der hat gezittert wie Espenlaub. Und mein Maul soll ich aufgerissen haben wie ein Hund, der nach dem letzten Happen schnappt, ist aber kein Wort rausgekommen. Rausgekommen ist erst was, wie ich die Kauleiste wieder zugeklappt hab, paar Sekunden später oder so. Ist nicht die logischste Sache von der Welt, versteh ich selber. Wenn was zu ist, kann normal nichts rauskommen. Ist aber so gewesen nach Aussage meiner Kumpel, die mit aufm Schiff drauf waren. Bin noch bei dem Tanker, mit dem wir nach Salerno gefahren sind. Bin auch noch in Salerno, da im Hafen, wie sie den Treibstoff ausm Tank rausgeholt haben. Da hat sich das ereignet.

War aus der Kombüse raufgeklettert an Deck. Ist mein kleines Reich gewesen da unten. Hatte fremde Stimmen gehört, deswegen bin ich gucken gegangen. War neugierig, was für Besuch sich da eingestellt hatte. Mit einem Mal, war ich schon oben angekommen, ist mir schwarz geworden vor Augen. Wie wenn im Lichtspielhaus der Film zu Ende war, ganz zuletzt, wenn auch keine Schrift mehr zu sehen ist. Und die Stimmen, die waren auch nicht mehr zu hören, wie ausgeschaltet. Obwohl neben dem Schiff paar Leute gestanden und geredet haben, mit unserm Steuermann, das hab ich noch gesehen gehabt, die Sekunde vorher. Und gedreht hat sich's um mich rum. Ist irgendwie alles zur selben Zeit eingetreten, die

Dunkelheit und die Stille und das Drehen. Als wär ich in einen Strudel reingekommen, der einen ins Wasser runterzieht, nachts aufm Meer, wenn das Wasser schwarz aussieht wie Motorenöl.

An mehr kann ich mich nicht erinnern. Kann nur nachplappern, was ich von den andren erfahren hab, von unsrem Steuermann in der Hauptsache. Der hat zwar nicht beobachtet, wie ich umgekippt bin. Aber wie ich da gelegen hab, das hat er gleich mitgekriegt. Hat's krachen gehört und ist hingewetzt gekommen, um sich ein Bild zu machen von der Bescherung. Als Steuermann war er so was wie der Kapitän, hat die Verantwortung getragen für alle Geschehnisse, die an Bord passiert sind. Von ihm weiß ich, dass was zwischen meinen Lippen rausgequollen ist, als ich mein Maul wieder zu hatte, aber immer noch gezuckt hab mit allen Gliedern, war der ganze Leib von befallen. Wie Schaum aufm Bier hat's ausgesehen, hat er gesagt, wie ich wieder der normale Mensch gewesen bin, so einigermaßen, den er gekannt hat. Als hätt ich vorher grad einen Schluck genommen gehabt, der's nicht mehr die Kehle runter geschafft hat. War aber kein Bier, war Spucke oder so. Oder Schleim aus dem Hals oder was weiß ich, wo das Zeug hergekommen ist. Hab ich die Doktoren nie befragt zu, die später versucht haben, zu erkunden, was für eine Krankheit ich hab, dass so was passiert mit mir. Ist erst mal ja nicht bekannt gewesen, dass es das gleiche Leiden ist, das Maria auch hat.

Hab's aber schon verraten, war nicht das letzte Mal, dass mein Körper solche Sperenzchen veranstaltet hat. Ist sogar am selben Tag gleich noch mal passiert, war's nicht mal Mittag. Mussten sich die andren von unsrer Besatzung selber was zurechtmachen, dass sie was zu futtern gekriegt haben. Auf ihren Koch haben sie nicht setzen können. Hab schlapp in der Koje gelegen und vor mich hingedöst und drauf gewartet, dass wieder Klarheit eingekehrt ist in meinem Verstandskasten.

Derweil hat der Steuermann sich schlaugemacht, wo's ein Lazarett gab. War paar Kilometer entfernt, in Cosenza, hab ich mal zu Protokoll gegeben, vor den Terminen beim Gericht, bin mir aber nicht mehr sicher, ob das die richtige Angabe war. Kann auch eine Straße gewesen sein, die so hieß. Oder ein andrer Ort, wo der Name so ähnlich geklungen hat. Auf jeden Fall haben sie mich mit einem Auto hinkutschiert. Und wie ich paar Tage da gewesen bin, hab ich noch einen Anfall gehabt. Hat der Arzt sich selber von überzeugen können, wie ich mich bei verwandelt hab für'n paar Minuten. Der Leiter vom Lazarett war ein Oberstabsarzt, hab ich an den Schulterstücken erkannt, waren die gleichen wie bei einem Major, dieser geflochtene Zopf, nur dass da noch 'ne goldne Schlange drauf war. Dieser Oberstabsarzt also, der hat nun gesagt nach seinen Untersuchungen, die er angestellt hat, der arme Junge, der braucht dringend Ruhe. Und so hat er vier Wochen Erholung in Südfrankreich angeordnet, in einer ruhigen Gegend aufm Land, wo der Krieg nicht war. Hab mich aber bisschen gedulden müssen. Sollten noch andre Patienten mit, Malariakranke und so, war das Lazarett voll von. Und das Flugzeug, das uns hinbringen sollte, musste auch erst aufgetrieben werden. Sind paar Tage drüber verstrichen.

Vorm Abflug dann hab ich noch Nachricht aus Salerno erhalten. Da war die große Knallerei im Gange. Der Ami und der Tommy waren mit Schlachtschiffen und Bombergeschwadern angerückt. Und mit Luftlandeeinheiten, Fallschirmspringern und so. Haben die Stadt und die ganze Gegend bombardiert, diese Banausen. Wollten selber rein ins Land, um die deutschen Truppen zu verjagen. Aber unsre Leute haben zurückgeballert, mit Panzern und was sie alles zur Verfügung hatten. Hat Tausende von Toten gegeben. Von meinen

Kumpels hab ich nie wieder was gehört. Die Schiffstankstelle im Hafen, wo wir gelegen haben, soll lichterloh in Flammen aufgegangen sein. Und tagelang gebrannt haben soll's. Unser Schiff ist bestimmt mit Mann und Maus abgesoffen. Wie sollen die von da heil weggekommen sein?

Also, mich haben sie dann in ein Flugzeug gepackt, zusammen mit den andren ausm Lazarett, und los ist es gegangen. Waren drei oder vier Flugzeuge, die im Verbund geflogen sind. Alles Transportmaschinen. Hat man auch sehen können, sind keine Maschinengewehre drauf gewesen oder so. Normalerweise haben solche Flugzeuge große rote Kreuze draußen drangehabt, auf beiden Seiten und unten drunter, damit der Feind gewusst hat, da sind nur Kranke drin, die tun keinem was. Aber die Maschinen hatten die Kreuze nicht. Und so ist es gekommen, dass wer losgefeuert hat gegen uns. Sind vielleicht eine Dreiviertelstunde in der Luft gewesen. Und paar von den Geschossen haben uns erwischt, also das Flugzeug, in dem ich dringesessen hab. Der Pilot hat den Vogel noch runtergebracht, aber war natürlich kein Flugplatz in der Nähe oder eine Straße, die sich als Landebahn geeignet hätte. War nur wild bewachsener Boden weit und breit. Und hügelig gewesen ist die Landschaft. Die Räder sind aufgesetzt, ein Stück gerollt, nicht weit, paar Meter, hat nur so gerumpelt, dass einem komisch geworden ist im Magen. Und dann hat der Vogel Purzelbäume geschlagen, dreimal, viermal, keine Ahnung wie oft.

Könnte nicht mal angeben, in welcher Gegend wir da waren. Weiß nur, dass ich in einem Krankenhaus gelegen hab, wie ich wieder zu Bewusstsein gekommen bin. Kein Lazarett, war 'n normales Krankenhaus. Die Leute da, die Ärzte und Schwestern, haben italienisch geredet. Waren hübsche Biester bei unter den Schwestern, bisschen verhungert manche, aber paar große Augen haben die gehabt, bella donna. Hätt ich mir normal gleich schöne Gedanken zu gemacht. Haben mich die Schmerzen aber von abgehalten. Meine Rippen, rechts die, sind tüchtig gequetscht worden, wie das Flugzeug über den Hügel gepurzelt ist. Die ganze Seite, also von meinem Körper, hat ausgesehen, als wär ein Panzer gegengerammt. Hab trotzdem den größten Schutzengel beigehabt, halleluja, andre, die mit dringesessen haben in der Maschine, für die hat die Reise aufm Friedhof geendet.

Aus dem Krankenhaus haben sie mich und die andren Überlebenden, die transportfähig waren, nach Pisa in ein Lazarett geschafft. War aber nur eine Durchgangsstation. Ist bald zurückgegangen in die Heimat, mit einem Lazarettzug, dreißig Waggons voll mit Verwundeten und Kranken. Im Schneckentempo ist der durch die Landschaft gezuckelt, hat ein ums andre Mal angehalten und dann rumgestanden, als hätten sie uns vergessen gehabt, nicht an Bahnhöfen, auf freier Strecke. Nach einem Tag kam's mir schon vor, als wären wir eine halbe Woche unterwegs gewesen.

Irgendwann sind wir am Ziel eingetrudelt, in Wildbad im Schwarzwald, da hat's ein Reservelazarett gegeben von der Wehrmacht. Der halbe Ort war das Lazarett, tausend Betten oder so. Die große Ruhe hab ich da nicht finden können, bin ich ehrlich, aber die Rippen waren bald wieder heil, zumindest so, dass die Ärzte mich nach Hause geschickt haben. Dabei hab ich gar kein Zuhause gehabt. War nur die Adresse, wo Maria und Mutter gewohnt haben, hat man ja was angeben müssen bei der Dienststelle von der Seefahrt. Mein Zuhause, das sind die Schiffe gewesen, da hab ich auch wieder hingewollt, auf irgendeinen Kahn und wenn's bei der Binnenschifffahrt wär, falls es die noch gegeben hat und nicht alle Schiffe für den Krieg gebraucht wurden.

Mitte September war's nun, wie ich aus Wildbad abgedampft bin. September dreiundvierzig. Walter sagt, ich soll ab und zu die Zeit mit hinschreiben, kann man sich besser orientieren. Und weiß gleich, wie alt ich da grad gewesen bin. Paar von den Geschichten hab ich Walter schon berichtet, aber nicht in der Ausführlichkeit. Ist meistens nicht die Gelegenheit zu, beim Hofgang oder so, wo man bisschen Zeit für hätte. Kriegen die andren sofort spitze Ohren, wenn sie einen Satz von aufschnappen. Zum Beispiel die Sache mit den Anfällen. Hat Walter großes Interesse dran gezeigt. Red ich sonst nicht gern drüber. Wahrscheinlich eine Männersache. Weil man so beschissen schwach ist, wenn's einen auf die Bretter schmeißt, oder schlimmer noch, völlig wehrlos. Und das mit dem Einpissen, na, das will man nun wirklich keinem auf die Nase binden. Wird man nur verspottet für. Ist 'ne gefährliche Sache, das mit dem Verspotten, muss nur einer mit anfangen, biste schnell der Prügelknabe für die ganze Kompanie. War aufm Schiff auch so, die erste Zeit, wie ich noch den Moses hab machen müssen. Hab ich einmal von dem Luder in der alten Burg erzählt und dass ich schon paar nackte Weiber zu sehen gekriegt hab. Haben mich die andren ausgelacht, war ich noch gar nicht fertig mit meiner Erzählung, ha, ha, ha, ein Jüngelchen wie der, und will schon Erfahrung haben mit Weibern. Und hier drin ist es noch schlimmer. Könnt wetten, würd ich heut dem Kerl in der Bucht neben mir was beichten, dem größten Schnarcher vorm Herrn, hör ich durch die Wand, wie der nachts immer Bäume fällt, dann würd sich morgen jeder im Zuchthaus das Maul zerreißen drüber. Und jeder würd mich blöd angrinsen beim Hofgang oder so. Bleibt nichts geheim, wenn's nur einmal der Falsche ins Ohr gekriegt hat.

Nun ist die große Frage, warum ich's hier preisgebe, das mit den Anfällen. Epilepsie sagen die Ärzte zu, genuine oder wie sich das Wort schimpft. Muss ich noch mal in den Ordner mit den Schriftstücken reingucken. Da wird's auch mal als Fallsucht bezeichnet, seh ich grad. Epilepsie oder Fallsucht. Zungenbiss, lichtstarke Pupillen, tonische und klonische Phase, was das auch bedeuten soll, hinterher Kopfschmerzen, so was steht da alles. Und dieses komische Wort, genuin. Stimmt so, wie ich's hingeschrieben hab. Aber kann man auch gleich sagen, dass es was Angeborenes ist, wie bei Maria, haben wir beide als Erbschaft mitgekriegt. Das meinen die nämlich damit. Ist nicht von den Absaufereien mit den Schiffen gekommen, wenn ich irgendwo gegengeknallt bin mit 'm Kopp und nicht bei Sinnen war für 'ne Weile. Das ist nämlich erst das Rätsel gewesen, ob vielleicht was bei kaputtgegangen ist da oben.

Hirnelektrischer Befund vom 26.8.49, Universitäts-Nervenklinik Göttingen, Patient: Rudolf Pleil (Auszüge)

Ableitung vom hinteren Stirnhirn und von der Mitte des Scheitellappens beiderseits:

Infolge der Unruhe des Patienten ist das Elektrenkephalogramm [heute: Elektroenzephalogramm, d. A.] streckenweise sehr stark gestört, immerhin lassen sich einige Kurvenabschnitte beurteilen …

Der Versuch, unter Ableitung der Hirnaktion einen Hyperventilationsversuch durchzuführen, misslang infolge der Disziplinlosigkeit des Patienten.

…

Ergebnis/ZF:

Für einen genuinen Epileptiker sind die Veränderungen des Elektrenkephalogramms auffallend gering. Es könnte dies mit der hypomanischen Komponente, die bei dem zu Begutachtenden auffällt, zusammenhängen, da Anspannung der Aufmerksamkeit und Erregung im Sinne der Frequenzbeschleunigung sich hirnelektrisch auswirken. Immerhin muss das Vorkommen von Schwankungen zwischen 4 und 6 Hz besonders im Gebiet des Stirnhirns als pathologisch angesehen werden. Für eine herdförmige Hirnerkrankung hat sich bei der beschriebenen orientierenden Ableitung kein Anhaltspunkt ergeben.

Nachkontrolle am 11.5.50:
Ableitung vom Fronto-Zentralgebiet und vom hinteren Parietallappen beiderseits:
Das Ergebnis entsprach eher dem eines genuinen Epileptikers. Allerdings lehnte Pleil eine weitergehende Untersuchung ab, da er Angst hatte, man könne durch die Kurve seine Gedanken lesen, die er aber erst in etwa drei Jahren preisgeben wolle.

Dr. med. F. Barnstorf: Fachärztliches Gutachten, Landes-Heil- und Pflegeanstalt Königslutter, 27.4.1950 (Auszug)
Eine für chronische Epileptiker typische Wesensveränderung im Sinne einer allgemeinen psychischen Verlangsamung, Zähflüssigkeit des Gedankenablaufs und Einförmigkeit der Vorstellungen konnte nicht festgestellt werden. Er [Pleil, d. A.] war völlig über den Zweck seiner Beobachtung orientiert und empfand es fast als beleidigend, dass man an seiner geistigen Gesundheit zweifelte.
Besonders in der ersten und in der letzten Zeit seiner Beobachtung wirkte er gedrückt, beklommen und mutlos. Er lag fast stets in sich gekehrt im Bett, zog die Decke übers Gesicht und distanzierte sich offenbar bewusst von der manchmal unruhigen Umgebung der Wachabteilung.
Er beschwerte sich bisweilen über die unruhigen Patienten der Station, die ihm die Ruhe zum Nachdenken raubten. Er wurde auch einmal gegenüber einem anderen Kranken, der

an seinem Bett stand, aggressiv, eine Schlägerei konnte verhütet werden.
Bei den langen Gesprächen damals wurden nur zweimal Zustände vorübergehender, etwa 20–30 Sekunden dauernder Bewusstseinstrübung mit plötzlichem Verstummen, glasigem, unbelebtem Blick, leichtem Speichelfluss und leichtem Zittern der Mundmuskulatur beobachtet. Kein Einnässen dabei. Sitzt 20–30 Sekunden reglos da, atmet dann tief ein, bekommt normale Gesichtsfarbe und sieht sich etwas unsicher um. Er weiß dann zunächst nicht, wovon er vorher gesprochen hat, und findet erst mit Hilfe den Faden des Gesprächs wieder. Am Ende der Beobachtungszeit wurde ein typischer epileptischer Anfall einwandfrei beobachtet. Zungenbiss und Einnässen fehlten dabei. Pleil hatte keine Erinnerung an den Anfall, klagte danach über Kopfschmerzen und Müdigkeit.
Mit einem epileptischen Kranken unterhielt er sich in der zweiten Hälfte der 6 Wochen in der Anstalt öfter, schloss sich ihm etwas an, fragte dabei, wie man feststellen könne, dass er richtige Anfälle bekomme. Er werde auch einmal so toben wie die anderen, dann werde man es ihm wohl glauben.
In der U-Haftanstalt zeigte Pleil am 12.6.47 Auffälligkeiten, die der Gefängnisarzt als Äußerungen seines manisch-depressiven Charakters deutete. Saß in seiner Zelle am Tisch, in der einen Hand ein Gebetbuch, in der anderen einen Taktstock, und schrie, man solle ihn nicht stören. Ein anderes Mal sprang er während des Spaziergangs auf dem Hof in ein Wasserbassin und sang dabei das Deutschlandlied. Auch zerriss er seine Hose und versuchte, das Wasserrohr an der Zellenwand abzureißen. Einmal wurde von Mitgefangenen ein Anfall beobachtet, bei dem er am Boden lag und mit starren Augen gegen die Decke sah. Der Anstaltsarzt hielt diesen Anfall für vorgetäuscht.

Einige Male äußerte er gegenüber dem epileptischen Kranken, er werde sich doch noch das Leben nehmen, wenn er wieder im Gefängnis sei. Dann werde seine Frau eine Rente bekommen, wenn er aber als Raubmörder hingerichtet werde, sei das nicht der Fall.

Jetzt aber mal die Antwort zu der Frage. Ist nicht kompliziert. Lieber wär's mir zwar, ich müsst kein Wort drüber verlieren, über die Anfälle mein ich. Nur dass ich's noch mal gesagt hab. Geht aber nicht. Würd man sonst vieles nicht kapieren, was sich noch zugetragen hat in meinem Leben. Fängt schon damit an, dass die Krankheit der Grund für war, dass ich der Seefahrt hab Adieu sagen müssen, meiner geliebten Seefahrt. Erzähl ich gleich was zu. Wer kann's wissen, was geworden wär, hätten sie mich wieder auf ein Schiff draufgelassen? Würd ich vielleicht nicht hier rumsitzen und mir die Augen blind schreiben. Hätt ich vielleicht auch kein Weib totgemacht. Wär ich vielleicht selber schon im Himmelreich, gefallen als Held in der Schlacht, für unsren Führer und fürs Volk und so. Und Mutter und Vater müssten nicht solche Briefe herschicken, von wegen, wir wissen, dass du auch deine guten Seiten hast, lieber Rudi, vertrau nur schön auf Gott, dann wird dir Hilfe zukommen. Könnt ich noch Tage drüber rumfantasieren. Würd bloß nichts nützen. Würd mir nur die Zeit weglaufen. Die Tage sind gezählt, die Tage vergehen. Versteht man nicht? Doch, ich versteh's. Und alle andren werden's auch verstehen, eines Tages. Nur Geduld, ist nicht mehr lange hin. Und übrigens, das ist noch ein Grund, warum ich mich nicht mehr scheue, was über die Anfälle zu berichten. Wird keiner kommen und mich verspotten, diesmal nicht, keiner, so wahr ich Rudolf Pleil heiße.

September dreiundvierzig also, die Fahrt weg aus Wildbad, wieder mit einem Zug, war diesmal aber ein normaler. Waren verschiedene, hab zwei-, dreimal umsteigen müssen, und fürs letzte Stück hab ich den Bus genommen. Oder bin ich gelatscht? Kann sein. Dann war ich in Marienberg. War die Freude groß bei Mutter. Und bei Maria auch, glaub ich. Hab's aber nicht lange ausgehalten da, die Seefahrt, war die Sehnsucht zu groß. Bin deswegen wieder losgezogen, die Rippen waren nun vollständig ausgeheilt. Hab die freudige Nachricht den Leuten bei der Seefahrt-Dienststelle in Hamburg persönlich überbringen wollen. Konnten sie mich wieder auf ein Schiff stecken. Wär sofort bereit gewesen. Haben die aber nicht gemacht, haben sich geweigert, wegen der Papiere, die in der Zwischenzeit aus Salerno eingetroffen waren, da stand das mit den zwei Anfällen drin.

Stattdessen haben sie mich in ein Krankenhaus geschickt, zu den Nervenärzten, die's da gegeben hat. Tausend Untersuchungen haben die angestellt mit mir, meinen Schädel geröntgt, den Kreislauf getestet, die Augen inspiziert, das noch und das noch, ganz verrückt bin ich von geworden. Und irgendwann hatten sie's dann geschafft, hab ich wieder einen Anfall gekriegt. Und noch einen danach, bisschen später. Vor deren Augen, wie im Theater, haben sie eine schöne Vorführung geboten bekommen.

Und ich hatt meine Strafe weg, die Strafe vom lieben Gott, der hat's nicht zugelassen, dass ich noch mal übers Wasser schippern durfte. Seedienstuntauglich, das war das böse Wort, das die Ärzte reingeschrieben haben in ihren Bericht. Und vorbei war's mit der Seefahrt.

Dr. med. F. Barnstorf: Fachärztliches Gutachten, Landes-Heil- und Pflegeanstalt Königslutter, 27.4.1950 (Auszug)

1943 wurde Pleil im Hilfskrankenhaus Hamburg, Kaiser-Friedrich-Ufer, Neurologische Abteilung, fachärztlich begutachtet: leichte Fettleibigkeit, Grundumsatz normal, Kreislauforgane o.B., Schädelröntgenaufnahme o.B.

Bei einer Provokation mit Plitugandol und Wasserstoß erlitt Pleil zwei generalisierte Anfälle mit tonisch-klonischen Zuckungen, Zungenbiss, lichtstarken Pupillen. Hinterher abgeschlagen und amnestisch. Erbbiologisch als Verdacht auf genuine Epilepsie gemeldet.

Bescheinigung der Vertrauensarztstelle der See-Berufsgenossenschaft Hamburg für die Mordkommission Braunschweig-Land, Datum unbekannt (Auszug)

Der frühere Steward Rudolf Pleil ist nach dem Urteil des Vertrauensarztes vom 26.10.43 wegen epileptischer Anfälle dauernd seedienstuntauglich. Pleil ist arbeitsfähig an Land, aber nicht auf Leitern und Gerüsten und an Motoren.

13

Bin ich zurückgedackelt nach Marienberg, wie ein Hund, der Dresche gekriegt hat mit ’nem Knüppel. Ach, war mir ganz einsam zumute. In Marienberg dann hin zum Arbeitsamt, der Mensch kann ja nicht untätig sein. Als sie gehört haben, dass ich Steward gewesen bin auf paar Schiffen und auch als Koch Erfahrung vorzuweisen hab, haben sie mir eine Stelle als Kellner angetragen, im Ratskeller, den hat jeder gekannt. Weil jeder das Rathaus gekannt hat, da war der unten drin, im Keller, wie’s der Name sagt. Damit’s der Bürgermeister nicht so weit hatte, so wird das mal entstanden sein, denk ich mir. Die Polizeidienststelle war übrigens auch im Rathaus untergebracht, eben alles Wichtige.

Hab ich ganz schön gestaunt, wie ich mich im Ratskeller gemeldet hab zum Antrittsbesuch. Hat doch plötzlich ein Weib vor mir gestanden und behauptet, sie wär die Chefin. Wo hat man denn so was schon gesehen? Haben uns aber ganz gut vertragen, die Frau Kohl, so hieß die, und ich. Ihren Mann, der vorher bestimmt das Zepter geschwungen hat im Haus, hatten sie an die Front geschickt. Eine Tochter hatte sie auch, war ’n kleiner Wirbelwind. Seh’s noch vor mir, wie sie durch die Gaststube geflitzt ist und laut gekichert hat, wenn man hinter ihr her ist, nur so zum Spaß.

Auch wenn’s ein Weibsbild ist, über die Frau Kohl, da kann ich nichts Schlechtes sagen. Hat extra den weiten Weg von Marienberg auf sich genommen, wie die Termine waren beim Gericht, um den Richter über meine gute Arbeitsleistung in Kenntnis zu setzen. Vor den ganzen Leuten hat sie drüber berichtet, haben alle hören können, wie fleißig ich gewesen bin und dass ich auf Sauberkeit und Ordnung geachtet hab und höflich war zu den Gästen. Und dass ich die Tageseinnahmen pünktlich abgerechnet hab und nie was gefehlt hat von den Penunzen, das hat sie auch berichtet. Und dass ich nicht gesoffen hab auf der Arbeit, wo doch reichlich vorhanden war an Wein und Schnaps, um in Versuchung zu geraten. Hat sie wahre Worte gesprochen, meine Güte, wie oft hat mir der Zahn getropft, bei den vielen Pullen, die da rumgestanden haben. Und erst bei dem Duft, der vor meiner Nase aufgestiegen ist, wenn ich ein voll beladenes Tablett rumgeschleppt hab, damit die Gäste nicht verdurstet sind. Halt mal ’nem halb verhungerten Köter ein saftiges Würschtchen vor die Schnauze, der könnt sich nicht zurückhalten.

Ich mein, das andre, was sie gesagt hat, das davor, das hat auch gestimmt. Darf man nicht vergessen, als Zeugin hat sie den Eid schwören müssen, dass sie die Wahrheit sagt und nichts als die Wahrheit. Wenn man diesen Eid geschworen hat, darf man nicht schwindeln, sonst landet man selber noch im Zuchthaus. Ich sag's nur, damit keiner sich denkt, der Kerl kann uns ja sonst was auftischen, wie soll man wissen, ob's die Wahrheit ist. Wär ich auch vorsichtig, ganz ehrlich, grad weil ich Karl, diesen Lump, so lange Zeit um mich gehabt hab, den größten aller Lügenmeister. Bei den Terminen ist paarmal drüber debattiert worden, wie's bestellt ist um meine Glaubwürdigkeit. Ist ständig gefallen, das Wort. Hatten sich vorher alle ihre Gedanken zu gemacht, hab ich den Eindruck gehabt, ob's die Psychoheinis waren oder die Kommissare, der Staatsanwalt oder die Anwälte, meiner und die von Karl und Conrad. Und der Richter natürlich auch, der hat's letzte Wort gehabt. Wenn der gesagt hätte, der Pleil, das ist ein Lügner, dem glaub ich nicht, also dann weiß ich auch nicht, was geworden wär. Aber das war ’n kluger Mann, der ist nicht drauf reingefallen, wenn ihn wer beschwindeln wollte. Hat man bei Karl sehen können, ich glaub, dem hat er kein Wort abgenommen.

Ist bei mir anders gewesen, hab ich auch den Beweis für vorliegen. War gut, dass Walter gesagt hat, ich soll mir den Ordner mit den Schriftstücken geben lassen. Steht im Urteil drin, wie das mit dem Schlausein, falls jemand noch dran denkt. Muss man nur alles lesen, nicht bloß, wo das mit der Strafe aufgeführt ist, die komplette Abhandlung mein ich, sechzig Seiten oder wie viel's sind, kann man sich paar Tage mit die Zeit vertreiben. So ein Urteil wird doch bestimmt bekannt gemacht, damit die Leute sich informieren können. Wenn's noch nicht geschehen ist all die Jahre, muss ich dem Richter mal einen Brief schreiben. Hab ich schon öfters gemacht, zuletzt zwar nicht mehr, hat keinen Grund gegeben für, ist alles zur Ruhe gekommen, bin selber auch zur Ruhe gekommen, so kann man's sagen, aber der wird mich nicht vergessen haben. Schon wie die Termine waren, hab ich ihm so kleine Zettel geschrieben, wenn ich mit was nicht einverstanden gewesen bin. Zum Beispiel wenn Karl, dieser Schuft, wieder seine Ammenmärchen verbreitet hat. Oder wenn ich durch die Weiber, die im Raum dringesessen haben als Zuschauer, ganz die Konzentration verloren hab. Hab ich ihm aufgeschrieben, er soll die rausschmeißen. Hat er nicht gemacht, wär nicht nach dem Gesetz gewesen, wie's mein Anwalt mir erklärt hat. Aber aufgepasst hat er dann schon, dass die Biester nicht mehr rumgezischelt haben.

In dem Urteil steht nun also drin, dass das Gericht keinen Grund gefunden hat, warum es meinen Angaben nicht glauben sollte. Wär alles richtig gewesen, was ich geschildert hab, wie das war mit den Weibern, auf welche Art ich die totgemacht hab und wer noch bei gewesen ist und so. Ich würd ein erstaunlich zuverlässiges Gedächtnis haben, das steht da auch, genau so, erstaunlich zuverlässig. Kann man ruhig zweimal lesen. Dass die zu dieser Erkenntnis gelangt sind, da kann ich mich auch bei paar Leuten für bedanken, die als Zeugen hingekommen sind und dem Richter die Bestätigung für geliefert haben. So hab ich eine Nachbarin von früher wiedergesehen. Hat in Weipert mit bei uns im Haus gewohnt. War das eine Überraschung, hätt die gute Frau am liebsten an die Brust gedrückt, wie sie reingekommen ist. Die kennt mich, seit ich ein kleiner Junge gewesen bin, hab ich noch in die Hosen geschissen, und hat nun die ganzen Erlebnisse bestätigen können aus der Zeit von damals. Oder dieses Weibsstück, das wieder auferstanden ist, das ist auch aufgetreten bei den Terminen. Wird der Kommissar schon alles unternommen haben, dass die das macht. War's doch das einzige Weib, das sie aufzubieten hatten, das die Behandlung vom berühmten Totmacher Pleil überlebt hat. Ist auf der einen Seite nicht zu meinem Vorteil gewesen. Den Fall haben sie mitgezählt, sollte ich mit eine Strafe für kriegen, hab ich auch. Aber die andre Seite war, dadurch hat der Richter erfahren, dass ich die Wahrheit berichtet hab. Wie's beim Kommissar vorher auch gewesen ist. Und wenn's bei einem Fall gestimmt hat, warum hätt ich mir bei den andren was ausdenken sollen?

Urteil der 1. Strafkammer des Landgerichts Braunschweig gegen Pleil und Mittäter (Aktenzeichen: 6 Ks 1/50), erlassen am 17.11.1950 (Auszüge)

Die obigen Feststellungen beruhen im Wesentlichen auf dem glaubhaften Geständnis und den ebenfalls glaubhaften Angaben von Pleil, dessen Einlassungen mit dem glaubhaften Geständnis des Schüssler, so weit dieser an den Taten beteiligt war, nicht nur im Allgemeinen, sondern auch in vielen kleinen Einzelheiten übereinstimmen. Darüber hinaus sind die Angaben Pleils in zahlreichen entscheidenden Punkten durch zuverlässige Zeugen bestätigt worden. Auch haben die ärztlichen Befunde an den Opfern und die Erhebungen der Strafverfolgungsbehörden an den Tatorten in allen Fällen mit voller Sicherheit ergeben, dass Pleils Angaben richtig sind. Da wo es keine Zeugen gab oder keine gefunden wurden, ist kein Umstand hervorgetreten, der berechtigte Zweifel an seinen Aussagen hervorgerufen hätte. Zwar hat Pleil bei den Ermittlungen nicht immer die Wahrheit gesagt, das hat er im Prozess auch eingestanden und im Wesentlichen damit erklärt, dass er seine Mittäter nicht verraten wollte. So hatten sie es sich ja gegenseitig versprochen. Dadurch habe er bestimmte Sachen mitunter falsch dargestellt, um von ihnen abzulenken. Andere Unrichtigkeiten während seiner Haftzeit entsprechen nachgewiesenermaßen einer Haftpsychose.

Das Schwurgericht sah keinen Grund, den jetzigen Einlassungen des Pleil keinen Glauben zu schenken. Ihm konnte in dem zehntägigen Prozess hinsichtlich der Schilderungen der Tatgeschehen keine Unrichtigkeit nachgewiesen werden. Dagegen hat es sich mehrfach ereignet, dass glaubwürdige Zeugen auf Vorhalt von Pleil Erinnerungsfehler einräumen mussten. Pleil verfügt über ein erstaunlich zuverlässiges Gedächtnis …

Auch die Angaben zu seinen Taten waren glaubwürdig. Die Möglichkeit, dass er durch Informationen der Ermittler und der Akten zu Wissen gelangte und sich aus einem Geltungsbedürfnis heraus zu Taten bekannte, die er nicht verübt hatte, kann mit Sicherheit ausgeschlossen werden. Pleil hat in der Hauptverhandlung eine so sichere, ausführliche und genaue Darstellung gegeben, wie es nur aufgrund tatsächlich erlebter Geschehnisse möglich ist.

Hat noch mehr gegeben, die meine Angaben bestätigt haben zu den verschiedenen Sachverhalten, wie der Kommissar immer zu gesagt hat. Sind beinah hundert Leute aufmarschiert über die Tage. Waren zehn Termine alle zusammen, bis der Richter sein Urteil draus abgeleitet hat.

Sogar mein Eheweib ist da eines Tages aufgetaucht, also, was mal mein Eheweib gewesen ist. Hatte sich in der Zeit an einen andren rangehangen, dieses Miststück, und die Scheidung haben wollen. Und ein neues Balg hatte sie sich auch schon andrehen lassen von dem. Wenn's mal überhaupt von dem gewesen ist, hätt ich meine Hand nicht für ins Feuer gelegt. Der arme Kerl, konnt einem nur leidtun, hätt mal herkommen und sich erkundigen sollen bei mir, bevor er in die Falle reingetappt ist.

Warum die nun unbedingt ihr Maul hat aufmachen wollen vorm Richter, dafür hab ich keine Erklärung zu bieten. Wär sie nach dem Gesetz nicht zu verpflichtet gewesen. Und überhaupt, ich mein, wovon hat die schon Ahnung gehabt? Hätt ich mich mal bloß nicht auf dieses Biest eingelassen, wär mein Leben besser verlaufen, doch, glaub ich fest dran. Ist auch die Meinung von Maria. Rudi, hat sie immer gesagt, die Gretl, die ist nichts für dich.

So komm ich nun wieder zum Ratskeller, da hat das Unheil nämlich angefangen. Muss ich vorher aber noch was erzählen, sonst geht's durcheinander. Hat erst ein andres Weibsstück gegeben, das mir nachgerannt ist. Wird so Anfang Sommer gewesen sein vom Jahr vierundvierzig. Siehste Walter, ich denk dran. Das Weib hat im gleichen Haus gewohnt wie wir. Wie's gekommen ist, dass ich mich mit der abgegeben hab, ist mir entfallen. Sind uns wahrscheinlich im Treppenhaus übern Weg gelaufen. Auf jeden Fall bin ich mal spazieren gegangen mit der. Sind wir im Grünen gelandet, auf 'ner Wiese, Stückchen weg vom Ort. Und wie wir da gelegen und den

Himmel angeguckt haben, hat sie angefangen, mir am Sack rumzuspielen. Hab zwar die Erfahrung gehabt mit den Huren, aber richtig was verstanden hab ich da noch nicht vom Ficken. Anscheinend hab ich's auch nicht richtig gemacht, jedenfalls nicht so, wie sie's hat haben wollen. Na ja, hat sie mir nun Anweisungen gegeben, ich soll's so und so machen. Und da ist es eben geschehen, dass ich sie gefickt hab. War das einzige Mal, an das ich mich erinnern kann. Wird dann auch das einzige Mal gewesen sein. Denkt man ja nicht bei, dass gleich das Schlimmste passiert.

Kurze Zeit danach ist dann Gretl im Ratskeller aufgekreuzt, über die ich grad geflucht hab, mein späteres Eheweib. Der Omnibus, mit dem sie nach Hause fahren wollte, hatte Verspätung, wollt sie bei uns drauf warten. Hat sie zumindest angegeben. Ich glaub, die war vorher schon mal da gewesen und hat's auf mich abgesehen gehabt. Und ich bin drauf reingefallen, ich Depp. Hätt merken müssen, dass mit der was faul ist, spätestens, wie ich sie zu Haus besucht hab. Hat paar Kilometer weiter gewohnt, bei ihrer Mutter in Zöblitz. Ist ein kleiner Ort, wie's einige von gibt in der Umgebung. Kann man sich gleich mal merken, kommt noch mehr zu. Jedenfalls ist da schon ein Balg gewesen, ein Mädchen, war 'n Jahr alt oder so, laufen hat's noch nicht gekonnt. Aber ich, ich hätt weglaufen sollen, verdammt. Stattdessen bin ich wieder und wieder hingelatscht, wenn ich freihatte, war meistens sonntags. Irgendwie hat die mich an der Angel gehabt. Kann's nicht erklären. Und so ist sie das nächste Weib gewesen, dass ich gefickt hab. Nummer fünf, wenn man die Huren mitzählt. War sie nicht viel anders, hat auch tüchtig Erfahrung gehabt. Hat mich mächtig rangenommen, die Alte, war ich gar nicht so begeistert von, aber die hat den Hals nicht vollkriegen können, in dem Fall die Fotze. Kann man wörtlich nehmen. Ein Loch hat die gehabt, hätt mein Pimmel zehnmal reingepasst, so ungefähr. Hab ich ab und zu die Faust genommen, hat mir besser gefallen, und sie hat sich auch nicht beschwert. Nur manchmal, da hat sie einen auf Prinzessin gemacht und gejammert, es würd wehtun. Einmal hab ich 'ne Bierflasche genommen, die wir vorher ausgesoffen hatten. War sie tüchtig blau an dem Tag und hat mal wieder nicht genug kriegen können. Oh, das hat sie ganz gern gewollt. Hab ich sie solange mit traktieren sollen, bis Blut gekommen ist. Aber das war erst später, waren wir schon verheiratet. Davor hat sie sich noch zurückgehalten.

Stenogramm Zeugenvernehmung der geschiedenen Ehefrau des Pleil, Mordkommission Braunschweig, 12.6.1950 (Auszüge)

Zur Person:

Margarete Maria K…, geschiedene Pleil, geborene Oertel, 29 Jahre, wohnhaft in Zöblitz, Bahnhofstraße 38

mittelgroß, stämmig gebaut, einfacher, stiller, ruhiger Mensch, ihre geistigen Qualitäten dürften kaum über dem Durchschnitt liegen

am 1.4.50 drittes Kind entbunden

hat ein außereheliches Kind mit in die Ehe zu Pleil gebracht, das zweite Kind stammt von Pleil, das dritte von ihrem jetzigen Ehemann Josef K…

…

Wie sie Pleil kennenlernte:

Sie musste mal auf den Omnibus warten und ging in den Ratskeller in Marienberg. Dort arbeitete Pleil als Kellner. Dann kam er sonntags zu Besuch nach Zöblitz. Sie wurde schwanger, sie heirateten, als sie in anderen Umständen war.

Er wollte sie heiraten.

Vor der Ehe hatten sie wenig Geschlechtsverkehr.

Im Juni 1945 heirateten sie. Ihr fiel nichts Ungewöhnliches an ihm auf, zu den Kindern war er gut.
Er war jähzornig. Als er als Kellner arbeitete, war er sehr gut zu ihr und zu den Kindern, auch zu dem, das sie mit in die Ehe gebracht hatte.

...

Pleil wollte immer etwas Gutes essen. Und wenn er etwas mitbrachte, aß er es immer allein. Wenn der Sohn etwas haben wollte, gab er ihm nichts ab. Wenn sie ihm deswegen Vorhaltungen machte, sagte er: Das ist doch meins, das habe ich mitgebracht.

...

Er brachte selten Geschenke von seinen Reisen mit.
Er schlug die Kinder nicht.

...

Nach dem Mord an Bennen im April 1947 kam er zu ihr und hatte viel Geld bei sich. Sie fragte ihn, woher er das Geld habe. Er sagte, er sei herübergekommen, um davon Strümpfe einzukaufen. Von dem Mord erzählte er nichts.
Später musste sie seine Sachen holen.
Sie sagt, er habe den Mann mit einem Beil getötet, das Genick war zerhackt, auch ein Bein verletzt. Mit dem Hemd des Opfers habe Pleil das Blut abwischen wollen. Als er zu ihr nach Hause kam, sei ihr nichts an ihm aufgefallen, sie hatten noch mal Verkehr. Er kam nur bis nach Flöha, dort war sie bei ihrer Cousine.

...

Pleil habe sich zu Hause niemals als roher Mensch gezeigt.
Seine Arbeitgeber waren nach seinen Erzählungen immer sehr zufrieden mit ihm.
In der ersten Zeit ihrer Ehe sei er nicht zu anderen Frauen gegangen, das kam erst, als er sich selbstständig machte.

...

In der Vernehmung sagt sie nichts über den brutalen Geschlechtsverkehr mit Pleil, da ihr jetziger Mann bei der Vernehmung dabei ist. Erst hinterher, allein, vertraut sie sich einem Ermittler an.

Hab die ganze Zeit, die ich grad mit den beiden Weibern abhandle, fleißig meine Arbeit verrichtet im Ratskeller, wie's die Chefin, die Frau Kohl, dem Richter kundgetan hat. Am Anfang war's bisschen komisch, so eine Gaststube ist eben kein Schiff. Hab mich aber reingefunden. War 'n ruhiges Leben, hat mir gutgetan. Nach der Arbeit bin ich heimgetippelt, hab ein Schlückchen gezwitschert, lange nicht so viel wie auf den Schiffen, und paar Seiten gelesen, wenn ich nicht eingepennt bin wie Vater früher auf dem ollen Sofa in unsrer Küche. Mit der Leserei hatt ich schon bei der Seefahrt angefangen, wenn mal nichts zu tun war. Hab ich meinen Spaß dran gefunden. Wär mein alter Lehrer nicht rausgekommen ausm Staunen, hätt der das sehen können. Musste nur eben die rechte Lektüre sein. Sind immer Kriminalromane gewesen, so was wie *Die Todeskabine* oder *Der Mann, der nicht gekannt sein wollte*. Oder *Die zweite Kugel*. Würden mir bestimmt noch mehr einfallen, wenn ich mich bisschen anstrenge beim Nachgrübeln, aber viele hab ich vergessen. Die ganzen Heftchen, wo's jede Woche ein neues von gegeben hat für 'nen Groschen, *John Klings Abenteuer* und so, wie soll man sich die alle merken können? Im Zuchthaus hab ich auch viel gelesen über die Jahre. Am Anfang, da haben die mich veralbern wollen, wie ich nach Büchern gefragt hab. Ist der Kalfaktor mit einem angekommen, wo was dringestanden hat über das Leben von Bauern, wie die ihre Felder bestellen und die Schweine fettfüttern. Ein Quatsch, wer hat denn an so was Interesse? Hab's gleich in die Ecke gefeuert. Wenn's ein Buch mit Aufnahmen von nackigen Weibern gewesen wär, so eins hätten sie mal herbringen können. Hab ich nach verlangt, kann's nicht mehr zählen wie oft, aber da stellen die sich stur, rücken sie nicht raus. Nicht lange vor den Terminen hab ich dann mal eins gekriegt, das hat mir schon zugesagt. Um Landsknechte ist es da gegangen, von dem Jahr 1670 oder so, wie die eine Stadt eingenommen und Weiber vergewaltigt und totgemacht haben, lauter so schöne Geschichten sind dadrin gewesen. An welches ich mich auch gut erinnern kann, *Die weißen Götter,* ist ein Roman, den hab ich verschlungen. Da wird drin geschildert, wie die Azteken ihren Göttern Menschenopfer erbracht haben. Hat die Religion verlangt von denen. Die haben an andre Götter geglaubt zu der Zeit und gedacht, dass sie die nur auf die Weise glücklich machen können. Und dass die Sonne sonst nicht mehr aufgeht oder so. Damit sie nun nicht ihre eignen Leute haben töten müssen, sind sie über andre Völker hergefallen, haben Gefangene genommen, auch Kinder, und die dann verbrannt oder denen die Haut vom Leib abgezogen oder den Körper mit Pfeilen durchbohrt. Solche Sachen sind da beschrieben. Hab ich noch mal und noch mal gelesen, die Stellen, und bei versucht, mir Bilder von zu denken, wie die das gemacht haben und wie das ausgesehen hat, ein Körper ohne Haut oder mit Löchern drin von den Pfeilen. Muss mächtig geblutet haben. Und wie ich mir das alles so ausgemalt hab im Kopp, hat sich bald was geregt in der Hose, und ich hab meine schönste Freude gehabt.

Wo mir grad die Gedanken dran kommen und die Bilder, macht sich direkt meine Hand selbstständig, wandert untern Tisch. Aber wird bestimmt gleich ein Wachtmeister auftauchen und das Fressen durch die Tür schieben. Fütterung im Zoo. Ist die Zeit. Braucht man keine Uhr für. Hört man an den Geräuschen draußen aufm Gang, werden lauter, kommen näher. Wie eine Welle, die ranschwappt, nur dass es nicht so schnell geht. Noch drei, vier Minuten, schätz ich, dann, ratsch, wird die Klappe aufgehen.

War mit der Schmökerei noch nicht zu Ende. Die Zeit im Ratskeller. Haben die andren Mitarbeiter auch was von gehabt, wenn ich so einen Kriminalroman beim Wickel hatte. Hab ich denen am nächsten Tag immer eine kleine Vorführung von gegeben, was grad passiert war in der Geschichte. Hat die Chefin auch Bericht erstattet drüber bei den Terminen. Werd ich sie wohl beeindruckt haben mit meiner Kunst, sonst hätt sie's nicht erwähnenswert gefunden. Hab mir auch verdammt Mühe gegeben, dass es echt gewirkt hat. Als hätt ein richtiger Verbrecher in der Küche gestanden und mit einem Fleischermesser rumgefuchtelt, oder mit einem Knüppel, wenn's in der Geschichte ein Knüppel war. Oder ich hab eine andre Szene nachgespielt, hab mit den Zähnen gefletscht und die Augen aufgerissen, dass sie fast rausgesprungen wären. Also, dass man's denken konnte. Was auch immer tüchtig für Grusel gesorgt hat, wenn ich mir selber an die Gurgel bin mit den Händen und zugedrückt hab, bis mein Gesicht rot geworden ist wie 'ne Tomate, und mit so komischen Verrenkungen bei zu Boden gesunken bin. Haben die andren mit offnem Mund dagestanden, bis ich die Augen wieder aufgemacht und sie angegrinst hab wie ein frecher Bub. Manchmal wär's richtig unheimlich gewesen, wie ich mich verwandelt hab. Sind die Worte von der Chefin. Muss ich's wirklich gut gemacht haben.

So ist nun fast ein Jahr vergangen, und die ganze Zeit hab ich keinen Anfall mehr zu verzeichnen gehabt. Da musst ich doch wieder an meine geliebte Seefahrt denken, hab sie immer noch vermisst. Also bin ich eines Tages losgezogen nach

Hamburg. Meinen Rucksack hab ich mitgenommen, hätt gleich raufgehen können aufn Schiff.

Nach der langen Zeit, hab ich gedacht, da werden die mich schon wieder nehmen. Sind so viele Seeleute abkommandiert in den Krieg, müssen sie doch Verwendung haben für einen jungen kräftigen Mann. Hatten sie aber nicht, die Banausen auf der Dienststelle. Wegen der blöden Bescheinigung vom Arzt, wo der reingeschrieben hatte, ich wär seedienstuntauglich. War immer noch in meinen Papieren drin, dieser Wisch, gleich oben drauf, hat man nicht übersehen können. Ich brauch nicht wiederzukommen, haben die gesagt von der Dienststelle, nicht in fünf Jahren und nicht in zehn, diese Bescheinigung vom Vertrauensarzt, die wär gültig fürs ganze Leben.

War ich wieder der geprügelte Köter.

Vielleicht ist das andre nur dadurch so gekommen. Nicht das mit den Weibern, das mein ich nicht. Die Anfälle, die sind dann nämlich doch wieder aufgetreten, wie ich zurück gewesen bin in Marienberg und im Ratskeller die Leute bedient hab. Ist meistens morgens passiert, wenn ich den Abend vorher gesoffen hatte. Nicht nur ein Schlückchen, würd man ja nicht Saufen nennen. Hab schon was vertragen, eine halbe bis dreiviertel Pulle, dann hab ich aber noch tanzen können. Oder nach Tagen, wo reger Betrieb geherrscht hat in der Wirtsstube, das man kaum hinterhergekommen ist mit den Bestellungen und den andren Sachen, die man zu erledigen hatte.

Haben verschiedene Gesichter gehabt, die Anfälle. Ist nicht jeder gewesen wie die ersten aufm Schiff in Salerno. Manchmal ist mir schwarz geworden vor Augen, wie's losgegangen ist, ein andres Mal nicht, da hab ich normal gucken können, und plötzlich bin ich weg gewesen, war's auch dunkel, aber das hab ich nicht mitgekriegt. Mit dem Schwindel war's genauso, und mit den Stimmen, dass ich die nicht mehr gehört hab. Mal ja, mal nein. Auf den Boden geklatscht bin ich aber immer. Und die Zuckungen, die sind auch jedes Mal gekommen. Und immer war's so, dass ich hinterher keine Erinnerung dran gehabt hab. Gemerkt hab ich's an der vollgepissten Hose. Und am Geschmack vom Blut von der Zunge. War noch ein typisches Kennzeichen, dass ich da drauf gebissen hab, ohne es zu merken in dem Moment. Was in dem Zeitraum passiert ist, der mir dann gefehlt hat in meinem Verstandskasten, da war ich auf die Informationen von Leuten angewiesen, die bei gewesen sind. Ist keine schöne Sache, das kann ich sagen, gar nicht schön.

Später, aber zu der Zeit noch im Ratskeller, sind neben solchen Anfällen noch andre aufgetreten. Wie beschreib ich die am besten? Angefangen haben sie ähnlich, dass ich gemerkt hab, irgendwas stimmt nicht mit mir. Aber dann ist es in eine andre Richtung gegangen. Bin nicht bewusstlos geworden und auch nicht umgekippt wie ein gefällter Baum. Ich glaub, es war einer von den Psychiatern, der hat's als Wutausbruch bezeichnet. Aber kann man einen Wutausbruch haben, ohne dass man wütend ist? Wut hab ich da nämlich nicht gehabt. Oder ich hab's nicht gemerkt. Was ziemlich verrückt wär. Biste wütend und kriegst es nicht mit.

Dabei weiß ich ganz genau, was Wut ist, hab ich reichlich Erfahrung mit, ist bestimmt schon aufgefallen. Mein Eheweib, das hat mich oft wütend gemacht. Und Bälger, wenn die rumgeschrien haben, die haben mich wütend gemacht. Und die Geizkragen hier im Zuchthaus, die einem grad genug zu fressen geben, dass man nicht verreckt. Machen mich jeden Tag aufs Neue wütend, diese Halunken, wenn ich nur seh, was die durch die Luke schieben. Tausend Sachen könnt ich aufführen, die mich schon auf die Palme gebracht haben, und dann wären's noch nicht alle. Aber im Ratskeller, wenn mich solch ein Anfall überkommen hat, hab ich keine Wut gespürt.

Hab aber Sachen gemacht, die man normal nur tut, wenn man die Tobsucht hat. Teller zerdeppert hab ich, und Tassen sind gleich danach aufn Boden geflogen. War 'n schöner Polterabend. Hat mehrere von gegeben, die sich ähnlich gestaltet haben. Vielleicht waren mal Schüsseln bei anstatt der Teller, oder Gläser, aber die bringen kein Glück. Und hinterher hab ich mich selber auf den Boden geschmissen, in die Scherben rein, und mich drin rumgesuhlt wie ein Wildschwein im Schlamm. Ein andres Mal hat's Spielsachen von der Tochter der Chefin erwischt. Ihren Puppenwagen und was es war, hab ich kurz und klein gehackt und kaputt getreten, und zum Schluss bin ich drauf rumgehopst wie Rumpelstilzchen. Und einmal, da hab ich's doch tatsächlich fertiggebracht, sämtliche Geldscheine, die ich an dem Tag eingenommen hatte, in Fetzen zu reißen und im Ofen zu verfeuern. Würd gern sagen, dass ich's hinterher sofort bereut hab, Geldscheine gehören nun wirklich nicht in den Ofen. Aber dazu hätt ich erst mal Kenntnis von haben müssen, was ich da für einen Unsinn fabriziert hatte. Sobald der Anfall nämlich vorüber gewesen ist, hab ich mich an nichts von erinnern können. War das Gleiche wie bei der andren Art, war alles weg. Kann nicht mal sagen, ob ich gewusst hab, was ich da mache, als ich's gemacht hab. Und ob ich nicht vielleicht doch wütend bei gewesen bin.

Der Frau Kohl, der haben diese Vorfälle nicht gefallen. Sie war dann auch nicht mehr so zufrieden mit meiner Arbeit und hat schon mal böse Worte gehabt für mich. Wenn die arg zu bös waren, ja, dann hab ich blaugemacht am nächsten Tag. Und am Tag drauf, konnte passieren, dass paar Tage draus geworden sind. Bin erst wieder hin, wenn ich gedacht hab, nun wird sie nicht mehr schimpfen. Hat sie aber nur noch mehr geschimpft.

Eines Tages dann, hatte schon das neue Jahr angefangen, fünfundvierzig, muss gleich im Januar gewesen sein, da hab ich nun wieder einen Anfall gehabt, einen von der Sorte, bei dem ich aufm Boden gelandet bin. Sind paar Gäste Zeuge von geworden, wie ich dagelegen und gezuckt hab. Und einer, der hat ganz genau hingeguckt durch seine Brille. War 'n Oberstabsarzt, der seine Uniform anhatte, dran hab ich's erkannt. War mir gleich aufgefallen, wie der reingestiefelt gekommen war. Weil's eben die gleiche Uniform gewesen ist wie bei dem Leiter vom Lazarett in Italien. Obwohl dieser Gast nun Arzt war, hat er nichts unternommen, hat sich das Schauspiel nur angeguckt wie ein Zuschauer im Theater.

Aber dann hat er doch was unternommen, der Oberstabsarzt. Paar Tage nach dem Vorfall ist mir eine Vorladung zugestellt worden. Sollte mich beim Gesundheitsamt einfinden. Dort hab ich erfahren, wer dieser Doktor gewesen ist im Ratskeller, der Amtsarzt höchstpersönlich, Dr. Schmidt, so hat's an der Tür drangestanden. Vielleicht gibt's den noch. Muss er sich aber ganz schön verwandelt haben. Der war 'n großer Nazi, immer stramm voran mit Heil Hitler und so. Und ein großer Halunke, das war der außerdem. Wie oft hab ich dem gesagt, ich bin nicht krank, ich bin gesund wie ein Fisch im Wasser. Die Anfälle, hab ich gesagt, sind doch nicht schlimmer, wie wenn einer 'nen Hustenanfall kriegt, kann er auch nichts machen gegen, muss er warten, bis der wieder weggeht. Aber der Herr Doktor, ausgelacht hat er mich, ob ich gesund bin oder krank, das soll ich mal schön ihm überlassen. Sowieso hätt er schon länger den Verdacht, ich wär von einer Krankheit befallen. Seit der Sache mit Maria, ums genau zu sagen. Die ist auf sein Betreiben hin sterilisiert worden. Damit sie keine Kinder mehr in die Welt setzen kann, die dann vielleicht auch solche Anfälle kriegen. Das mit der Sterilisation, das hab ich bis zu dem Tag nicht gewusst. Hat

Maria kein Wort drüber verloren, obwohl's da schon paar Jahre her gewesen ist. Und nun haben die mit mir auch so was machen wollen.

Prof. Dr. med. G. Jungmichel/Prof. Dr. W. Ewald: Vorläufiges ärztliches Gutachten, Göttingen, 21.5.1950 (Auszug)

Psychischer Befund:

Pleil ist zeitlich und örtlich orientiert. Nach einem von uns im August 1949 beobachteten, knapp zehn Minuten dauernden epileptischen Krampfanfall, der ohne Vorboten nach einer längeren Rücksprache eintrat, war er sogleich wieder ansprechbar, sein Bewusstsein hellte schnell wieder auf. Er war nur etwas abwesend, klagte über Kopfschmerzen, legte sich im Bett auf die andere Seite und schlief ein. Auch nach den 1949 häufigeren, jetzt selteneren Absencen von 5 bis 20 Sekunden Dauer war er stets schnell wieder klar. Die letzte, im Mai 1950 beobachtete Absence, die etwa zwei Minuten dauerte, trug einen leicht umdämmerten Charakter insofern, dass Pleil nach plötzlichem Abbrechen des Vorlesens seines Manuskripts automatisch nach seiner Pfeife griff, dieselbe stopfte, ohne dass er während dieser Zeit ansprechbar war. Er ließ sich ein Streichholz reichen, gab dann nach weiteren Sekunden wieder Antwort und suchte etwas mühsam die Stelle, an der er seine Lesung unterbrochen hatte, las dabei ein bis zwei Sätze zweimal. Die übrigen Absencen waren im Allgemeinen so kurz, dass er seine Unterhaltung nach einigen Sekunden dort fortsetzen konnte, wo sie unterbrochen worden war.

Prof. Dr. med. G. Jungmichel/Prof. Dr. W. Ewald: Ärztliches Hauptgutachten, Göttingen, 9.7.1950 (Auszüge)

Ein Arzt, Dr. L…, der bei der Vernehmung der Frau [geschiedene Ehefrau des Pleil, d. A.] anwesend war, sagte, dass es sich bei ihm um eine klassische Epilepsie handele, er gehöre zu jener Gruppe von Epileptikern, die in dem Geisteszustand nicht wissen, was sie tun, die sich immer verfolgt fühlen und glauben, dass sie angegriffen werden, es seien wohl epileptische Dämmerzustände …

Die Gutachter gehen davon aus, dass seine Epilepsie in erster Linie angeboren ist, das erkennt man an dem Krankheitsverlauf, bei einer genuinen Epilepsie stehen kleine Anfälle – Absencen und Petit mals – im Vordergrund. Das erkennt man auch an seinen Aufzeichnungen, bei denen er immer wieder kleine unleserliche Kritzeleien in die Schriftzeilen einfügte, etwa über ein bis zwei Zeilen hinweg. Auch bei den Gesprächen mit ihm traten solche Abwesenheitszustände von ca. zwei Minuten auf, in denen er nicht ansprechbar war. In der Haft, ohne Alkohol, wurden diese Zustände und vor allem auch die großen Anfälle deutlich seltener. Das sprach dafür, dass der chronische Alkoholismus, der bei Pleil seit der Jugendzeit bestehen mochte, seine nervenschädigende und alles epileptische Geschehen fördernde Wirkung allmählich wieder verloren hatte.

Die Gutachter hätten sich gewünscht, dass man die Intaktheit seiner Hirnrinde durch eine Luftfüllung der Hirnhohlräume (Pneumo-Enzephalographie) überprüft hätte. Pleil hat diese Untersuchung jedoch abgelehnt. Die elektrischen Ströme der Gehirntätigkeit wurden aber in Form eines Elektrenkephalogramms abgeleitet und gemessen. Auf diese Weise ließ sich feststellen, dass Seitendifferenzen offenbar nicht vorliegen, also eine ernsthafte einseitige Hirnrindenschädigung, wie sie bei traumatischer Epilepsie häufiger ge-

geben ist, sehr unwahrscheinlich war. Aber es zeigten sich gewisse Unregelmäßigkeiten, die auf das Vorliegen eines universell über das ganze Gehirn verbreiteten organischen Krankheitsprozesses hinweisen, wie es bei der genuinen Epilepsie der Fall zu sein pflegt.
Der untersetzte, athletische Körperbau des Pleil, der kleine runde Kopf, die mächtig ausgeprägte Muskulatur als Abbild roher Körperkräfte passt zum epileptischen Konstitutionstyp. Die Gutachter nehmen das Vorliegen eines leichten genuin-epileptischen Krankheitsprozesses an, der vielleicht vorübergehend durch einen hirntraumatischen Schaden, besonders aber durch Alkohol stark herausgehoben wurde. Dämmerzustände der Epilepsie können Minuten bis Tage andauern, in der Zeit können Erkrankte in einer vom übrigen Bewusstseinsstrom abgelösten veränderten Bewusstseinslage Handlungen begehen, für die sie nicht verantwortlich gemacht werden können. Diese Dämmerzustände hinterlassen meist große Erinnerungslücken. Pleil aber konnte sich bei den meisten Taten nach Jahren noch sehr genau an viele Details erinnern, Gutachter sprechen von präziser Erinnerung, die Orte betreffend und die Taten selbst, dass man das Vorliegen ausgedehnter Umdämmerungen nicht annehmen kann. Außerdem gab Pleil an, dass er in vielen Fällen die Taten geplant und mit anderen verabredet hatte. Allerdings fanden die Gutachter drei Fälle, die in unmittelbarer zeitlicher Nachbarschaft von epileptischen Anfällen vollzogen wurden …
Barnstorf hatte in seinem Gutachten geschildert, wie Pleil am Abend vor einem großen Anfall in der Klinik Königslutter war: »Am Abend vorher war Pleil im Gegensatz zu seinem sonstigen ruhigen Daliegen im Bett sehr lebhaft, sang und pfiff laut, redete in witzelndem Ton die übrigen Kranken an, kroch auf Händen und Knien herum und äußerte: Ich bin

heute Abend außer Rand und Band, ich könnte alles zerschlagen. Nach Angabe des Abteilungspflegers wirkte er dabei aber nicht verwirrt oder sonst in seinem Bewusstsein verändert. Da er aber weiterhin randalierte, bekam er ein Beruhigungsmittel eingespritzt und verhielt sich danach ruhig. Am anderen Morgen war er wieder sehr lebhaft, begrüßte seine Mitkranken mit Händedruck (was er sonst nicht tat), lief im Saal herum, schrie dann plötzlich laut auf und schlug unvermittelt zu Boden, wobei er mit dem Gesicht auf das Fenstersims und den Fußboden aufschlug. Dabei zog er sich eine leichte Verletzung an der linken Wange zu. Es setzte dann das tonische Stadium eines epileptischen Anfalls mit Muskelsteifigkeit des gesamten Körpers ein, dem das klonische Stadium mit unregelmäßigen Zuckungen der gesamten Gliedmaßen folgte. Bei dem Anfall biss sich Pleil auf die Zunge und brachte sich eine typische Bissverletzung bei. Anschließend war er benommen, unklar in seinen Ausführungen und wurde erst langsam wieder klarer. Die Erinnerung an den Anfall fehlte. Er klagte über starke Kopfschmerzen und Müdigkeit.«

14

Eine richtige Waldeinsamkeit war das. Nur eine Baracke hat's da gegeben, rund drum haben Bäume gestanden, Fichten und so, aber kein Wohnhaus weit und breit. Ein kleiner Weg hat rausgeführt ausm Wald, vorher ist man noch an einem Bahnhof vorbeigekommen, Gelobtland hat auf dem Schild gestanden. Zu dem Ort selber, der den Namen hatte, hat man erst eine halbe Stunde hinlatschen müssen. Stück weiter ist man nach Marienberg gekommen, und östlich von hat Zöblitz gelegen. An den drei Orten hat sich alles abgespielt in der nächsten Zeit, deswegen erklär ich's so genau. Hab nicht mehr im Ratskeller arbeiten dürfen, wegen der Anfälle, zu viel Aufregung, haben die beim Gesundheitsamt gesagt. Hat bestimmt der Herr Oberstabsarzt seine Finger im Spiel gehabt, seine dreckigen. Wenigstens hatte er's noch nicht geschafft, mir den Sack abschneiden zu lassen. Aber in die Wege geleitet hatte er schon alles dafür.

In der Baracke haben Waldarbeiter gehaust, waren Italiener, siebenundzwanzig an der Zahl, keiner mehr, keiner weniger. Weiß ich deshalb so genau, weil ich für die hab Essen kochen müssen, immer siebenundzwanzig Portionen. War meine neue Arbeitsstelle. Haben sie mir beim Arbeitsamt vermittelt. Ich glaub, so richtig wussten die nicht, wo die mich hinstecken sollen. War zu nischt zu gebrauchen. Einem ist dann der Einfall gekommen mit dem Lager im Wald. Wo ich doch mehr Ruhe haben sollte, wegen der Anfälle. Ist wirklich ruhig gewesen da, zumindest die ersten paar Wochen.

Aber dass es keine Aufregung gegeben hat in der Zeit, nee, das kann man nun nicht behaupten. Ist doch eines Tages plötzlich dieses Weibsstück aufgetaucht, das ich mal gefickt hatte, das aus unsrem Haus. Und zwar, um mir die frohe Kunde zu überbringen, dass sie vor paar Wochen Mutter geworden wär. Und ich Vater. Jedenfalls hat sie das behauptet und in ihrem Kopp den Traum geträumt, ich würd sie nun zum Eheweib nehmen. Aber ich war doch nun schon mit Gretl zusammen. Außerdem hätt ich mit zwanzig sowieso nicht heiraten gedurft. Hab das Weibsstück auch gar nicht gewollt, war nicht mein Fall. Und weil's nun mal so war, wie's war, hat sie das Gör nun auch nicht mehr bei sich behalten wollen. Wer weiß, vielleicht war's eine Entscheidung, die der liebe Gott getroffen hat, gar nicht sie selber. Gibt doch so einen Spruch, aus der Bibel oder wo der herstammt: Der Mensch plant seinen Weg, aber der Herr lenkt seine Schritte.

Und ihre Schritte, also die von dem Weibsstück, die haben sie dann zu Maria geführt, zusammen mit dem Baby, war 'n Mädchen. Und für Maria war's wie ein Geschenk Gottes, oder so ungefähr. Nach ihrem Buben hatte sie sich immer noch ein Mädchen gewünscht. Aber dann ist das mit der Sterilisation gekommen. Und so wär ihr Wunsch niemals in Erfüllung gegangen, nicht bis zum letzten Tag auf Erden. Wie sie nun also erfahren hat, dass da ein Balg war, das von unsrem Blute abstammte, aber niemand haben wollte, so hat sie es zu sich genommen. Könnte auch in der Bibel drinstehen, diese Geschichte. Die Geschichte von der barmherzigen Maria.

Selber hab ich mit dem Balg nichts zu schaffen gehabt, hab's nur zu Gesicht gekriegt, wenn ich bei Maria und ihrem Adolf, der war nun im Krieg, an der Front, zu Besuch gewesen bin, alle halbe Jahre oder so. War ich der Onkel Rudi. Könnt nicht mal sagen, ob die beiden dem Mädel, müsste jetzt dreizehn sein, schon verraten haben, wer seine richtigen Eltern sind. Glaub nicht. Höchstens, wenn's durch die Tratscherei der Leute im Ort rausgekommen wär.

Gretl war nicht begeistert, als sich das Weibsstück gemeldet hat, nicht die Spur, kann man sich denken. Ist für mich selber ja die allergrößte Überraschung gewesen. Da haste nur mal auf der Wiese gelegen mit dem Luder, und dann kommt so was bei raus. Aber Gretl hat noch ’nen andren Grund gehabt, und der ist in ihrem Bauch drin gewesen. Da ist nämlich auch was Kleines rangewachsen, zur gleichen Zeit, kann man sagen, ist nur paar Wochen später auf die Welt gekommen, März fünfundvierzig, war unser Gerhardt. Und Gretl in ihrem Zustand, sind die Weiber noch empfindlicher als sonst, hab ich gehört, hat nun wohl befürchtet, ich könnt sie auch sitzen lassen mit dem Jungen. Von Heirat hatte sie schon gesabbelt, gleich nachdem sie erfahren hatte, dass sie trächtig ist. Doch nun hat sie drauf gedrängt, als wär ich der letzte Mann gewesen, der übrig geblieben war auf der Welt. Die Papiere, die man gebraucht hat für ’ne Heirat, hatte sie schon beisammen, also ihre. Aber weil ich nun noch nicht einundzwanzig war, hätt ich fürs Standesamt eine Bescheinigung gebraucht von meinen Eltern, dass die das erlauben mit der Ehe. Hab ich sie aber gar nicht nach gefragt. Die Bescheinigung hätt auch nichts genützt, denn da war noch mein Freund beim Gesundheitsamt. Um heiraten zu können, hat man unter den Nazis ein Ehetauglichkeitszeugnis vorweisen müssen, dass man rasserein ist und keine schlimme Krankheit im Leibe hat oder dämlich ist im Kopp. Hat’s ein Gesetz drüber gegeben, ist man nicht drum rumgekommen. Und so ein Zeugnis durfte nur beim Gesundheitsamt ausgestellt werden. Ahnt man schon, was kommt. Hat sich der Herr Oberstabsarzt natürlich geweigert, mir diesen Schrieb auszustellen. Stattdessen hat er mir einen Zettel in die Hand gedrückt. War allerhand Mist drauf zu lesen, übers Sterilisieren und dergleichen. Und ganz unten hat noch ein Befehl gestanden: Wenn gelesen, sofort vernichten! Als wär’s ein Geheimpapier gewesen, von der Gestapo oder so. Nicht dass ich mal eins gesehen hätte, aber stellt man sich doch so vor bei den Geheimen.

Was jedoch die schlimmste Nachricht war, die ich an dem Tag erfahren hab, dieser Halunke von Amtsarzt, der hatte nun doch tatsächlich einen Termin festgelegt, wann ich kastriert werden sollte. In einem Krankenhaus in Chemnitz, da sollte das vonstattengehen. Obwohl ich mich nicht mit einverstanden erklärt hab, nicht mit dem Termin und überhaupt mit dem ganzen Vorhaben. Hat den nicht gekümmert, hat was von einem Gesetz gequatscht, schon wieder, gegen das dürfe sich niemand stellen. Sonst wär's so, als würd man sich gegen Hitler stellen, wie diese Kommunistenschweine. Ich glaub, das war das Wort, Schweine hat er die genannt.

Ist nun immer näher gerückt, dieser verfluchte Termin. Hat mich langsam die Panik befallen. Bald, hab ich gedacht, biste kein Mann mehr. Kriegste vielleicht noch eine Stimme wie ein Weib. Und einen fetten Arsch und Hängetitten. Kann passieren, hatt ich von gelesen, wegen der Hormone, die nicht mehr da sind, wenn sie einem die Eier abschneiden. Wird sich kein Weib mehr mit dir abgeben, war auch ein Gedanke, nicht mal Gretl. Hab ich gewichst, was das Zeug hält, damit ich wenigstens noch paar Tage meine Freude hatte, im Hellen wie im Dunkeln, so oft's die Möglichkeit zu gegeben hat. Ob's nun im Scheißhaus war oder im Wald oder in meiner Bude drin, da in der Baracke von den Waldarbeitern.

Doch dann waren's ausgerechnet unsre Feinde, die Feinde vom Deutschen Reich, die mir zu Hilfe gekommen sind, traut man sich kaum auszusprechen, der Tommy und der Ami und der Kanadier und wer noch alles mitgemacht hat. Haben Bomben auf Chemnitz abgeworfen. Ist im Februar losgegangen, und bis in den April sind die immer wieder angekommen. Hat man manchmal noch bei uns im Wald hören können, wenn die ihre Angriffe geflogen sind, waren nur dreißig Kilometer bis dahin. Tausende von Bomben haben die runtergeschmissen, Brandbomben und Sprengbomben und Minenbomben und was weiß ich denn. Und Berge von Toten hat's gegeben. Eine Nacht, da sind fast viertausend Leute draufgegangen. Am Ende ist der größte Teil der Stadt ein einziger Trümmerhaufen gewesen. Und das Krankenhaus eben auch.

Im April war's dann vorbei mit der letzten Ruhe in der schönen Waldeinsamkeit. Und einsam hat man's auch nicht mehr nennen können. War plötzlich ein Gewusel auf dem Gelände, als wär ein Jahrmarkt draus geworden. Wo man hingeguckt hat, überall Soldaten. Gehörten zu einem Vorauskommando der Wehrmacht, das den Auftrag hatte, das Lager zu beschlagnahmen und Platz zu schaffen für noch mehr Soldaten. Die Italiener haben rausgemusst aus der Baracke und sind in einem alten Eisenbahnwaggon einquartiert worden. Abgestellt auf einem toten Gleis an der Bahnstation, hat man vom Lager aus sehen können. Die Bäume, die sie gefällt haben, sollten nun nicht mehr zu Nutzholz verarbeitet, sondern zu Straßensperren aufgetürmt werden. Nicht weit vom Lager hat's eine größere Straße gegeben. In die eine Richtung ist es nach Marienberg gegangen, in die andre nach Raitzenhain und von da weiter in die Tschechei. Für Schützengräben wurde das Holz auch gebraucht. Und für Panzersperren. Hab's gesagt, es war April, der Feind ist näher gerückt. Bald hat's geheißen, der Russe wär in Dresden und der Ami in Werdau.

Jeden Tag sind mehr Soldaten eingetrudelt, waren bald an die hundert da, dann hundertfuffzig. Um alle unterbringen zu können, mussten Zelte aufgebaut werden. In der Baracke ist nicht mal Platz gewesen für die Hälfte. Und ich hab nun die ganze Kompanie bekochen sollen. Zwei von den Soldaten haben mir Hilfsdienste geleistet. Sind von früh bis spät nur mit beschäftigt gewesen, Wasser ranzuschleppen und Holz zu hacken, damit ständig Feuer war unterm Kessel. An Verpflegung hat's nicht gemangelt, die Lebensmittellieferungen, die gekommen sind, waren für zweihundert Mann berechnet. Dazu Marketenderware im Überfluss. Nur Kartoffeln und Salz waren knapp. Haben sich die Landser drum gekümmert. Sind abends über die Dörfer gezogen und haben zusammengesammelt, was ihnen gegeben wurde, nicht immer freiwillig, könnt ich mir vorstellen. Und andre sind durch die Gegend gestreift und haben Hasen geschossen. War manchmal eine ganz schöne Ballerei. Selber bin ich alle zwei, drei Tage mit vier Mann auf Großwildjagd ausgeschwärmt, Hirsche und Wildschweine und solches Getier. Fleisch hat's also mehr als genug gegeben. Schnaps und Zigaretten auch. Als Koch hab ich an der Quelle gesessen. Und wer an der Quelle sitzt, der kann sich seine Freunde aussuchen. So hat sich fast jeden Abend eine kleine Gesellschaft eingefunden, die Unteroffiziere und die zwei Leutnants, die die ganze Bande von Soldaten befehligt haben. Meine Bude war die einzige, wo man's noch richtig gemütlich haben konnte. Erst mal, weil immer Schnaps im Angebot war, und zwar reichlich, dass nie einer durstig in seine Koje fallen musste. Doch dazu hatt ich auch die passende Unterhaltung anzubieten, Musik nämlich. Nicht etwa aus dem Volksempfänger, ein Grammophon hatte ich mir zugelegt. Wenn ich bloß wüsste, wo mir das in die Finger geraten war. Egal. Das Ding hat rumgedudelt bis Mitternacht, und wir haben uns übern Schnaps hergemacht und eine nach der andren bei gepafft, als würd's kein Morgen geben. Hat ja wirklich niemand wissen können, ob er noch mal aufwacht am nächsten Tag.

Einmal, da hat's Panzeralarm gegeben in der Nacht. Ist der Russe nur noch zwanzig Kilometer entfernt gewesen. Hat große Aufregung geherrscht im Lager, aber wer nicht aufzufinden war, das war der Kompaniechef, einer von den Leutnants, die immer bei mir gesessen haben. In dieser Nacht aber nicht, da hatte er was Bessres vorgehabt. Hat natürlich gleich geheißen, er wär fahnenflüchtig geworden, um seinen Arsch zu retten, weil der Russe schon so dicht gestanden hat. In Wirklichkeit war er nur paar Dörfer weiter bei seinem Liebchen. Hat mal wieder anständig ficken wollen. Und ich war nun der Einzige, der Bescheid gewusst hat drüber. Hatte ihm mein Fahrrad geborgt für den kleinen Ausflug, ist nicht das erste Mal gewesen. Aber bei mir war sein Geheimnis sicher. Hab meine Schnauze gehalten, verpfeif doch keinen Kameraden.

Selber hab ich's kaum geschafft, bei Gretl vorbeizuschauen die Tage, höchstens mal kurz, um Essen hinzuschaffen, hab ich abgezweigt von unsren Vorräten. Hat viel zu tun gegeben im Lager, und ständig dieses Durcheinander, immer kam wer angeschissen, kannste dies machen, kannste das machen. Meine Alte hat fürs Ficken auch grad keine Gedanken gehabt, wo nun das Balg da war. Hat den ganzen Tag an ihren Titten rumgesaugt, und immerzu waren die Windeln vollgeschissen, ist sie bloß am Waschen gewesen. Und gestunken hat's in der Bude, nee, da hab ich mir doch lieber woanders meine Freude gesucht.

Sind nun alle paar Tage Züge durchgekommen in Gelobtland. Ist vorher nicht halb so viel Betrieb gewesen auf der Strecke. Wo der Feind nun bald ran war, hat die SS schnell die KZs aufgelöst, die's in der Gegend gegeben hat, Außenlager von Buchenwald. Die Gefangenen sind auf Güterwaggons verfrachtet worden und sollten nach Theresienstadt geschafft werden. Kam öfters vor, dass solche Züge bei uns haltgemacht und paar Stunden gestanden haben. Bis neue Befehle gekommen sind. Dadurch, dass der Bahnhof mitten im Wald gelegen hat, konnt man ihn aus der Luft kaum sehen. Und die Züge eben auch nicht. Der Feind hat nämlich versucht, die

Transporte zu stoppen, indem er die Loks beschossen hat aus der Luft, wenn die irgendwo gestanden haben. Oder die Gleise davor. Damit die Häftlinge abhauen können, denk ich mal. Aber da waren immer Wachen bei von der SS, scharfe Terrier waren das, haben jeden abgeknallt, der's nur versucht hat. Kurzer Feuerstoß oder zwei Pistolenschüsse. Gesehen hab ich's nicht, aber gehört.

Muss an einem der letzten Tage gewesen sein, bevor das große Chaos ausgebrochen ist, da hat wieder so ein Zug bei uns angehalten, länger als sonst, zwei Tage und die Nacht dazwischen. Hat nur paar Meter entfernt gestanden vom Lager, Stück rechts, hab ich gute Sicht drauf gehabt. Auf der Fahrt bis zu uns waren schon etliche Gefangene verreckt. Muss so gewesen sein. Einer der Güterwagen, ein offener, ohne Dach drauf, war vollgepackt mit Leichen. Männer und Weiber, mehr Weiber. Und alle paar Stunden hat man's rufen gehört: Leichenträger nach Wagen so und so. Dann sind zwei oder vier Hanseln losmarschiert, haben die nächste rangeschleppt und mit eins, zwei, drei, hau ruck auf die andren draufgeworfen. Kreuz und quer haben die da oben gelegen, in Positionen, solche Stellungen hätten nicht mal die französischen Huren fertiggebracht. Und alle sind sie nackt gewesen. Die Klamotten hatten sich die andren untern Nagel gerissen, die sie noch gebrauchen konnten, ist kalt gewesen nachts. Und so war's ein Anblick, der mir rechte Freude geschenkt hat. Von manchen hab ich die Ärsche sehen können, bei andren waren's die Fotzen und die Titten. Pimmel sind auch welche mittenmang gewesen, aber auf die hat sich mein Interesse nicht gerichtet. Soll doch ehrlich sein. Hab mich selber bisschen gewundert, aber wenn's nun mal so war. Hat sich was geregt im Innern, kann man nichts gegen tun, muss man doch hingucken. Und in der Hose hat sich auch was geregt. Dagegen hab ich schon was tun können, hab ich auch gemacht, auf

Teufel komm raus, ging zehnmal am Tag oder noch öfters, so schön, wie die dagelegen haben. Hat jeden Moment alles vorbei sein können. Hab's doch vor Augen gehabt, wie's aussieht, das Ende.

Der Zug ist dann weitergerollt, aber die Toten haben sie dagelassen. Paar Mann vom Volkssturm sind angerückt gekommen mit Schaufeln und haben zwei große Löcher gebuddelt. Da haben sie die Toten reingeschmissen und wieder Erde draufgemacht. Waren sie auf einmal verschwunden, als wären sie nie da gewesen, nicht in Gelobtland, nicht sonst wo auf der Welt. Jemand hatte mitgezählt, hundertsechsundfuffzig waren's, alle zusammen. Bin an der Stelle später noch mal vorbeigekommen. War das Jahr nach dem Krieg. In der Zeit hatten sie um den Platz, wo die zwei Löcher gewesen waren, einen Zaun aufgestellt. Paar Kreuze haben da auch gestanden und eine Gedenktafel. Hatten sie was draufgeschrieben über den Transport, die einzelnen Etappen und wie viele aufm Weg umgekommen sind. Und wie viele dann in Theresienstadt.

Weil ich grad was vom Volkssturm gesagt hab. Der Kompaniechef vom Volkssturm in Marienberg war mit hundert Mann in dem Bahnhof untergebracht, wo der Zug gestanden hat mit den Leichen. So haben die gleich zur Stelle sein können. War übrigens ein prima Kerl, der Kompaniechef. Von Haus aus ist der Lehrer gewesen, an der Oberschule, also Oberlehrer, sogar für Fremdsprachen, hat Englisch gekonnt und Latein wohl auch. Wie ich im Ratskeller gearbeitet hab, ist der jeden Tag gekommen und hat sein Bier getrunken, zwei Gläser, nicht mehr. Und Karten gespielt hat er öfters, mit dem Landrat, ist auch Stammgast gewesen, und paar andren Höhergestellten. Hat mir immer ein gutes Trinkgeld gegeben, da war der nie knausrig. Und ein freundliches Wort hat er auch immer übriggehabt. Die Kellnerei sei nichts für mich, hat er oft gesagt, ich wär zu nervös, die Leute würden nur ihren Spaß mit mir treiben. Sie müssen in eine Gärtnerei, hat er gesagt, wo's ruhig ist und wo ich umgeben wär von Natur, dann hätt ich auch keine Anfälle mehr. War wirklich in Ordnung, der Mann. Und heute, da ist er irgendwo in Russland. Ist gleich abgeholt worden, wie der Russe die Macht übernommen hat. Wer weiß, ob sie ihn am Leben gelassen haben.

Hätten mal den Herrn Oberstabsarzt mitnehmen sollen, der hätt's verdient gehabt. Gulag in Sibirien oder so was. Hat mir alles versaut, dieser Schweinehund, nicht mal zum Volkssturm hat er mich zugelassen. Wo ich schon nicht zur Wehrmacht gedurft hatte, ist bestimmt auch sein Werk gewesen, hab ich wenigstens bei der Verteidigung des deutschen Heimatbodens meinen Mann stehen wollen, wie's der Führer doch allen befohlen hat, die noch krauchen konnten in den letzten Wochen vorm Untergang. Hätt ich 'ne Waffe gekriegt. Aber nicht mal das. Ich würd mehr Unheil anrichten, als Gutes vollbringen, das hat der gesagt. Und wenn der Krieg weitergegangen wär, hätt er mir die Stelle als Koch auch noch weggenommen. Hab mich aber gerächt an diesem verfluchten Halunken, wird er sich aufm Sterbebett noch dran erinnern.

Doch erst mal ist der Tag gekommen, als es im Waldlager plötzlich hieß, alles vorbei, die Wehrmacht hat kapituliert. Konnste nicht so schnell gucken, wie alle verschwunden waren. Bloß ich und paar Flüchtlinge aus der Tschechei sind noch da gewesen. Die Tschechen, vielleicht waren's auch Polen, hatten Arbeiten für uns verrichtet, sind aber auch schleunigst abgedampft, Richtung Heimat. Hab ich mir also mein Fahrrad geschnappt und aufgeladen, was draufgepasst hat, Schnaps und Zigaretten und Lebensmittel in Massen, dass der arme Drahtesel beinah die Grätsche gemacht hätte. Das

Grammophon und paar von meinen Besitztümern hatte Vater die Woche vorher mit einem Handwagen abgeholt. Hatten alle schon mit gerechnet, dass die Stellung nicht mehr lange zu halten sein wird. Hab ich überhaupt erwähnt, dass mein alter Herr aus der Kohlegrube zurück war? Hatten sie ihn hinverfrachtet, in die Nähe von Leipzig, Arbeitsdienst, nach der Zeit in München. Also, dann ist es jetzt bekannt.

Jedenfalls hab ich mich dünnegemacht mit meinem Lastenrad, so schnell's möglich war. Jede Sekunde hätt der Russe auftauchen können. Bestimmt hätt der gedacht, ich gehör zum Volkssturm. Und wer weiß, was dem eingefallen wär, hätt mich am Baum aufgeknüpft oder so, hat's gegeben, solche Fälle. Zwar hab ich eine Bescheinigung gehabt, wegen Krankheit befreit vom Dienst im Deutschen Volkssturm, hätt der Russe aber wahrscheinlich nicht lesen können. So bin ich weg vom Lager, auf der andren Seite in den Wald rein und hab mich nach Zöblitz durchgeschlagen, zu Gretl hin.

Ein Hallo war das. Die Weiber haben sich gefreut, dass nun ein Mann im Hause war. Hat nur Weiber gegeben da und Bälger, die Männer waren noch im Krieg oder in Gefangenschaft. Bloß gut, dass ich vorher genug Essen rangeschafft hatte. Hat nichts gegeben die nächsten Tage. Die Geschäfte sind zugeblieben, die Bäcker haben nicht gebacken. Ist alles drunter und drüber gegangen. Und ein Getümmel war das überall. Die Straßen verstopft mit Autos, in alle Richtungen sind Leute rumgelaufen, gefangene Soldaten, die sie abgeführt haben, zurückgekommene Flüchtlinge, und in jeder Ecke der Russe, das waren die Schlimmsten, sind überall eingefallen, haben Türen aufgebrochen und geplündert und gefickt wie die Karnickel. Allerorten war's ein Geschrei, Weiber sind aus Häusern geflüchtet und in Verstecken untergekrochen, haben gebetet und gebarmt.

15

Bin am nächsten Morgen losgelatscht nach Marienberg, hab gucken wollen, wie's Mutter und Vater ergangen war. Da hat's erst ausgesehen. Auf dem Marktplatz hatte der Russe eine Feldküche aufgebaut. Haben die Leute Schlange gestanden für 'ne Suppe. Die Luft hat gestunken, nach alten Socken oder was das gewesen ist, und nach Feuer, nach Qualm. Und überall haben Möbel rumgelegen, oder was mal Möbel waren, zerdepperte Tische und Stühle und Schränke und der ganze Mist, den sie aus den Fenstern vom Rathaus rausgeschmissen hatten. Hab ich gleich einen Bogen drum gemacht, bin hinter den Häusern langgeschlichen, Stückchen raus aus der Stadt, zu der Siedlung hin, wo Mutter und Vater gewohnt haben. Ich eigentlich auch, aber nun nicht mehr. Paar Häuser weiter ist Marias Wohnung gewesen. In unsrer hatte sich der Russe eingenistet, zwanzig Mann, waren Zivile, Ostarbeiter oder so. Vater hatte noch schnell die meisten Klamotten geschnappt und im Keller versteckt. Da haben sie nun auch geschlafen, das heißt, hauptsächlich das Mütterlein. Vater hat Maria beigestanden, vor allem in der Nacht. Bei ihr hatten sich zwei Offiziere einquartiert, und Maria, die Arme, hat nun Angst gehabt und einen Anfall nach dem andren gekriegt.

Abends bin ich wieder zurück nach Zöblitz, zu meiner Zukünftigen. Mit einem Handwagen als Gepäck, vollgeladen mit meinen Klamotten und allerhand Zeug, das ich am Nachmittag mit Vater aus der Wehrmachtskaserne rausgeschleppt hatte. Hatten die Russen aufgemacht, die Kaserne, für vierundzwanzig Stunden, sollte sich jeder holen, was er gebrauchen konnte. Hat auch Lebensmittel gegeben, ist ein großes

Lager bei gewesen. Und Stoffe, haben sich die Weiber Kleider draus nähen können.

War dann schon finster, wie ich nach Zöblitz gekommen bin. In dem Haus, wo Gretl gewohnt hat, waren nun Zivilrussen eingezogen. Die Weiber haben in der Stube gehockt und gebibbert, dass die nur nicht kommen und über sie herfallen. Im Stockwerk drüber war die große Feierei im Gange. Haben die Russen den Sieg gefeiert, mit paar Polenweibern, keine Ahnung, wo sie die aufgegabelt hatten, und jeder Menge Schnaps. Bin ich hoch und hab mir die Iwans mal aus der Nähe betrachtet. Und hab mitgesoffen, wo ich schon mal da war. Ist die Sprache, die jeder versteht. Aber Deutsch haben die auch paar Wörter gekonnt. Den Fusel, den die gehabt haben, das war vielleicht ein Zeug, der reine Sprit. Später hab ich den auch vorgezogen, aber da ist der mir noch bisschen stark gewesen. Wie die Russen nun gemerkt haben, dass ich ein Guter bin, kein Nazischwein, haben sie mir versprochen, hoch und heilig, dass nichts passiert im Haus. Hab ich die Weiber unten beruhigen können.

Der Krieg war ungefähr eine Woche aus, da bin ich mit meiner Alten zu einem Bauern hingestiefelt. Haben Milch gebraucht und Butter, hat keine zu kaufen gegeben im Laden. Das Gehöft hat ein Stück außerhalb gelegen vom Ort. Wie wir da angekommen sind, waren die Weiber, die zum Bauern gehört haben, sein Eheweib und zwei Töchter, in heller Aufregung. Haben geheult und gejammert, dass ich bisschen gebraucht hab, um die Lage zu kapieren. Eine Horde Russen war grad bei, den Hof zu plündern. Keine Soldaten oder so, Ostarbeiter, also ehemalige, die waren jetzt ja auch frei. Haben alles durcheinandergeschmissen, diese Brüder, um was Wertvolles zu finden, Geld oder Gold oder wonach die gesucht haben. Und der Bauer hat's nicht gewagt, die zu vertreiben, hat's nicht mal versucht, obwohl er ein rechtes Mannsbild war, groß und stämmig wie 'ne deutsche Eiche. Und warum? In der Nacht vorher waren schon mal welche da gewesen. Vielleicht die Gleichen, vielleicht nicht, hab ich vergessen. Hab's vielleicht nie gewusst. Kann mich auch nicht erinnern, ob die Weiber sofort alles erzählt haben oder ob's erst später rausgekommen ist. Jedenfalls hatten die, die in der Nacht da gewesen waren, den Sohn vom Bauern abgeknallt. Angeblich, weil er sein Gewehr nicht hat rausrücken wollen. Die Leiche von dem hat noch in der Scheune gelegen, aufm Boden. Und die Weiber haben nun gehofft, dass ich mir ein Fahrrad schnappe von denen und zur Kommandantur hinsause, damit jemand geschickt wird, der die Russen verjagt oder gleich einbuchtet.

Bin ich losgestrampelt wie ein Wirbelwind. Wenn wer in Not ist, muss man doch helfen. Haben die bei der Kommandantur bisschen andre Meinung zu gehabt. Der Bauer ist Ortsbauernführer gewesen und hatte bei den Nazis tüchtig mitgemacht. Kann ich nicht bezeugen, aber wird schon stimmen, wenn die das behauptet haben. Ist jedenfalls keiner gleich aufgesprungen, um ihm und seiner Sippe zu Hilfe zu eilen. Hab ich den Vorschlag gemacht, gebt mir ein Gewehr, dann vertreib ich die Kerle vom Hof. Hat 'ne kleine Diskussion gegeben, wo ich nun kein Polizist gewesen bin, aber dann hab ich eins ausgehändigt gekriegt, Kleinkaliber, mit paar Patronen. Aber nicht schießen, hat der Polizist gesagt, der's mir gegeben hat. Höchstens Schreckschüsse in die Luft, die wären erlaubt, damit sie hören, wenn's brenzlig wird. Würden sie dann zwei Mann Verstärkung schicken.

Ich also wieder zurück, mit einer Affengeschwindigkeit, das Gewehr in der Hand am Lenker. Zwei- bis dreihundert Meter vor dem Bauernhof hat der Weg eine Kurve gemacht. Am Rand haben Sträucher gestanden. Hab nicht sehen können, wie's dahinter weiterging. Hab aber auch nicht gebremst, noch nicht. Erst als ich um die Sträucher rum gewesen bin. War der Weg plötzlich versperrt. Zwei von den Russen sind mir entgegengekommen. Hatten sich auch Räder geschnappt und wollten gucken, ob Gefahr im Anzug ist und ihre Komplizen warnen, wenn's so gewesen wär. Die beiden sind nebeneinanderher gefahren. Wär ich nicht dran vorbeigekommen, war kein Platz. Also Vollbremsung mit dem Rücktritt, und schon hab ich auf der Schnauze gelegen und mit den Klamotten den Boden poliert. Hab vielleicht ausgesehen, eingesaut von oben bis unten. Die Russen sind auch auf die Bremsen, haben erschrocken geguckt wie ich selber und haben sich nicht bewegt. War meine Chance, bin ich hoch, hab mich einmal ausgeschüttelt und dann das Gewehr angelegt. Nicht gezielt, als hätt ich die abballern wollen, sondern nur so vorn Körper gehalten, mit dem Lauf in die Richtung von denen. Wollte der eine von den Brüdern gleich stiften gehen, wie er das Gewehr gesehen hat. Hab ich doch angelegt, und was gebrüllt hab ich, stehen bleiben oder ich schieße, oder was Ähnliches. Hat er's sich wieder anders überlegt und ist zurückgekommen.

Hab die beiden antreten lassen und abgeführt, den Weg zurück, Richtung Zöblitz. Die Räder sind liegen geblieben. Als nun die ersten Häuser zu sehen waren, hat der eine Iwan, der gleiche, der erst wegrennen wollte, Iwan der Widerspenstige, den Bock gekriegt. Ist stehen geblieben und hat sich nicht mehr gerührt. Was ich dem auch befohlen hab, zu allem hat der Njet gesagt. Njet. Njet. Njet. Hab ich die Wut gekriegt und ihm einen Schlag verpasst mit dem Kolben vom Gewehr, gegen den Arm, war der rechte. Hat er mal nicht Njet gesagt, sondern aufgebrüllt, dass man's bestimmt in Zöblitz noch hat hören können. Und geflucht hat er was auf Russisch. Aber dann ist er endlich weitergelatscht, sind wir alle drei weitergelatscht.

Scheinbar hatten wirklich welche seinen Schrei gehört. Wie wir zur nächsten Anhöhe gekommen sind, war die letzte vorm Ort, konnten wir gegenüber Leute sehen, die hergeguckt haben, als hätten sie schon gewartet auf uns. Paar Mann von der Polizei waren auch bei, hab ich erkennen können, oder von der Miliz, wie man jetzt gesagt hat.

Den beiden Russen hat sich natürlich das gleiche Bild dargeboten, doch anstatt weiterzumarschieren, damit wir die Sache endlich hinter uns bringen konnten, haben sich diese bockigen Brüder augenblicklich wieder in Statuen verwandelt. Und ich hab dieses verfluchte Njet wieder zu hören gekriegt.

Noch mal red ich mir den Mund nicht fusslig, hab ich gedacht. Und lächerlich mach ich mich auch nicht vor den ganzen Leuten auf der andren Seite. Sollen die etwa denken, ich werd mit zwei halb verhungerten Russen nicht fertig? Nee, die gehen jetzt sofort weiter, oder es setzt was. Genau einmal hab ich das den Sturköppen gesagt, dann, hat sich keiner von beiden gerührt, hab ich das Gewehr genommen und Iwan dem Widerspenstigen den Lauf in den Rücken gerammt, so kräftig ich konnte, ungefähr auf Höhe der Nieren.

Jetzt wird der Idiot begreifen, mit einem Pleil ist nicht zu spaßen. Der Gedanke war noch gar nicht richtig in meinem Verstandskasten angekommen, da hat's einen Knall gegeben. Ist nicht besonders laut gewesen, der Knall, würd sagen, eher leise, war mehr wie ein Ploppen oder so. Der Schreck ist mir trotzdem in die Glieder gefahren, wie man so sagt. Erst recht, als ich gesehen hab, ist keine Ewigkeit vergangen zwischen, wie der Iwan sich mit beiden Händen an den Bauch gegriffen hat. Einen Moment hat er so dagestanden und bisschen gewackelt, als wär's plötzlich stürmisch geworden. Und den Moment danach ist er in die Knie gesunken, so langsam, dass man hätte denken können, er kann sich nicht entscheiden, ob er nun im Dreck landen will oder nicht. Aber dann ist er mit den Knien aufm Boden angekommen, und sein Oberkörper hat sich aufn Weg gemacht nach vorn, ist umgekippt, bisschen schneller.

Ich hab nicht geschossen, das heißt, ich hab nicht vorgehabt zu schießen. Der hat nur denken sollen, ich würd's tun, wenn er seinen verdammten Arsch nicht bewegt. Aber bei meinem tollkühnen Sturz vorher mit dem Rad muss der Sicherungsbügel an der Flinte aufgesprungen sein. Ist die einzige Erklärung. Und wahrscheinlich hab ich den Finger am Abzug gehabt, als der Lauf an seinem Rücken angekommen ist, wie man so ein Gewehr eben hält.

Hab den andren Russen gleich losgejagt, nach einem Doktor zu suchen. Iwan der Widerspenstige hat aufm Boden gelegen und gejammert und gemeutert, von wegen deutsches Schwein, du elendes. Und noch allerhand andre Wörter sind dem eingefallen, welche auf Deutsch, welche auf Russisch, swinia sobaka und paskuda und solche. Hat's nicht beigeben wollen, hat geflucht wie ein Bierkutscher, der Saukerl. Hab ich mir aber nicht gefallen lassen. Ist nicht auszuhalten gewesen. Paar Ohrfeigen hat er gekriegt, rechts und links, wie mir die Händen geflogen sind. Und weil das nicht gereicht hat, hab ich ihn bei der Kehle gepackt wie 'nen Sack Lumpen und so lange geschüttelt, bis er doch die Schnauze gehalten hat. Mal abgesehen von der Jammerei und dem Gestöhne, konnt er nicht mit aufhören. Seine Stimme hat schon geklungen wie die von einem kleinen Mädchen.

Um mir anzugucken, was ich mit der Flinte angerichtet hatte, hab ich ihm sein Hemd ausgezogen. Ist nur ein kleines Loch zu sehen gewesen, seitlich vom Bauch, rechts. Hätt mein Finger nicht reingepasst. Wie's ausgesehen hat, war die Patrone glatt durchgegangen, hinten rein, vorne raus. Wird irgendwo im Gebüsch gelegen haben. Dahinten. Aber geblutet hat's wie verrückt, ist nur so rausgelaufen, die Brühe.

Hab ich nun sein Hemd zerrissen, um draus einen Verband zu machen. War nichts andres zur Verfügung, was für getaugt hätte. Dann hab ich mich über ihn gekniet, wie man sich über ein Weib kniet, das man im nächsten Augenblick ficken will. Und wie ich in dieser Position so rumhantiert hab, um den Hemdfetzen um seinen Bauch rumzukriegen, auf das Loch drauf, und wie dabei Blut an meine Hände rangekommen ist, und wie er so gestöhnt hat und ich ihm wieder eine aufs Maul gehauen hab, um verdammt noch mal Ruhe zu kriegen, da ist mir einer bei abgegangen, und der kalte Bauer ist in die Hose gelaufen. Ist einfach passiert, ohne dass ich Fräulein Faust hab bemühen müssen. Hab nicht mal Gedanken dran gehabt. War ich selber erstaunt drüber. Ach, wie schön ist das gewesen. Muss ich oft dran denken.

Wie ich fertig gewesen bin mit dem ganzen Theater, hab ich den Iwan aufstehen lassen, war er nicht mehr der Widerspenstige, ist brav rübergelatscht in den Ort, und dort hat man ihn ins Krankenhaus gebracht, und ich hab ihn nie wieder zu Gesicht gekriegt. Oder ich hab's vergessen.

Bei der Polizei haben sie nun nicht gewusst, was sie mit mir machen sollen. Normal hätt ich kein Gewehr haben dürfen. Da sie mir aber eins gegeben hatten, waren sie mit schuld dran an der Geschichte. Die Russen von der Kommandantur haben Spektakel gemacht. Ein Oberstleutnant hat die Bande angeführt. So ist nun alles zu Protokoll genommen und als Unfall hingestellt worden. War aber noch die Frage zu klären, wie ich zu der Waffe gekommen war, ausgerechnet zu einer von der Polizei. Noch dazu, wo ich nicht mal in Zöblitz gemeldet war. Großes Rätselraten. Haben sie alle die Köppe zusammengesteckt. Und rausgekommen ist die Idee, den Herrn Pleil, der so mutig gewesen ist, sich mit wilden Plünderern anzulegen, schleunigst zum Polizisten zu ernennen. Hab ich über Nacht einen Ausweis gekriegt, war schon fertig, auf Deutsch und Russisch, brauchte bloß mein Name reingeschrieben werden. Dann haben sie mir noch eine rote Armbinde verpasst, und fertig war der Polizist. Ich glaub, so schnell ist das noch keiner geworden. Und wenn einer nach dem Vorfall mit dem Iwan gefragt hat, hab ich sagen sollen, dass ich da schon einer war.

Den Ausweis hab ich lange gehabt, aber bei der Polizei mitgemacht hab ich nur paar Wochen, nachts Wache gehen und so, bis Gras über die Sache gewachsen war. In der Zeit, gleich am Anfang, sind wir eines Tages zu dem Bauernhof gerufen worden, wo die Geschichte angefangen hatte. Jemand war zur Polizei geflitzt gekommen und hatte gesagt, es wären wieder Russen bei dem Bauern. Wir diesmal gleich los, waren grad ein Stück hingelaufen, da haben wir schon sehen können, wie die Bauersleute ihr Vieh aus den Ställen rausgezogen haben. Und gleich drauf sind schwarze Rauchwolken aufgestiegen. Die Russen hatten ein Fass Benzin ausgekippt und alles in Brand gesteckt. Bis wir an Ort und Stelle gewesen sind, hat das Gehöft lichterloh in Flammen gestanden. War nichts mehr mit Löschen oder dergleichen, ist alles niedergebrannt, auch die Scheune mit dem Sohn, der hatte da noch dringelegen, so habens die Leute erzählt.

Einmal bin ich mit der roten Binde am Arm nach Marienberg, um bei Mutter und Vater nach dem Rechten zu sehen. Hab mich bisschen rumgetrieben in der Stadt, mal hier, mal dort Hallo gesagt.

Und wie ich vorm Rathaus angelangt bin, hat mich ein russischer Offizier angesprochen. Hat wahrscheinlich gedacht, ich gehör zur Polizei, also zur hiesigen, weil ich die Armbinde dranhatte. Angesprochen ist nicht ganz das richtige Wort. War mehr ein Befehl, so, los, mach das, und zack. Weil's ein Offizier gewesen ist, hab ich gedacht, wird schon seine Richtigkeit haben. Ich sollte auf der Stelle zwanzig Mann zusammentrommeln und mich mit der Truppe zur Bahnstrecke begeben, Stück runter zum Hüttengrund, war ein Ortsteil von Marienberg, paar Häuser rechts und links der Straße. Da war ein Zug entgleist in der Nacht, von der Roten Armee, ein Transportzug mit Panzern und andren Kriegsgerätschaften, die sollten aus der Tschechei zurückgeschafft werden nach Russland. Der Zug war wohl zu schnell den Berg runtergerast und hat nicht bremsen können, weil sie nur eine kleine Lok davorgespannt hatten. Und in der Kurve da unten, da muss sich einer von den Panzern selbstständig gemacht und so gedreht haben, dass das Geschützrohr am Felsen hängen geblieben ist. Und dann hat's nur noch gerumst und gekracht und geknirscht, oder wie man das beschreiben soll, wenn tonnenschweres Eisen an Felsgestein langratscht über paar Meter. Müssen Funken gesprüht haben, wie wenn einer mit dem Schweißgerät arbeitet. Selber hab ich's nicht gehört und nicht gesehen, aber kann man sich doch vorstellen, was passiert, wenn da zehn solche Panzer, oder wie viel's gewesen sind, durcheinanderpurzeln und gegen Felsen krachen und weiterpurzeln. Dazu die Bahnwaggons, die sind auch nicht auf den Gleisen geblieben, hat sich alles verkeilt und verkantet.

So haben wir ihn dann zu sehen gekriegt, diesen riesigen Schrotthaufen, als ich mit meiner kleinen Arbeitskompanie im Hüttengrund angetrappelt kam. Befehl ausgeführt, Towarisch Offizier. Und nun kann man mal raten, wen ich mir ausgeguckt hatte für die Knochenarbeit, die den Leuten bevorgestanden hat? Musste ja alles weggeschafft werden, damit die Strecke wieder befahren werden konnte. Neunzehn von den zwanzig hatt ich mehr oder weniger per Zufall gefunden. Manche hab ich gekannt vom Sehen, andre nicht, wie sie mir grad übern Weg gelaufen waren, hat ja schnell gehen sollen.

Aber einer war bei, da hab ich mir die Mühe gemacht und bin extra hingelatscht zu dem. Hatt ich noch 'ne Rechnung mit offen, paar Rechnungen, um's genau zu sagen. Die Rede ist vom Herrn Oberstabsarzt, diesem Halunken vom Gesundheitsamt. Oberstabsarzt war der nun nicht mehr, hatte seine Uniform schnell verschwinden lassen. Und Amtsarzt auch nicht. Na, der hat vielleicht geguckt, wie ich vor seiner Tür gestanden hab und er nun mir gehorchen musste. Freiwillig wär der nicht mitgekommen, aber gegen einen Polizisten hat er sich nicht auflehnen können.

Waren über zwei Monate im Einsatz, die Leute da im Hüttengrund. Ob der Oberstabsarzt so lange bei war, hab ich keine Kenntnis drüber. Sind noch mehr hingeschickt worden, nicht nur die paar Hanseln, ist Arbeit genug gewesen für Hunderte.

Der Russe, der ja nun das Sagen hatte auf der Seite von Deutschland, der hat getobt und geschrien, das wär Sabotage gewesen, der Zugführer und der Bahnhofsvorsteher und wer noch bei war, vier oder fünf Leute, die hätten das absichtlich gemacht. Waren alles Deutsche und bis auf einen früher Mitglied der Hitlerpartei. Haben sie direkt eingebuchtet, gleich nachdem's passiert war. Bei dem Unfall, ich nenn's mal so, weiß nicht, ob's wirklich Sabotage oder so was war, jedenfalls sind da auch Soldaten und Offiziere von der Roten Armee umgekommen, die mit aufm Zug drauf waren, achtzehn Mann oder so. Ich glaub, deswegen sind die so wütend gewesen. Und weil die ganzen Panzer nun nicht mehr zu gebrauchen waren. Ist nicht mal eine Woche vergangen, dann hat der Russe schon alles untersucht gehabt und auch gleich das Urteil gesprochen. Die Beschuldigten sollten an die Wand gestellt und erschossen werden. Sind sie auch, bis auf einen, glaub ich. Hat der Russe heimlich gemacht, die Abknallerei, aber die Familien von den Toten haben's erfahren, und so hat sich's dann rumgesprochen. Muss paar Monate später gewesen sein. War schon wieder alles anders in meinem Leben.

Prof. Dr. med. G. Jungmichel/Prof. Dr. W. Ewald: Vorläufiges ärztliches Gutachten, Göttingen, 21.5.1950 (Auszüge)

Seine [Pleils, d. A.] Vorstellungswelt wird ganz beherrscht von seiner Sexualität. Mit großem Genuss schildert er mündlich und schriftlich solche Erlebnisse jeder Art, mögen diese im Onanieren als Kind oder jetzt oder in der möglichst bildhaften Rekonstruktion der von ihm begangenen Sexualmorde bestehen. Dabei betont er stets das für ihn bestehende Recht zum Töten der Frauen, da diese zu zahlreich in Deutschland wären und doch nichts taugten ...

Mit beredten Worten schildert er mündlich und schriftlich den Vorfall mit dem Zivilrussen in Zöblitz etwa Mai 1945, bei dem er zum ersten Mal unfreiwilligen Samenerguss hatte, als er den durch den Schuss aus einer Bauchwunde blutenden und stöhnenden Verletzten mit dessen Hemd verbunden habe. Mit Nachdruck betont er immer wieder, dass damals die Fixierung seiner Sexualität in Richtung der sadistischen Lustgewinnung durch Blutsehen und Quälen sich vollzog, von der er nicht mehr loskam, bis dieselbe schließlich in seinen zahlreichen Tötungen gipfelte.

Im Übrigen ist er ein Triebmensch primitivsten Kalibers. Nur Essen, Rauchen und Alkohol haben bei ihm Geltung. Werden seine Bitten um besseres und vermehrtes Essen, Rauchen (oder Alkohol) im Gefängnis nicht erfüllt, wird er ebenso renitent, wie wenn seinen ständig vorgebrachten Forderungen auf Unterbringung in einem Erholungsheim wegen seiner Ohren-, Augen- und Kreuzschmerzen nicht nachgekommen wird. Natürlich weiß er ganz genau, dass eine solche Unterbringung in seiner Lage unmöglich erfüllt werden kann, aber es ist ihm Anlass zum Protest, und er will eben mal sehen, wie weit er damit kommt, wie er überhaupt gern seine Auskünfte und Geständnisse an die Erfüllung solcher primitiven Triebwünsche knüpft. So bricht er auch abrupt eine Unterhaltung mit dem Arzt ab, wenn die Geräusche beim Essenausteilen im Gefängnis an sein Ohr dringen. Er verlässt grußlos den Raum mit den Worten: »So, nun wird erst gegessen.«

16

Ach, wenn ich nur wüsste, ob es nun einen Gott gibt. Wer kann mir das sagen? Der Priester, ja, der sagt, es gibt einen Gott, aber kann ich diesem Heini trauen? Wenn's keinen Gott geben würde und alle wüssten das, dann würd's auch keine Priester geben. Die müssen das also sagen.

Lieber Gott, wenn es dich gibt und wenn du noch was übrighast für mich, dann sag mir, was ich machen soll. Gib mir ein Zeichen, erlös mich von meinen Zweifeln. Bin von allen verlassen, werd von jedem als Verbrecher angesehen. Einen Menschen, der's gut mit mir meint, den hab ich nicht. Bin doch kein Verbrecher. Hab tun müssen, was ich getan hab. Die zweite Stimme, die hat's mir gesagt. Ist die zweite Stimme denn vielleicht Gott? Glaub ich auf einmal an Gott? Was geht in mir vor? Bin ratlos. So viel hab ich schon erlebt, bittere Not mitgemacht, den Krieg und noch die toten Weiber, nee, da ist keine Reue in mir. Wenn die Weiber sich freiwillig zu hergegeben hätten, so hätt ich keine Gewalt anwenden brauchen. Die Gedanken dran, die machen mir nichts aus, bin ich ehrlich.

Doch was ist es dann, was mich nicht schlafen lässt? Liege wach, bestimmt zwei Stunden schon. Na, jetzt hab ich mich aufn Arsch gesetzt, kann man sonst nicht schreiben, wird nur Krakelei, hat Vater immer gesagt, wie ich noch zur Schule bin.

Finsternis vorm Fenster und Stille aufm Gang, ist tiefe Nacht. Kommt's davon, weil ich alles noch mal erlebe durchs Niederschreiben? Aber kann das sein? Vieles von hab ich schon paarmal aufgeschrieben, wieder und wieder, für den

Kommissar was und für die Doktoren, der in Königslutter war der Erste, der hat mich zu angestiftet. Ist mir immer noch was eingefallen, was erst falsch war oder was gefehlt hat, eine Kleinigkeit hier, eine Kleinigkeit da. Und nun versuch ich wieder, alles zusammenzusetzen, wie's seinerzeit gewesen ist. Hab schon so viel hingekritzelt die letzten Wochen. Weil Walter doch gesagt hat, ist wie bei der Beichte, danach kommt man ins Reine mit sich. Spür ich aber nischt von. Und wenn's doch so kommt, was dann? Werd ich dann wissen, was ich tun soll, ob's richtig ist, was ich vorhab? Mal denk ich ja, mal denk ich nein. Und manchmal, wie grad im Moment, da weiß ich nicht, was ich denken soll.

Glaub nicht, dass ich heut groß was niederschreiben kann. Wo solche Gedanken da sind. Bin ich ganz durcheinander.

Hat schon öfters geholfen, wenn ich mir dann Fragen gestellt hab. Als wären zwei Leute drin in der Bucht, ich und noch einer, und ich würd mit dem reden, mit dem andren, dabei red ich nur mit mir selber. Vielleicht hab ich drüber schon was berichtet. Ich fang mal mit 'nem Beispiel an, kann man sich's besser vorstellen. Denk mir dann noch mehr aus, was mir eben in den Sinn kommt.

Also, hier die Frage: Tut es mir leid, dass ich so viele Weiber totgemacht hab?

Und die Antwort: Nee, tut mir nicht leid. Im Krieg sind viel mehr Leute gestorben, fragt heut keiner nach. Hab die Weiber außerdem nur betäubt, gestorben sind die von selber.

Nächste Frage: Bin ich krank?

Antwort: Ja, die Augen, die tun mir weh von der ganzen Schreiberei, und der Kopp. Und das Kreuz, werd wohl alt. War aber auch vorher so, als ich nicht jeden Tag aufm Papier rumgekritzelt hab. Früher, wie ich die ersten Jahre in der

Bucht drin war, da haben die mir paarmal versprochen, dass ich in ein Erholungsheim komme, wegen der ganzen Beschwerden, die ich hab. Fritze, was der Kommissar ist, Fritz Fulst, der hat das auch gesagt. Hat gesagt, er hätt mit dem Staatsanwalt gesprochen und der hätt's angeordnet. Hab ich mich erkenntlich gezeigt und vor lauter Dankbarkeit noch 'nen Fall geschildert von einem Weib. Hätt ich nicht machen müssen. Aber, scheiße, war nur geschwindelt von dem. Hab nie ein Erholungsheim zu sehen gekriegt die ganzen Jahre.

Frage: Bin ich verrückt?

Antwort: Nee, bin ich nicht. Das denken nur die, die mich nicht richtig kennen. Auch die Doktoren, die kennen mich nicht, denken's aber. Wenn die mich kennen würden, dann würden die nämlich sagen, das ist ein guter Junge. Aber so vergleichen sie mich mit einem, der kein Herz hat. So 'n Blödsinn, kann man nicht leben, ohne Herz. Oder die stellen mich gleich mit andren, die auch Leute totgemacht haben.

Frage: Wie Haarmann, ist doch von dem die Rede, kenn ich den?

Antwort: Persönlich nicht, aber das Lied von dem ist mir bekannt. Hab ich mein eignes draus gemacht: Warte, warte nur ein Weilchen, bald kommt Rudolf Pleil auch zu dir, mit der schweren Eisenstange, schlägt er dir den Schädel ein. Jawoll, dieses Lied wird man später mal von mir singen. Aber erst wenn ich tot bin.

Frage: Der hat doch mehr totgemacht als ich?

Antwort: Ja, das ist so 'n Gerücht, hab ich von gehört. Der Doktor in Königslutter, der hat das mal behauptet. Tja, stimmt's oder stimmt's nicht? Ich sag, ich bin Deutschlands bester Totmacher. Wird man schon noch verstehen.

Frage: Hab ich Hass auf die Weiber?

Antwort: Ach, hier kriegt man ja keine zu sehen. Würd gern mal wieder welche sehen. Früher hab ich Hass gehabt auf die Biester. Weil die immer Spektakel gemacht haben. Jetzt hab ich auch welchen. Ohne die wär alles nicht so gekommen. Sollen die mal ein Weib herschicken, würd man schon sehen, was passiert. Sonst kommt's noch zu, dass ich beim Duschen ganz verrückt werde. Weil's schneller gehen soll, schicken die Wachtmeister immer zwei Mann unter eine Brause. Und wenn der andre nun seinen Arsch gegen mich drückt, also da kann ich bald für nischt mehr garantieren.

Frage: Bin ich ein berühmter Mann?

Antwort: Wenn die bei der Polizei mal auf mich gehört hätten, würde mich jetzt jeder kennen in Deutschland. Hab denen gesagt, die sollen für sorgen, dass in alle Zeitungen mein Bild reinkommt. Dann hätten sich noch mehr Weiber gemeldet, die ich bearbeitet hab. Bin aber auch so ganz zufrieden mit meiner Berühmtheit. Gibt nun mal keinen, der mir gleichkommt. Gibt viele, die sagen, sie hätten schon viele Weiber gehabt. Ist alles bloß Angeberei. Aber bei mir nicht, ich hab's bewiesen.

Frage: Krieg ich noch diese Anfälle?

Antwort: Nur wenn ich mich aufreg, da kann's vorkommen. Alle paar Wochen. Ist schon 'ne Weile her, der letzte.

Frage: Hab ich noch Lust zu leben?

Antwort: Na ja, seit einigen Monaten ist es so, dass ich des Öfteren mal meine Stunden hab, wo ich lieber sterben möchte. Fühl mich nicht schuldig. Die Gesetze vom Staat sind nicht richtig. Einen macht es berühmt, wenn er viele totmacht, und er kommt frei. Und den andren sperrt man ein fürs selbe. In Wirklichkeit hab ich die Weiber nicht totmachen wollen, sondern nur bewegungsunfähig, dass sie nicht meutern und weglaufen. Wenn sie nicht wieder aufstehen, ist nicht meine Schuld, und ist ja auch kein Schaden. Auf jeden Fall hab ich eine schöne Zeit erlebt, wie ich die alle so bearbeitet hab. Deswegen hätt ich's schon hingenommen, wenn man mich paar Jahre einsperrt für. Aber lebenslänglich, nee, das ist nicht in Ordnung, das mach ich nicht mit.

So mein ich das mit den Fragen, wenn man sich selber welche stellt.

Aber jetzt will ich nicht mehr.

Walter hat nun seinen Termin gekriegt, wann sie ihn rauslassen. Näheres will er mir beim Hofgang sagen. Vielleicht find ich deswegen keine Ruhe.

Kann sein, dass ich später doch noch was schreibe, mal sehen.

Dr. med. F. Barnstorf: Der Fall Pleil, in: *Der Spiegel,* 8.11.50 (Auszug)

Er [der Fall Pleil, d. A.] ist nach meiner Meinung einzigartig durch den Umstand, dass nur seine eigenen Geständnisse die Aufklärung seiner Mordtaten möglich gemacht haben, die ohne den eigenartigen Zwangsmechanismus seiner freiwilligen, sexual-perversen Offenbarungen genauso in den Akten der Kriminalpolizei und Staatsanwaltschaften verstaubt wären, wie die zahlreichen anderen »Leichensachen«, die noch der Lösung harren … Er ist einzigartig durch die Fülle der vom Verbrecher selbst stammenden schriftlichen Selbstentblößungen, die so tief in das Wachsen einer geschlechtlichen Perversität blicken lassen wie selten bei einem sadistischen Kriminellen.

Dr. med. F. Barnstorf: Fachärztliches Gutachten, Landes-Heil- und Pflegeanstalt Königslutter, 27.4.1950 (Auszüge)

Die schriftlichen Selbstgespräche [Pleils, d. A.] sieht der Gutachter als sexuelle Ersatzhandlungen. In seinem Schreiben offenbart sich aber auch seine ungeheure Geltungssüchtigkeit, die er mit anderen schreibenden Verbrechern gemein hat. Es gehört fast zum sadistischen Massenverbrecher, dass er von sich reden machen und oft durch anonyme Briefe der Popularität nachhelfen will.

Kürten [Peter K., 1883 bis 1931, wurde als »Vampir von Düsseldorf« bekannt, d. A.] hat sich neben den 10 nachgewiesenen zusätzlich dreier anderer bezichtigt, die erfunden waren. Ihm gefiel der Gedanke, möglichst viele Taten begangen zu haben …

Auch Haarmann [Fritz H., 1879 bis 1924, verurteilt wegen 24 Morden an Jungen und jungen Männern, d. A.] wollte von den Medien als größter Totmacher angesehen werden. Zu seinem Gutachter sagte Haarmann: »Ich bin doch nun ein berühmter Mann. Wenn ich nicht so viele umgebracht hätte, wäre ich doch nicht berühmt.« Er stellte sich eine Kinoaufnahme bei der Verhandlung vor, wollte einen Roman vom Gutachter über sich schreiben lassen und glaubte, dass auch nach 1000 Jahren noch von ihm gesprochen werde.

Prof. Dr. med. G. Jungmichel/Prof. Dr. W. Ewald: Vorläufiges ärztliches Gutachten, Göttingen, 21.5.1950 (Auszug)

Pleil hat während der hiesigen Beobachtungszeit [23.6. bis 27.8.49 und 19.4. bis 15.5.50 im Landgerichtsgefängnis Göttingen, d. A.] in zahlreichen Briefen an die Unterzeichner und in drei Heften unter der Titelführung »Mein Kampf« sich zu verschiedenen Vorkommnissen auf unsere Aufforderung hin geäußert. Die Originalhefte haben wir mit einer Maschinenabschrift zu den Akten gereicht. Es sei auf dieselben verwiesen, wobei wir besonders auf die schriftliche Fixierung der bei ihm festzustellenden Absencen in Form von plötzlichem Aussetzen der Schrift und kurzen kritzeligen Einfügungen aufmerksam machen, ferner auf seine aufschlussreichen Ausführungen über die Entstehung seiner sexuellen Abnormität. Aus einer weiteren eigenhändig niedergeschriebenen Schilderung von etwa 80 Seiten bezüglich der Beteiligung des Mitbeschuldigten Hoffmann, die Pleil im April/Mai 1950 im Anschluss an seine Tatortvorführung in Hof im Göttinger Gerichtsgefängnis verfasst hat, hat er uns Absätze vorgelesen. Pleil ist bereit, diese Aufzeichnungen seinem »Freund Fritz Fulst« zu übergeben.

17

Bin jetzt im Sommer fünfundvierzig, der erste nach dem Krieg. Waren erleichtert und froh, die Leute, aber keiner hat so recht gewusst, was nun wird. Bei der Polizei in Zöblitz haben sie mich bald nicht mehr gebraucht. Hab ich die in Marienberg gefragt, ob sie nicht an einem fleißigen Mann interessiert wären, der aufpasst, dass Recht und Ordnung herrschen in der Stadt. Paar Tage hab ich mitmachen dürfen bei denen, die rote Binde am Arm, dann ist einer von den Vorgesetzten gekommen und hat gesagt, sie hätten Kenntnis erhalten von meiner Krankheit, da sei ich wohl nun doch nicht geeignet für diesen Beruf. Haben die mich auch nicht mehr haben wollen.

Irgendwann in der Zeit danach muss sich der Vorfall mit dem ungelösten Rätsel ereignet haben. Ob ich nun einen Kerl totgemacht hab, den Kaufmann, oder ob's nicht doch zwei gewesen sind. War an dem Tag losmarschiert, um nach Hasen Ausschau zu halten und welche abzuschießen, damit wir was zu fressen aufn Tisch kriegen. Hab zu dem Zweck einen Karabiner beigehabt. Hatt ich im Waldlager für meinen Bedarf sichergestellt, das gute Stück, als da das große Weglaufen ausgebrochen war. Wie ich nun eine Weile unterwegs war, ist dieser Kerl aufgetaucht, auf einem Weg zwischen zwei Waldstücken, nicht weit von Zöblitz. Hat eine Kanne mit sich rumgeschleppt, so eine große, wo man normal Milch reinmacht. Ist aber keine Milch drin gewesen, sondern Schnaps. Hätt er mir mal nicht verraten sollen. Sind ein Stück friedlich nebeneinanderher getippelt wie zwei Brüder und haben über dies und das gesabbelt. War mehr der, der gesabbelt hat. Hab die ganze Zeit an den Schnaps denken müssen. Ist wie ein Geschwür im Kopp drin gewesen. Schritt. Schnaps. Schritt. Schnaps. Schritt. Schnaps. So ist die Entscheidung in mir gereift, dem Kerl die Kanne abzunehmen. Hab den Schnaps für mich alleine haben wollen. Freiwillig wird er den nicht rausrücken, hab ich gedacht. Würd man selber auch nicht tun. Also hab ich mich bisschen zurückfallen lassen, ein, zwei Schritte nur. Hab getan, als hätt ich einen Vogel entdeckt oder so. Und wie er dann vor mir gewesen ist, der Kerl, hab ich den Karabiner am Lauf gegriffen und ihm mit dem Kolben den Scheitel gezogen. Hat er sich hingekniet, ist aber gleich wieder hochgekommen, muss ich wohl zu zaghaft gewesen sein. Na ja, ist noch kein Meister vom Himmel gefallen. Wenigstens hatte er die Kanne losgelassen, die stand nun aufm Boden. Hat sie auch nicht wieder angepackt, ist ohne seinen Schnaps weggelaufen. Wär ich anders gewesen. Paar Meter war er weg, da hab ich ihm einen Schuss hinterhergeschickt, der normal für einen Hasen reserviert war.

Und jetzt kommt der Punkt, weswegen ich nicht beweisen kann, ob der Fall mit auf meine Liste draufgehört. Ein Stück ist der Kerl noch weitergelaufen nach dem Schuss, runter vom Weg in den Wald rein, aber da ist er dann umgefallen, gestolpert oder gestorben, keine Ahnung. Hab mir direkt die Kanne gegriffen und ab ging's durch die Botanik, war ich weg. Paar Wochen später sind Pilzsammler an der Stelle im Wald über einen Toten gestolpert. Kann Zufall gewesen sein, aber wär das möglich? War halb verwest, die Leiche, geht im Sommer ruck, zuck. Wegen der Wärme. Und wegen der ganzen Viecher, die sofort angekrabbelt und angeflogen kommen. Als würden die den lieben langen Tag nichts andres machen, als auf so ein Festmahl zu warten. War alles weggefressen, die Augen und die Lippen und so. Hat man nicht mehr rausfinden können, wer der Tote mal gewesen ist, nur dass es sich um einen Mann gehandelt hat. Aus einem der Orte rund drum wird er kaum gestammt haben, sonst hätt ihn wer vermisst. Bin sogar mit hin aufn Friedhof, wie sie die Holzkiste mit den Resten verbuddelt haben. Ich glaub schon, dass es mein flüchtiger Bekannter mit dem Schnaps war. Ist ja nicht ständig einer abgemurkst worden, wo der Krieg nun vorbei war. Aber sicher kann ich's eben nicht sagen.

Tja, und kurz drauf war dann der Tag, wo meine Alte nun ihren Willen gekriegt hat. Da fällt mir ein, den Rest von dem Schnaps aus der Milchkanne, den haben wir bei der Feier gesoffen.

Hatt ich mich also breitschlagen lassen und bin hin zum Standesamt mit ihr. Ist sie die Frau Pleil geworden. War bisschen komisch, dass die nun den gleichen Namen hatte. Dabei hat Maria mich noch gewarnt gehabt, ich soll die nicht ehelichen. Wo sie doch drei Jahre älter ist und überhaupt, sie hätt Erkundigungen eingeholt über die Gretl, und es wär keine gute Auskunft gewesen. War wohl schon mit vielen Kerlen ins Bett gestiegen. Hab ich mir denken können. Und was muss ja gewesen sein, sonst wär der Vater von ihrem ersten Balg nicht geflüchtet. Auf und davon hat der sich gemacht, was von den Leuten zu hören war. Maria hat auch gesagt, ich wär noch jung und dass ich erst mal das Leben genießen soll nach der schlimmen Zeit des Krieges. So hab ich noch mal mit Gretl gesprochen, wollt ihr Adieu sagen, hab's mir fest vorgenommen gehabt. Aber dieses verfluchte Weib, immer mit dem Kopp durch die Wand. Und wenn man nicht gewollt hat, was die sich ausgedacht hatte, dann hat's gleich Tränen gegeben, und gewimmert hat sie und gebarmt, dass man's als Mann nicht hat aushalten können.

Heut würd ich die nicht mehr heiraten, würd überhaupt nicht heiraten, findet sich auf der ganzen Erde keine, die's wert wär. Die Peitsche würd ich nehmen und alle zum Teufel jagen. Sieht man ja, was ich da für 'nen Fang gemacht hab. Kaum biste weg, schon lutscht das Luder am nächsten Schwanz rum. Und wenn das Balg vom andren noch danebensteht, das hätt die auch nicht abgehalten. So eine ist das nämlich.

Aber bei den Terminen die züchtige Madame spielen. Da hat sie nischt erzählt von ihrer Gierigkeit. Wie sie immer angekommen ist und mir Honig ums Maul geschmiert hat, weil sie mich zu bringen wollte, rumzulecken bei ihr da unten. Nur als Beispiel, soll keiner den Gedanken kriegen, ich hätt's erfunden, weil sie's bei den Terminen verschwiegen hat. Ist die Wahrheit, war sie ganz versessen drauf. Ist aber nicht mein Geschmack gewesen. Na ja, paarmal hab ich ihr den Gefallen getan, dann hab ich mal reingebissen ins weiche Fleisch, was da rumgeflattert ist. Hat sie auf einmal genug von gehabt, ist sie nicht wieder zu sprechen gekommen auf das Thema.

Wie das mit dem Iwan passiert war, danach hab ich gedacht, musste doch mal versuchen, ob das auch bei deiner Alten funktioniert. Hab ich sie gezwickt und gekratzt und schön an der Fotze und den Titten bearbeitet, bisschen rumgezuppelt und geknetet und so. Oh, war das eine Freude, ist das Experiment doch tatsächlich gelungen. Aber meine Alte, dieses Weibsstück, gemeutert hat die, ich soll nicht so grob sein. Hat mir ganz den Spaß dran verdorben. Versteh mal einer die Weiber, müssen immer auf Protest aus sein. Von wegen grob, hab's nur so gemacht, wie ich's gebraucht hab. Ist mir schön einer bei abgegangen, und lange gedauert hat's auch nicht. Nicht wie's sonst war, wenn ich's nach ihren Bestimmungen gemacht hab und nischt bei passiert ist, außer vielleicht bei ihr, hab bloß ich nichts von gehabt. Wo kommt man denn da hin? Die Weiber sind glücklich, und wir gucken in die Röhre.

Hab ich mir was ausdenken müssen, dass ich nicht jedes Mal die Meuterei zu hören krieg. Wie's der Zufall gewollt hat, hat sich zu der Zeit grad eine Großhandelsfirma niedergelassen in Zöblitz. Haben sie Leute für gesucht. Die Handelei, das war nun ganz mein Metier, mit der Erfahrung, die ich gesammelt hab seit Kindertagen. Bin ich als Einkäufer eingestellt worden. Den Monat hat's zweihundertfünfzig Reichsmark gegeben. Am Anfang hab ich den Auftrag gehabt, Holz- und Spielwaren einzukaufen, verschiedene Sachen ausm Erzgebirge. Haben wir andernorts gegen Lebensmittel eingetauscht. War überhaupt das große Tauschgeschäft an der Tagesordnung. Die einen hatten das, die andren das, und wir waren die dazwischen. Bin ich gut rumgekommen bei, und ist noch mehr geworden. War bald nur am Wochenende zu Hause, die andre Zeit bin ich durch die Weltgeschichte gekutscht.

Hab die Familie aber gut versorgt, wie sich's gehört als Ehemann und Vater, war immer ausreichend da zum Futtern, nee, Hunger hat's nicht gegeben bei der Familie Pleil, nicht wie früher. Nur was das Kochen anbetraf, da hat meine Alte kein Talent für gehabt. Was die aufn Tisch gebracht hat, ist man manchmal nicht schlau draus geworden, ob's Fisch war oder Fleisch oder 'ne ausgekochte Schuhsohle. Hätt's bei Vater nicht geben dürfen, auf die Barrikaden gegangen wär der.

Nach einer Weile hab ich fast nur Lebensmittel gemacht, bisschen Textilwaren noch nebenher. Lebens- und Genussmittel, um's richtig zu sagen. War auch Schnaps bei. Und noch mal bisschen später, wie das Jahr aufs Ende zugegangen ist, bin ich dann der Spezialist gewesen für Schnaps. An die zehn Schnapsfabriken hab ich an der Hand gehabt, alle in der russischen Zone. Saß ich wieder an der Quelle, kann man sagen. Hab's so angestellt, dass immer paar Pullen für mich abgefallen sind. Und da komm ich kurz auf meine Alte zurück, von wegen Meuterei und so. Die hat nämlich auch gern einen geschnasselt, wenn ich ihr die Möglichkeit zu geboten hab. Musste bloß eine Pulle aufn Tisch kommen, standen sofort zwei Gläser da, Hokuspokus, als wären die wie von Zauberhand dahin gewandert. Damit ich mir ja nicht alleine einen hinter die Binde gekippt hab. Und so ist mir die Idee zugeflogen, sie erst mal paar Schlückchen runterschlürfen zu lassen, eh ich mich drangemacht hab, das Miststück zu bearbeiten. Und, welch Wunder, da hat sie nicht mehr gemeutert.

Die Sache war nur die: Ist mit der Zeit ganz schön teuer geworden. Hat ordentlich was vertragen, das Weibsbild. Einmal, da hab ich sie nach Leipzig mitgenommen, auf Geschäftsreise. Sind wir über Nacht geblieben, waren die Bälger nicht bei, hat sich Schwiegermutter drum gekümmert. Wollten's uns schön machen im Hotel. Hab mir gedacht, ist 'ne gute Gelegenheit, aber was soll ich sagen? Sechsundzwanzig Schnäpse waren's, die sie weggesoffen hat, ich lüg nicht, sechsundzwanzig, vorher bin ich nicht zum Zuge gekommen bei der. Wär ich arm von geworden wie 'ne Kirchenmaus, hätt ich das immer machen müssen. Nee, da hat 'ne andre Lösung hergemusst.

Wird Zeit, wieder was über Karl zu berichten. Wie's angefangen hat mit unsrer Kameradschaft. Ich nenn's mal so, hab damals ja geglaubt, dass er ein guter Kamerad ist. Karl war auch bei der Großhandelsfirma beschäftigt, in derselben Abteilung, so haben wir uns kennengelernt. Sind paarmal zusammengesteckt worden, sollten gemeinsam Einkäufe tätigen. Anfangs nur in der näheren Umgebung, dann auch Stückchen weiter weg. War meistens so, dass die Firma einen Leih-Lkw samt Fahrer gestellt hat, der uns von A nach B chauffiert hat, und nach C und D, wo's grad hingehen musste. Einmal zum Beispiel sind wir in die Region Halle/Leipzig gefahren.

Hatten Spielsachen geladen. Die sollten wir bei verschiedenen Fabriken, oder bei andren Händlern, eintauschen gegen Lebensmittel und Haushaltswaren. In dem Fall sind zwanzig Sack Soda draus geworden, vierzig oder fünfzig Eimer Marmelade, paar Fässer Sauerkraut, Schuhcreme und Bohnerwachs. Senf hätten wir auch mitbringen sollen, sind extra paar Umwege gefahren für, war aber nirgends welcher aufzutreiben. Nur damit man sich vorstellen kann, wie wir die Tage rumgebracht haben als Einkäufer. Mal hat so eine Reise einen Tag gedauert, mal sind wir die halbe Woche rumgekutscht, bis wir alles zusammenhatten. Oder wir sind mit der Bahn unterwegs gewesen, weil nicht groß was zu transportieren war. Man musste solche Geschäfte ja auch erst mal einrühren, Leute treffen und gut Wetter machen bei denen, die ganze Tippeltappeltour.

Haben wir irgendwo übernachten müssen, hat's abends einen Schlaftrunk gegeben. Konnte leicht eine Flasche bei leer werden. Schnaps wohlgemerkt. Und wenn ich einen Kleinen in der Krone hab, oder auch einen Größeren, dann erzähl ich eben viel. Hat sich der Doktor bei dem Alkoholtest selber von überzeugen können, wie ich nach paar Schlucken angefangen hab, alle möglichen Sachen auszuplaudern. Und so hab ich Karl eines Abends mal erzählt, dass ich am Ficken nicht allzu viel Interesse hab, sondern mehr drauf geeicht bin, die Weiber zu bearbeiten. Nach der Pleil'schen Methode, so nenn ich die jetzt. Warum bin ich da nicht schon früher draufgekommen? Noch was, wodrüber die Leute später mal staunen können, wenn's mich nicht mehr gibt, die Pleil'sche Methode. Wär sogar was fürs Lexikon, für so ein großes, wo's paar Bände von gibt. Hab mir mal so eins herbringen lassen vom Bücher-Kalfaktor, Meyers oder was da draufgestanden hat. Ist, glaub ich, Band 6 gewesen. Hab gesagt, dass ich was bei E nachschlagen will, Elektromotor oder so. Hab ich geschwindelt, war ein andres Wort, das ich gesucht hab. Aber das muss noch geheim bleiben. Vielleicht verrat ich's später. Ist aber kein Versprechen.

Wär gut, wenn ich sagen könnte, der Abend mit Karl, wo ich ihm was von der Pleil'schen Methode erzählt hab, der hat dann und dann stattgefunden. Wird Walter wissen wollen. Muss ich aber um Entschuldigung bitten. Die Erinnerung an die Zeit ist ziemlich durcheinander in meinem Kopp. Ständig ist man rumgereist, hat mal da gepennt und mal da, dazu die Sauferei, war ja immer Schnaps zur Verfügung, wie kann man da den Überblick behalten. Was gewesen ist, das weiß ich noch, aber die Reihenfolge, ob erst das war und dann das oder ob's umgekehrt passiert ist, da tu ich mich schwer mit. Muss also die Information ausreichen, dass es diesen Abend gegeben hat. Und dass Karl gleich mit einem Ratschlag zur Stelle gewesen ist, eben wie ein Freund. Du musst das Weib einfach umhauen, hat er gesagt, dann wird's schon stillhalten. Wenn ich ehrlich bin, war mir der Gedanke auch schon gekommen, hab ihn aber immer verdrängt. Ist also eine Idee von uns beiden gewesen, kann man sagen. Haben an dem Abend auch gleich noch drüber nachgegrübelt, wie man's am besten anstellen könnte und wo ein geeigneter Ort für wär.

Karl hat damals in Ansprung gewohnt, ist ein Nachbarort von Zöblitz, hat man zu Fuß vielleicht eine halbe Stunde hin gebraucht. Da wir auf Reisen gut klargekommen sind miteinander, haben wir uns auch privat getroffen. Nun nicht jeden Tag, aber mal zum Geburtstag, und dann und wann ist er zum Mittagessen bei uns vorbeigekommen, vor allem zu der Zeit, als er noch kein Weib an der Hacke hatte. Oder wir sind uns begegnet, wenn er am Wochenende in Zöblitz aufgetaucht ist, um sich ein Fußballspiel anzugucken. Hat er oft gemacht.

Wo ich das jetzt so aufschreibe und mich dran erinnere,

doch, wir waren Kumpel. Ich hab ihm vertraut. Sonst wär ich später nicht mit ihm mitgegangen. Dass ein Mensch einen so verarschen kann, über die lange Zeit, komm ich nicht drüber weg.

Vier Monate waren's ungefähr, die wir im Dienste der Großhandelsfirma unterwegs gewesen sind, aber nicht immer zusammen. Dann hat's eines Tages plötzlich geheißen, die wollen mich nicht mehr. Wieder welche, hab ich langsam schlechte Gedanken von gekriegt. Als Einkäufer, da müsse man über eine höhere Schulbildung verfügen und sich mit Handelsrecht und solchen Sachen auskennen. Fünf Klassen wären halt nicht genug für. So hat die Begründung gelautet von denen. Und von Verträgen haben die was gesagt, wo ich meinen Wilhelm druntergesetzt hatte für die Firma, dass da Fehler drin gewesen wären und so. Als würd nicht jeder Fehler machen. Na, den hätten sie mir mal vorführen sollen, der alles richtig gemacht hat.

Haben mir angeboten, dass ich weiter rumreise für die und Geschäfte vermittle, nur eben auf Provision. Aber dann konnt ich auch gleich mein eigner Herr sein. Die Quellen hab ich ja noch gehabt überall. Und so hab ich manches Geschäft ausgebrütet. Einmal, da hab ich hundert Flaschen Schnaps bestellt bei einer Fabrik in Leipzig, die Flasche für vierzig Mark. Waren immer noch Reichsmark. Dann hab ich mich über Kontaktleute mit einem Schwarzhändler in Berlin in Verbindung gesetzt, der hat mir für die Flasche hundert Mark zugesagt. Hab ich also sechstausend Mark Gewinn in Aussicht gehabt, auf einen Schlag. Und nicht eine Flasche von hab ich selber in die Hand nehmen brauchen. Und Penunzen hab ich vorher auch keine auftreiben müssen. Als hätt ich zaubern können. War aber keine Zauberei, war nur ein schlauer Plan. Der Schwarzhändler hat sich ein Auto gemietet und ist nach Leipzig gerauscht gekommen. Hatten uns am

Bahnhof verabredet. Bin mit reingekrabbelt ins Auto, und so sind wir bei der Schnapsbude vorgefahren. Dort hab ich meinen Kopp reingehalten ins Büro, damit die Bescheid gewusst haben, dass wir die bestellte Lieferung abholen. Der Schwarzhändler ist brav im Auto sitzen geblieben und hat schon mal das Geld bereitgelegt. Paar Schnapsarbeiter haben dann die Kisten ins Auto geschleppt. Bin ich kurz raus, hab das Geld geschnappt und bin wieder rein, um die Rechnung zu begleichen. Meinen Anteil, die sechstausend, hab ich vorher natürlich verschwinden lassen. Und das war's auch schon gewesen. Der Schwarzhändler hat sich sofort ausm Staub gemacht. Und ich, der alles so schlau eingefädelt hatte, ich bin gemütlich vom Hof geschlendert, hab unterm Mantel die dicke Brieftasche gespürt und in die Sonne gegrinst wie ein Honigkuchenpferd. An solchen Tagen scheint immer die Sonne, und wenn's nur in der Erinnerung so ist.

Paarmal sind solche Geschäfte gut gegangen, dann müssen die bei der Firma in Zöblitz spitzgekriegt haben, dass ich die alten Quellen abschöpfe. Waren sie nicht einverstanden mit. Und so hab ich's nun öfters erlebt, dass ich zu einer Fabrik hingekommen bin und die mir aufn Kopp zugesagt haben, dass es nichts mehr gibt. War ich angeschmiert. Hat sich ein Pleil aber nicht von unterkriegen lassen. Hat noch genug Buden gegeben, wo ich mir was holen konnte. Hier mal zehn Flaschen, da mal zehn. Die Flasche wie gehabt für vierzig Mark. Bin ich über die Grenze mit, nach Hamburg hoch, und hab sie an der Reeperbahn für dreihundert verkloppt. Die Flasche. Und aufm Rückweg hab ich Heringe mitgenommen, die hat's woanders nicht gegeben. Manchmal bin ich zurück zu der Schnapsfabrik, hab denen welche gebracht, und dafür ist dann wieder die eine oder andre Flasche in meine Tasche gewandert. So hab ich immer was gehabt zum Zwitschern.

Hätt ein schönes Leben sein können, wenn bloß meine

Alte nicht ständig gemeutert hätt. Hat der nicht gepasst, dass ich's mir hab gut gehen lassen mit dem Schnaps. Aber ich glaub, die hat deshalb so gemeutert, weil ich sie nicht mehr richtig gefickt hab. Seit der Sache mit dem Iwan ist sie nur noch in den Genuss meiner Hände gekommen, wie ich's beschrieben hab, die Pleil'sche Methode. Meinen Schwanz hab ich nicht mehr reingesteckt bei dem Luder. Ganz selten vielleicht mal. Ist aber nischt von in Erinnerung geblieben.

Hab überhaupt zugesehen, dass mich die Alte nicht oft beim Wickel gekriegt hat. Das Kindergeschrei da immer in der Bude, hat man nicht ertragen können. Und erst nachts. Wenn da eins angefangen hat, hab ich meine Sachen geschnappt und bin draußen durch die Gegend gelatscht. Oder wenn's geregnet hat, dann hab ich mich in die Küche verzogen und da auf die Couch gelegt und versucht zu pennen. Aber meine Alte, so bekloppt, wie die ist, die hatte den Bälgern angewöhnt, dass sie in der Nacht was zu fressen kriegen. Punkt zwei Uhr sind die wach gewesen und haben ihre Schnäbel aufgerissen, jede Nacht. Und wenn ich Krach geschlagen hab deswegen, hat sie gleich zu flennen angefangen, dass man nur noch dran gedacht hat, die Flucht zu ergreifen. Oder ich hab den Bälgern mal den Arsch versohlt, weil die nicht aufhören wollten mit der Plärrerei. Na, das hab ich nun wieder auch nicht tun sollen, hat die Alte gegen protestiert. Hat immer protestiert und am meisten, wenn ich eine Pulle an den Hals gesetzt hab. Aber dass es zugegangen ist wie im Zirkus in der Bude, da hat sie nicht gegen protestiert, nee, den Zirkusdirektor hat sie gespielt.

War das Beste, ich bin gleich wieder auf Reisen gegangen und hab nichts mitgekriegt von dem ganzen Theater. Hat mich nun öfters nach Leipzig verschlagen. Ist mein Hauptquartier geworden für die Geschäfte. Hat paar Schnapsbuden gegeben dort, die noch was rausgerückt haben. Außerdem war gut Handel zu treiben in der Stadt, auch von der Art, die ich meine, grad von der Art.

Und wegen Mutter und Vater, die waren in der Zwischenzeit hingezogen. Nicht direkt nach Leipzig, nach Deutzen, da war Vater in der Kohlegrube gewesen im Krieg. Ist dreißig Kilometer weg oder so. Hat's eine Zugverbindung hin gegeben, konnt man am Hauptbahnhof einsteigen und da wieder rausklettern. Soll aber keiner denken, es wär die große Sehnsucht gewesen, die mich zu meinem alten Herrn und dem Mütterlein hingetrieben hätt. War mehr was Praktisches, wenn ich ehrlich bin. Hab bei denen pennen können, ohne dass mir was in Rechnung gestellt wurde. Und was zu futtern gekriegt hab ich auch.

Sind aber nicht alle Gründe, warum Leipzig. Einer fehlt noch. Die Weiber. Meine Alte hat immer gedacht, ich wär wegen der Handelei unterwegs. In Wirklichkeit bin ich öfters nur hin, um Weiber aufzuspüren, die ich bearbeiten kann. Waren viel mehr von diesen Biestern unterwegs in so einer Stadt. Und in Zöblitz oder in Marienberg hätt's jeder gleich mitgekriegt, wenn man einem andren Rockzipfel nachgerannt wär.

Hat zwar nur so gewimmelt von Weibern in Leipzig, hätt man drüber stolpern können. Haben sich auch meist welche gefunden, die mitgelatscht kamen, wenn sie gedacht haben, ich will sie ficken. Doch sobald eins gemerkt hat, ich hab andre Vorlieben, da hat das große Geschrei eingesetzt, und das widerborstige Ding ist weggerannt. Oder hat um sich geschlagen wie eine wild gewordene Furie. Von einer hab ich ein Andenken verpasst bekommen, mit 'nem Regenschirm, hat sie mir gegen den Kopp gefeuert, dass das Blut nur so gelaufen ist. Hab ich 'ne schöne Narbe von, überm linken Auge.

Urteil der 1. Strafkammer des Landgerichts Braunschweig gegen Pleil und Mittäter (Aktenzeichen: 6 Ks 1/50), erlassen am 17.11.1950 (Auszug)

Zu einer Reihe der Taten wurde Pleil durch seine sexuelle Triebrichtung bestimmt. Durch eine offenbar primär vorhandene Unfähigkeit, einen normalen Geschlechtsverkehr mit der begehrten vollen Befriedigung auszuführen, ist er zu einer abnormen Sexualhaltung gekommen. Durch das Erlebnis mit dem von ihm versehentlich angeschossenen Ostarbeiter/Plünderer machte er die Entdeckung, dass er zu einem stärkeren Sexualgenuss als bei normalem Geschlechtsverkehr kommt, wenn er geschlechtliche mit sadistischen Handlungen koppelt. Auf der Suche nach restloser Befriedigung entwickelte er einen bestimmten Handlungsmodus, nach dem er immer wieder verfuhr. So wurde er zu einem Sadisten, der bis zum Lustmord ging. Die Triebhaftigkeit ist aber strafrechtlich im Sinne des § 51 StGB nicht bedeutsam. Sie hat ihn zu einem abnormen, nicht aber zu einem kranken Menschen gemacht. Er war zwar auf der Suche nach der höchsten Form der Befriedigung, war aber von seiner Geschlechtslust nicht geknechtet.

Um doch irgendwie zu meinem Recht zu kommen, hab ich meine Taktik geändert. Hab die Weiber nicht mehr gefragt, ob sie mitkommen wollen, sondern bin an Landstraßen und in Parkanlagen, wo sich sonst kaum einer rumgetrieben hat, auf die Pirsch gegangen. Und wenn ich so ein Biest erspäht hatte, hab ich mich von hinten angeschlichen und ihr schnell wie der Blitz die Beine unterm Arsch weggerissen, dass sie gleich gelegen hat und ganz erschrocken war. Und bevor sie hat schreien können, hab ich ihr den Schnabel zugehalten. Mit einer Hand. Mit der andren hab ich mein Werk begonnen. War aber auch nicht das Richtige. Wenn mir einer abgehen soll, muss ich beide Hände frei haben, anders kann man so ein Weib nicht ordentlich bearbeiten, funktioniert die Pleil'sche Methode nicht.

Hab's danach trotzdem wieder versucht, in Leipzig und in Halle, in der Umgebung drum rum, auch in andren Städten, in Dresden, in Berlin, in Hamburg und wo's mich sonst noch hinverschlagen hat durch meine Handelstätigkeit. Wird schon die Richtige mal bei sein, hab ich gedacht. Von wegen, ist ein Irrtum gewesen, hat nie zum Erfolg geführt auf die Weise. Vielleicht hab ich mal einen Steifen gekriegt, wenn ich auf einem Weibsstück draufgekniet und an den Titten rumgeknetet hab, aber zur Erlösung gekommen ist es nicht, kein einziges Mal. Hat man schon die große Wut kriegen können auf die Biester.

18

Mitschrift der Vernehmung des Karl Hoffmann durch die Mordkommission Braunschweig-Land, Mai 1950, genaues Datum unleserlich (Auszug)

Ich bin als Sohn des Packers Karl Hoffmann am 19.11.1913 in Hausdorf/Sachsen geboren. Mein Vater war 43 Jahre in der Firma Gebrüder Bäcker in Chemnitz ununterbrochen als Packer tätig. Am 5.3.1945 bekam er plötzlich Lungenbluten und ist in kürzester Zeit in Hausdorf verstorben. Wir waren insgesamt sechs Geschwister, davon ist ein Bruder im Ersten Weltkrieg gefallen, der zweite Bruder ist seit 1943 in Russland vermisst. Meine drei Schwestern sind noch am Leben. Eine davon ist in Plauen verheiratet und hat zwei Kinder. Meine Mutter lebt noch und wohnt in Hausdorf Nr. 19.

Von 1920 bis 1928 besuchte ich die Volksschule in Hausdorf. Anschließend daran habe ich bei der Firma Claus in Flöha von 1928 bis 1935 gearbeitet. Die Firma Claus war ein Textilbetrieb, ich habe dort Arbeiten aller Art verrichtet. In den Jahren 1928 bis 1931 habe ich die Fortbildungsschule in Mühlbach besucht. Ich wurde im Juli 1935 wegen Arbeitsmangels aus der Firma entlassen und war bis Anfang des Krieges arbeitslos, habe aber in dieser Zeit oft Gelegenheitsarbeiten ausgeführt.

Ich wurde am 18.7.1939 zur Wehrmacht, und zwar zur Infanterie in Freiberg eingezogen. Ich war während des ganzen Krieges in der Hauptsache in den Balkanstaaten eingesetzt. Durch den Krieg erlitt ich zwei Verwundungen, einmal einen Granatsplitter am rechten Daumen und einmal durch eine Pressluftbombe einen Lungenriss.

Ende 1940 habe ich in Hareth meine geschiedene Frau, Anna Schulz, kennengelernt. Ich bin mit ihr am 31.1.1941 die Ehe eingegangen. Unsere Ehe verblieb kinderlos. Auf Antrag wurde ich von meiner Frau durch das Landgericht Freiberg auf Anordnung des Oberlandesgerichts Dresden im Juli 1949 geschieden.
Anfang Mai 1945 befand sich unsere Einheit – Panzerbrigade Memminger – in Geyer/Erzgebirge. Diese Einheit löste sich selbst auf, ein Teil ging in die amerikanische Zone, ein Teil verblieb beim Russen. Ich selbst blieb in Geyer und wurde dort Hilfspolizist. Dazu erhielten wir eine Armbinde mit der Aufschrift Polizei.
Am 28.6.1945 bin ich nach Marienberg zur Hilfspolizei versetzt worden. In der Gemeinde Ansprung erhielt ich zu dieser Zeit eine Pistole Kaliber 7.65 mm. Etwa im November 1945 wurde eine Registrierung durchgeführt. Dabei stellte sich heraus, dass ich zwei Jahre in der NSDAP gewesen bin. Unter diesen Umständen habe ich meine Entlassung eingereicht. Ich wurde auch ohne Schwierigkeiten entlassen, meine Pistole gab ich einem russischen Sergeanten in Zöblitz. Ich erhielt dafür 20 Liter Benzin. Dieses Benzin brauchte ich für mein Motorrad.
Durch einen russischen Dolmetscher wurde ich in Zöblitz bei der Firma Füting als Reisender und Einkäufer angestellt. Ich war in der Abteilung Lebensmittel beschäftigt. Ende April 1946 wurde ich entlassen. In den darauffolgenden Monaten habe ich bei verschiedenen Bauern gearbeitet. Etwa in den Monaten August/September/Oktober 1946 habe ich als Beifahrer in dem Fuhrgeschäft Herbert Morgenstern in Ansprung gearbeitet. Der Morgenstern hatte seinerzeit zwei Lkws und einen Personenwagen.
Am 13.6.1946 lernte ich die Hilfsschwester Margarete Schulz in Ansprung kennen. Ich weiß deswegen das Datum noch so

genau, weil ich die Schulz durch die Bestellung eines Briefträgers kennenlernte. Die Schulz hat sich dieses Datum genau gemerkt und mir später oft gesagt. Schon wenige Wochen danach habe ich mich mit ihr verlobt. Sie bekam von mir das erste Kind am 4.7.1947 und das zweite am 8.1.1949. Nach unserer Verlobung habe ich bei meiner Braut gewohnt. Sie bewohnte mit ihren Eltern zusammen eine 3-Zimmer-Wohnung. Sie war Heimarbeiterin. Bei dieser Beschäftigung war ich ihr behilflich. Ich verblieb dann bis zum 25.1.1947 bei meiner Braut in der Wohnung.
In der Zeit, als ich bei der Firma Füting als Einkäufer beschäftigt war, habe ich den Reisenden und Einkäufer Rudolf Pleil, welcher in der gleichen Abteilung beschäftigt war, kennengelernt. Ich kann mich erinnern, dass zu der Zeit in der Wohnung der Pleils einmal eine Geburtstagsfeier stattgefunden hat. Wer Geburtstag hatte, weiß ich heute nicht mehr. Es kann auch eine andere Feier gewesen sein. Bei dieser Feierlichkeit habe ich den Pleil näher kennengelernt. Seinerzeit wohnte ich in Ansprung und Pleil in Zöblitz. Diese Ortschaften liegen etwa drei bis vier Kilometer auseinander … In dieser Zeit bin ich mit dem Pleil gut ausgekommen. Er war immer Kamerad. Mir war schon damals bekannt, dass der Pleil unter epileptischen Anfällen leidet, weil er in meiner Gegenwart derartige Anfälle bekam. In der Zeit, als ich bei der Firma Füting aufhörte zu arbeiten, bis zum 25.1.1947 habe ich den Pleil ab und zu mal gesehen und gesprochen. Ich ging oft zum Fußballspiel in Zöblitz, daher kam es, dass ich ihn sah, weil er ja in Zöblitz wohnte.

Handschriftliches Protokoll eines Gesprächs mit Karl Hoffmann in der U-Haftanstalt Magdeburg, übersandt an Pleil-Gutachter Prof. Dr. med. G. Jungmichel, Absender: Jacob André, Rat der Stadt Magdeburg, Gesundheitsamt, 24.4.1950 (Auszüge)

Biografisches: Angelernter Nadelsetzer und Kammgarnspinner, von 1928 bis 35 in dem Beruf gearbeitet. Da mein Vater alter Sozialdemokrat war und ich in die NSDAP eingetreten bin, habe ich zu Hause Streit bekommen. Die häusliche Gemeinschaft war sozusagen gebrochen, und ich war das fünfte Rad am Wagen. Wohnte aber weiter zu Hause, kurze Zeit war ich auch SA-Anwärter und hatte als solcher einen Bauernknecht von auswärts kennengelernt. Der war ganz von Hitler eingenommen, während ich keine Lust hatte, die Disziplin mitzumachen. Da mich die anderen Burschen in unserem Dorf wegen meiner Parteizugehörigkeit verachteten, habe ich versucht, wieder rauszukommen, habe es tatsächlich geschafft, dass ich rausgeschmissen wurde.

Am 18.7.39 eingezogen, war in Frankreich, Italien, Griechenland und Afrika, bin mit dem Schiff über Griechenland nach Tunesien.

Wegen Erkrankung an Malaria und Pappatacifieber kam ich zurück nach Griechenland, dort 5 Wochen im Lazarett, kam dann als tropendienstunfähig nach Hamburg, wo ich Kasernendienst machen musste, Brandwache, Aufräumarbeiten usw. Nach dem Krieg Hilfspolizist, als die Entnazifizierung kam, bat ich um Entlassung, weil ich in der NSDAP und SA war, wollte dem Rausschmiss zuvorkommen …

Pleil sei jähzornig und habe immer gleich zugeschlagen und Kraft gehabt für acht …

Ich bin nie richtig befreundet gewesen mit Pleil und hatte auch keinen großen Umgang mit ihm, weil er so rabiat war …

Anmerkung: Hoffmann ist ein nicht unsympathischer pyknischer Geselle, der auf mich keineswegs den Eindruck eines Massenmörders macht. Geistig ist er im Übrigen unauffällig.

Aktennotiz zur Befragung von Arthur Dietel, ehemaliger Kriminalpolizist in Marienberg, Januar 1951 (Auszug)

Dietel lernte in der Nachkriegszeit Pleil, Hoffmann und Schüssler kennen. Die drei standen oft im Verdacht, Diebstähle in der Umgebung von Zöblitz begangen zu haben. Hoffmann wurde oft von Dietel vernommen. Manchmal kam Hoffmann auch von allein zur Polizei, um sich ein bisschen zu unterhalten. Dietel glaubte, dass Hoffmann dann horchen wollte. Hoffmann war nach dem Krieg als Polizist eingestellt, versah seinen Dienst aber nicht gewissenhaft, wurde häufig getadelt. Anfang 1946 wurde er auf Veranlassung des Kreispolizeileiters entlassen. Hoffmann soll sich als Polizist Sachen bei Durchsuchungen angeeignet haben und schlecht zu Bürgern gewesen sein (?). Er soll sich auch viel Schmuck angeeignet haben. Der Russe ließ 1945 durch die Polizei von Einwohnern in Zöblitz und Ansprung Schmuck einsammeln. Dazu war auch Hoffmann eingeteilt. Dabei soll er viel von dem Schmuck für sich behalten haben. Beweisen konnte man ihm das allerdings nie. Er soll ein verlogener Mensch sein, dem alles zuzutrauen ist.

19

Karl und ich, wir haben im Zug gesessen, als wir den Plan ausgeheckt haben. Diesmal ist es nicht nur so eine Rederei gewesen wie an dem Abend beim Schlaftrunk. Waren auf dem Weg nach Hamburg, von Leipzig aus. März war's, sechsundvierzig, die letzte Woche, vielleicht auch die vorletzte, kann sein. Ob wir für die Firma Füting unterwegs gewesen sind oder auf eigne Rechnung, weiß ich nicht mehr. War das erste Mal, dass wir zusammen ins englische Gebiet rübergefahren sind. Bin vorher immer alleine hingemacht. Auf jeden Fall ist das Gespräch wieder auf mein Thema gekommen, wie ich die Weiber zu kriege, dass sie sich bearbeiten lassen. Die Pleil'sche Methode. Gefällt mir immer besser.

Wenn du zu deinem Recht kommen willst, hat Karl gesagt, will ich auch zu meinem kommen.

Wieso, hab ich gefragt, willst du das Weib etwa ficken?

Hat er mit dem Kopf geschüttelt. Das hier will ich, hat er gesagt und mir seine Hand vor die Nase gehalten. Konnt ich sehen, wie er Daumen und Zeigefinger aneinandergerieben hat. Die Moneten, die haben ihn interessiert. Oder Sachen, die er verscherbeln kann, dass auch Moneten draus geworden wären. Hab ich nichts gegen einzuwenden gehabt.

Aber bisschen ungeduldig geworden bin ich. Ist dann recht flott gegangen in Hamburg. Haben paar Pullen Schnaps verhökert an der Reeperbahn, dafür auf dem Fischmarkt Heringe eingesackt, ich glaub, Kämme sind wir auch losgeworden. Die üblichen Geschäfte eben. Nur dass ich die ganze Zeit mit dem Kopp schon an der Zonengrenze gewesen bin. Da haben wir auf der Rückfahrt nämlich Station machen wollen, um nach einem geeigneten Weib Ausschau zu halten. War unser Plan.

Mattierzoll, so hat die Bahnstation geheißen. War auf der Strecke die letzte im englischen Gebiet. Sind wir rausgekrabbelt ausm Zug. Der Bahnhof war bekannt für, dass sich da ständig scharenweise Leute rumgedrückt haben, die über die Grenze wollten, in die russische Zone. Ist an dem Tag nicht anders gewesen. War bloß kein Weib dabei, das sich alleine auf den Weg machen wollte. Nicht in der ersten Stunde, die wir gewartet haben, nicht in der zweiten. So haben wir noch eine dritte gewartet. Dann aber war's vorbei mit meiner Geduld, sind wir losgezogen. Ist auch langsam dunkel geworden. Karl hatte in der Zwischenzeit einen von den Bahnbeamten ausgequetscht, älteres Kaliber, wie die Gegebenheiten waren in der Gegend, wo man langkonnte aufm Weg nach drüben und wo man besser einen Bogen drum gemacht hat, um nicht ertappt zu werden.

Sind erst mal durch einen Tunnel auf die andre Seite der Gleise. Da hat's noch einen Bahnhof gegeben, für eine Kleinbahn, die dort auch gefahren ist. Haben wir rechts liegen lassen. Paar Schritte weg vom Bahnhof, neben den Gleisen, hat ein alter Schuppen gestanden, hat ausgesehen wie eine Schmiede oder eine Werkstatt. Die Tür war offen. Karl ist rein, hat bisschen rumgekramt, und als er wieder rausgekommen ist, hat er ein Beil in der Hand gehabt. Hat's mir direkt hingehalten, damit ich's nehme. Mussten wir kein Wort drüber verlieren, wofür er sich das Beil gedacht hat. Hab's unterm Mantel verschwinden lassen. Sind wir weiter, zwischen den Schienen. Sollten wir so machen, hatte der Bahnbeamte gesagt, Stück das Gleis lang, bis links ein Feldweg weggeht. Das Beil hat gestört beim Laufen, hab's nur schwer festhalten können so von außen. Ehe es runtergerutscht und womöglich noch aufm großen Zeh gelandet wär, hab ich kurz Stopp gemacht und das Ding in meiner Aktentasche verstaut. Die hab ich immer beigehabt, auf jeder Reise. Eine Aktentasche braucht man, ist man sonst kein Geschäftsmann. Der Stiel vom Beil hat an einer Seite rausgeguckt.

Wie weit wir die Gleise langgelatscht sind, müsst ich schätzen. Paar Hundert Meter. Später, als alles rausgekommen ist, nach meinen Bekanntmachungen, haben die mich da noch mal hingebracht, Fritze und sein Gefolge. Sind immer 'ne Handvoll Leute mit rumgekrochen bei solchen Besichtigungen, Polizisten von vor Ort, Staatsanwalt, Fotograf und wer noch mit bei gewesen ist. Na, jedenfalls hab ich denen den Weg zeigen sollen, den wir an dem Abend eingeschlagen haben. An den Tunnel und so, da ist die Erinnerung dran gleich da gewesen. Nur wie ich dann auf dem Gleis gestanden hab, bin ich ins Grübeln gekommen. War weit und breit plattes Land, nur Wiesen, hat eine ausgesehen wie die andre. Aber wie ich so rumgeguckt hab in der Gegend, sind mir ein Stück weiter, waren vielleicht tausend Schritte, wär meine Schätzung, paar Bäume aufgefallen, richtig hohe, zwanzig Meter oder so. Haben zusammengestanden wie Klatschweiber, die von Riesen abstammen. In Wirklichkeit waren's Weiden, die erkennt man noch in der Nacht, wenn bisschen Mondlicht scheint. Und an die hab ich mich eben erinnert. War ich mit Karl dicht dran vorbeigelatscht.

Sind wir also weitermarschiert auf den Schottersteinen, an dem Abend, da bin ich jetzt wieder. Hab versucht, die Holzschwellen zu erwischen, hat man besser drauf laufen können. Machen Streckenwärter auch so, hat mir mal einer erzählt, den ich auf einem Bahnhof getroffen hab irgendwo. Aber das nur nebenbei. Nach 'ner Weile sind wir zu dem Feldweg gekommen. Ging auf beiden Seiten von den Schienen weg. Wir also nach links. Sind durch Matsch gelatscht. Als wär grad erst der Schnee weggetaut gewesen. Geregnet hat's nicht. Ungefähr hundert Meter weiter war der Weg zu Ende. Da ist es nun wieder rechts und links weitergegangen. Wie 'n großer Irrgarten, mal in die Richtung, mal in die andre, hat man die Orientierung bei verlieren können. War nun finster inzwischen. Der Bahnbeamte hatte Karl gesagt, man muss sich den Verlauf der Bahnlinie einprägen, solange man die im Rücken hätte, wär man auf dem richtigen Kurs. Jetzt hat sie rechts von uns gelegen. Haben wir an der nächsten Abzweigung also nach links gemusst. Tippel tappel hier rum, tippel tappel da rum.

Wie wir so dahingewandert sind und über was geplaudert haben, ist auf einmal eine dunkle Gestalt vor uns aufgetaucht. Als wär sie aus dem Nichts gekommen. Und paar Schritte weiter haben wir dann sehen können, was uns der Herrgott da geschickt hatte. Doch tatsächlich ein Weibsstück. Noch dazu ein recht ansehnliches. Das Alter hat man nur raten können, Mitte dreißig oder so, aber dass sie gut gebaut war, das hab ich sofort erkannt. Ihr Mantel hat nicht runtergehangen wie ein großer Lappen, nicht wie's bei den Hungerweibern ausgesehen hat, nee, bei ihr, da war gut was drunter. Und so ein Exemplar marschierte mutterseelenallein durch die Botanik, hätt man sich nicht besser wünschen können. Und niemand sonst in der Nähe, nur ich und Karl, die zwei hilfsbereiten Grenzgänger. Als die haben wir uns zumindest ausgegeben, sollte ja nicht gleich die Flucht ergreifen, unser Fang.

Urteil der 1. Strafkammer des Landgerichts Braunschweig gegen Pleil und Mittäter (Aktenzeichen: 6 Ks 1/50), erlassen am 17.11.1950 (Auszug)

Eva Miehe, geborene Limburg, verwitwete Zimmermann, geb. 12.8.1907 in Herdecke/Westfalen, wohnte in Blankenburg/Harz. Mitte März war sie mit ihrer 6-jährigen Tochter illegal über die Zonengrenze nach Herdecke im Ruhrgebiet zu ihren Eltern gereist. Dort war sie bis zum 21.3.46. Als sie die Rückfahrt antrat, ließ sie ihre Tochter bei den Großeltern. Ihr Vater begleitete Eva Miehe nach Goslar, wo sie ihren als Musiker beschäftigten Ehemann in dem Hotel Zur Münze zu treffen hoffte. Sie verfehlte ihn aber, da er aus beruflichen Gründen einige Tage außerhalb von Goslar war. Miehe übernachtete im Zimmer ihres Mannes, fuhr am nächsten Tag nach Braunlage, um dort mit einigen Frauen, mit denen sie sich verabredet hatte, die Zonengrenze zu überqueren. Anscheinend glückte der Übergang nicht, Miehe kehrte am Abend nach Goslar in das Hotel zurück. Am 23.3. ließ sie sich vom Hausdiener Zschalig um 4.30 Uhr wecken und verließ Goslar offenbar mit dem Frühzug. Als Gepäck trug sie einen Rucksack bei sich, in dem sich u.a. ein Kleiderstoff und ein grau kariertes Kleid befanden. Außerdem hatte sie eine helle Markthandtasche und einige weitere kleine Gepäckstücke bei sich. Warum sie, obwohl sie so früh aufgebrochen war, erst am Abend die Zonengrenze überschritten hat, konnte nicht geklärt werden.

Karl hat's Reden übernommen. War er besser drin, Weibern den Charmanten vorzugaukeln. Mit ihm sind die gerne mitgegangen, auch woanders, im Zug oder so, wenn er nur mal schnell eine hat ficken wollen. Vielleicht haben sie den großen kleinen Jungen in ihm gesehen, wegen seiner piepsigen Stimme, hört sich an wie die von einem Kind. Keine Ahnung, da sind Weiber unergründlich. Aber wer will die auch schon ergründen, lohnt die Mühe nicht, sind durch die Bank alles Biester.

Hatte sich verirrt, die Arme, war schon 'ne Weile durch den Großen Bruch gelatscht. So wird die Gegend genannt. Ist mal ein riesiges Moor gewesen, im Mittelalter oder so, für Menschengeschöpfe undurchdringlich, oder wie man's ausdrückt. Feucht ist es da aber immer noch. Ziehen sich überall Wassergräben durch die Landschaft. Deswegen diese komische Wegführung. Hat Karl ihr also ins Ohr gesäuselt, sie solle sich uns nur anschließen, wir würden die Strecke kennen und sie schon sicher über die Grenze bringen. Ist nicht ganz falsch gewesen, was er gesagt hat. War nur die Frage, welche Grenze man drunter verstanden hat. Auf dem Weg ins Jenseits, da wird's auch so was wie eine Grenze geben. Auf der einen Seite das Leben, auf der andren der Tod. Oder was dann kommt, angenommen, die Priester hätten doch recht mit ihrem Geschwafel vom Leben nach dem Tod und so. Kann ja keiner wissen, nicht mal die selber, oder ist mal einer vom Jenseits zurückgekehrt und hat's denen erzählt. Ist mir noch nicht zu Ohren gekommen, so 'ne Geschichte.

Sind meine Gedanken von jetzt, wie ich hier sitze und rumkritzle, da aufm Feldweg sind mir andre im Kopp rumgeschwirrt. Muss ich zu noch die Mitteilung machen, dass ich nichts gesoffen hatte den ganzen lieben Tag. Weiß selber nicht, wie das hat passieren können, aber irgendwie war mir der Vorrat ausgegangen, nicht ein einziges Tröpfchen hatt ich noch zur Verfügung. War auch anders, wenn Karl mit bei gewesen ist, hab ich meinen Rachen nicht ständig mit was verwöhnt. Für Karl hat Schnaps nicht so die Bedeutung gehabt, hat lieber Schokolade gefressen. Mittags ein Glas Bier und abends mal ein Schlückchen, richtig besoffen hab ich den eigentlich nie erlebt. Erwähn das mit dem Schnaps auch nur, weil's nicht oft vorgekommen ist, dass ich mich einem Weib genähert hab so ganz ohne Mutmacher. Ist, glaub ich, sogar das einzige Mal gewesen.

Unsre neue Bekanntschaft hat anscheinend gleich Vertrauen gefasst zu Karl. Paar Minuten, dann ist sie mit uns mitgestiefelt, die zwei vorneweg, ich hinterher. Bisschen Angst hat sie vielleicht doch gehabt. Wenn man Angst hat, ist meine Erfahrung, dann redet man viel. Und die hat viel geredet, ihren halben Lebenslauf hat sie runtergebetet. Und danach hat sie noch die Geschichte von ihrem Mann kundgetan, oder von ihren Männern. Der erste ist im Krieg umgekommen. Hab ich noch gedacht, da hat sich jemand aber schnell getröstet, wenn sie schon den nächsten hatte. Den muss sie noch zu Kriegszeiten geheiratet haben, denn wie sie erzählt hat, war der in Gefangenschaft gewesen, in Russland oder so, ist von da aber zurückgekehrt. Bälger sind auch zur Sprache gekommen. Wenn ich's richtig verstanden hab, hat sie zwei gehabt, eine Tochter aus erster Ehe und einen Sohn vom zweiten Mann. Das Mädel ist wohl der Grund für ihre Reise gewesen, das hatte sie zu ihren Eltern gebracht, wohin, weiß ich nicht mehr, irgendwo ins Ruhrgebiet oder so. Hab nicht jedes Wort verstehen können. Und richtig zugehört hab ich auch nicht. An ihren Namen konnt ich mich hinterher zum Beispiel nicht erinnern, obwohl sie den gesagt hat. Nur dass der Nachname mit Mi angefangen hat. Der Vorname ist ganz weg gewesen aus dem Kämmerchen da oben. Hat mich der Kommissar erst wieder draufgebracht, mein alter Kumpel Fritze Fulst. Sag immer Kommissar zu dem, weiß gar nicht, ob der wirklich einer ist. Nur weil er bei den Kriminalern arbeitet, muss er nicht Kommissar sein. Aber ist wurscht.

Hab den Fall erst gar nicht bekannt geben wollen, nicht zu meinen Lebzeiten. Hatte alles, was mir zu eingefallen ist, in mein Testament reingeschrieben, wär's erst rausgekommen, wenn ich tot bin. Damit die Leute dann noch mal was hören von mir und ich nicht in Vergessenheit gerate. War damals schon so ein Gedanke, da hab ich Walter noch nicht gekannt. Und damit's von niemandem entdeckt wird vorher, hab ich das Testament in meine Jacke eingenäht, die ich jeden Tag anhatte, war ein schwarzer Winterrock. Ein halbes Jahr hab ich's so mit mir rumgeschleppt, dann bin ich nach Hamburg gebracht worden. Weil sie gedacht haben, ich hätt auch die Trümmermorde vollbracht. Zwei tote Weiber, ein toter Mann, ein totes Kind. Sind alle in Ruinen von Häusern gefunden worden, deswegen haben sie die so genannt. Die Ermittler haben angenommen, dass es ein und derselbe war, der die abgemurkst hat. Ist immer die gleiche Handschrift gewesen. Aber nicht meine. Oder sagen wir, nicht die, für die ich bekannt geworden bin. Komm ich noch drauf zurück. Wenn ich's schaffe. Sag ich gleich dazu, wo Walter nun bald verschwunden sein wird. Der tippt fleißig meine Sachen, hat er gesagt, jeden Tag, wenn die vom Zuchthaus mal grad nichts wollen von ihm.

Aber jetzt geht's nur ums Testament. Wie ich also in Hamburg gewesen bin, haben sie mir eine andre Jacke verpasst, eine dünnere, war um Ostern rum. Hab ich schnell das Testament aus dem Winterrock rausgetrennt und in die neue reingenäht. Was danach mit passiert ist, das ist bis heute ein Rätsel für mich. Jemand muss das mit dem Testament mitgekriegt und es mir geklaut haben, aus der Jacke raus. Oder der Verbrecher, der's gewesen ist, hat sich die gleiche Jacke besorgt und seine einfach gegen meine ausgetauscht. Wenn ich mal duschen war oder so. Könnten einen Spitzel angestiftet haben, einen andren Gefangenen, der das für die erledigt hat, für die von der Polizei, mein ich. Oder für 'n Direktor vom Zuchthaus. Stecken alle unter einer Decke.

Das Ende vom Lied, welch Trauermelodie, mein schönes Testament war verschwunden, auf Nimmerwiedersehen. Ist mir aber erst aufgefallen, als ich wieder zurück war im Zuchthaus in Göttingen und Fritze mich eines Tages auf den Fall angesprochen hat. Deswegen der Gedanke mit dem Spitzel. Und wo's nun mal bekannt geworden war, hab ich auch nicht abgestritten, dass es mein Werk gewesen ist. Meins und Karls, aber Karl hab ich da noch nicht verraten, hab's auf mich alleine genommen. Bin kein Kameradenschwein. Ich und Karl, wir hatten uns geschworen, dass wir den andren nicht mit reinziehen, wenn's einen von uns erwischt, egal was passiert, wenn's sein muss, übern Tod hinaus. Hab ich mich dran gehalten, auch bei den Fällen, die ich selber bekannt gegeben hab, also bei allen andren. Und auch wenn's die waren, wo Konrad bei gewesen ist. Mit dem hatt ich die gleiche Absprache getroffen, immer fest die Schnauze halten. Karl hab ich erst verpfiffen, als ich draufgekommen bin, dass der Schuft mich in der Patsche sitzen lässt und vor den andren als Lügner hinstellt. Und dass er mich vorher schon beschissen hat die ganzen Jahre.

Aber mal nun zu dem, was mir durch 'n Kopp gewirbelt ist, wie wir mit dem Weib, das wir aufgegabelt hatten, den Feldweg langgewandert sind. Wie soll ich's beschreiben? War so, als wären zwei Stimmen in mir drin gewesen. Die eine hat gesagt: Rudi, lass es bleiben, lass das Weib laufen, verschwinde einfach, los, weg von hier. Von der andren Stimme aber hab ich gehört: Doch, doch, jetzt ist der Zeitpunkt gekommen, endlich kannst du ein Weib mal so richtig bearbeiten. Woraufhin sich wieder Stimme Nummer eins gemeldet hat: Aber wird's auch so sein, wie du's dir immer vorgestellt hast? Und was, wenn nicht? Ist eine Weile so gegangen, dass ich keinen klaren Gedanken gekriegt hab. Paar Minuten oder so. Bin ich stumm weiter hinterhergetrabt. Ist mir der Iwan in den Sinn gekommen. Hab ich die Bilder wieder gesehen, wie das Blut über meine Hand gelaufen ist und alles. Kann ich heut noch sehen, die Bilder, kann sie rauskramen da oben, als wären's Fotos aus der Zeitung, die ich ausgeschnitten und aufgehoben hab. Ist jedes Mal ein Vergnügen, das sag ich aber.

Dann hab ich die Bilder verscheucht, hab das Weib angestarrt, wie's vor mir dahingelatscht ist, mal den Kopf, mal den Arsch, mehr den Arsch. Was man hat von sehen können in der Dunkelheit. Innerlich hab ich gezittert, wie wenn man zu viel Bohnenkaffee gesoffen hat, nicht so 'ne Plörre wie hier drin, richtig starken. Karl dagegen hat ganz ruhig gewirkt, hat sich mit dem Weib unterhalten, als hätt er nichts Böses im Schilde geführt. Da ist er wirklich ein Meister drin, ein ganz großer. Auf die gleiche Art hat er später mit den Polizisten geredet, wenn die ihn zu den Fällen befragt haben, wo er mit bei gewesen ist oder die er alleine verbrochen hat. Hab's selber erlebt. Karl, der Ahnungslose, wie ein Theaterstück hat er das aufgeführt. Weiß von nichts, kann nicht sein, da war ich ganz woanders. Und immer die Ruhe in Person. Und immer ganz verwundert mit seiner Piepsstimme, wie kommt ihr denn da drauf? Ich?, nein, so was würd ich doch niemals tun.

Ungefähr zehn Minuten sind wir so gelaufen. Kann auch eine Viertelstunde gewesen sein. Ich die ganze Zeit mit einem Steifen in der Hose. Nur die Vorstellung, was gleich sein könnte, dass ich so nah dran war, meinen großen Wunsch erfüllt zu kriegen, ihn mir selber zu erfüllen, schon das hat mein Blut in Wallung gebracht, aufs Höchste, aber wirklich.

Hab den Stiel vom Beil angefasst. Die Tasche war noch zu.

Hab ihn wieder losgelassen.

Hab das Weib angeguckt, den Arsch.

Hab zur Seite geguckt, zur einen, dann zur andren, rechts, links, oder umgekehrt, dann nach hinten. Keine Menschenseele. Und wieder zu dem Weib hin.

Was nun, zuschlagen oder nicht?

Ja.

Nein.

Ein Blick von Karl, eine Sekunde oder so.

Dann der Gedanke an Schnaps. Ein Schluck aus der Pulle,

das wär's. Verflucht, hab ich gedacht, warum hab ich keinen Schnaps bei? Bin ich klar und bin's doch nicht.

Ja oder nein.

Wär ich mit dem Weib alleine gewesen, ich glaub, ich hätt mich anders entschieden. Ich hätt's nicht fertiggebracht, nicht an dem Abend, nicht ohne Schnaps. Bin ich mir sogar sicher. Und das sag ich nicht, um Karl eins auszuwischen, dass der schuld dran wär oder so. Aber dadurch, dass er da war, hab ich mich sicher gefühlt. Selbst wenn ich's vermasselt hätt, Karl wär schon was eingefallen. Wahrscheinlich hab ich das so nicht mal gedacht, aber so 'n Gefühl war da.

Auf einmal ist es blitzschnell gegangen.

Tasche auf.

Beil gegriffen.

Zugeschlagen.

Von hinten, das Weib hat's nicht sehen können. Karl ist schnell beiseitegesprungen, wollte wohl nicht, dass ihm das Blut um die Ohren spritzt. Ich hab nichts gegen Blut von so 'nem Weib.

Und noch ein Schlag, wieder mit der stumpfen Seite vom Beil. Und ein Schrei, aber den muss sie schon nach dem ersten ausgestoßen haben. War alles eins, Schlag, Schrei, Schlag.

Ein Schrei und dann Stille. Lag sie auch schon aufm Boden, hat sich nicht mehr gerührt. Genau, wie ich's immer hatte haben wollen. Ist so gefallen, dass sie auf dem Rücken gelandet ist. Kann auch sein, dass ich sie umgedreht hab, weil ich sie nun mal von vorn bearbeiten wollte. Jedenfalls hab ich ihr Gesicht sehen können. Hab ich noch mal zugeschlagen, aufs Gesicht drauf, und noch mal, mit der spitzen Seite, der vorne. Vielleicht hatte sie die Augen auf. Weiß nicht. Aber warum sonst die zwei Schläge noch? Wollte der Kommissar wissen. Hab ich keine Antwort drauf gehabt. Auch später nicht, bei den Terminen. Gibt nicht auf jede Frage eine Antwort.

Karl hat ihr dann den Rucksack vom Rücken gerissen. Und den Mantel hat er ihr vom Leib gezerrt. Hab ich ihm bei geholfen. Damit ich endlich ran konnte an das Weib, mein Werk vollenden.

Hab mich über sie gekniet, die Beine rechts und links von ihrem Körper. Die Knie auf dem matschigen Boden. Sind die Hosenbeine durchgeweicht. Hab ich aber nichts von gemerkt, nicht wie ich bei war, meine Hände unter ihre Klamotten zu kriegen. War ich viel zu erregt. Als wär's das allererste Mal gewesen, dass ich die Haut von so 'nem Weibsstück berührt hab. Und die Titten, da bin ich zuerst hin. Und wie ich's so berührt hab, das warme, weiche Fleisch, und grad loskneten wollte wie bei den andren Weibern, die nicht so schön stillgehalten hatten, da war die Stunde des Zaubers auch schon vorüber. Hab ich einen Orgasmus gehabt, bisschen schnell, aber selig war ich trotzdem.

Karl hatte in der Zwischenzeit den Rucksack durchwühlt. War nicht grad begeistert von seiner Beute. Paar Mark, sonst ist nichts Brauchbares drin gewesen. Die Schuhe hatte er dem Weib auch ausgezogen, waren noch gute, hat er mitnehmen wollen. Mit dem Mantel. Aber der war, wie wir dann gesehen haben, vollgeschmiert mit Dreck und Blut. So hätte man den nicht verscherbeln können. Deswegen hab ich das Beil bei mir behalten sollen. Das nächste Weib, das kommt, hat Karl gesagt, das wird auch umgenietet. Ist uns aber keins mehr begegnet in der Nacht. Hab das Beil irgendwann weggeschmissen, waren wir noch unterwegs, aber schon auf der russischen Seite.

Bei mir ist das so, dass mich für 'ne Weile nichts mehr kümmert, wenn der kalte Bauer erst mal in der Hose drin ist. Kann die Welt untergehen, Hauptsache, ich hab meine Befriedigung gehabt. Aus dem Grund war's mir egal, was aus dem Weib wird auf dem Feldweg, bin ich ehrlich. Wegrennen und uns verpfeifen, das hat's ja wohl nicht mehr gekonnt. Karl ist da von andrer Natur. Der hat gleich dran gedacht, dass es in einem der Gräben, die neben dem Weg waren, auf beiden Seiten einer, besser aufgehoben wär. Damit die nächsten Leute, die da langgelatscht kommen, nicht drüber stolpern und vielleicht noch die Polizei anrückt, bevor wir über alle Berge gewesen wären. Na ja, und so hat er's auch gemacht, hat das Weibsstück gegriffen und rübergeschleift in den Graben rechts vom Weg. Hat Wasser drin gestanden, ein Meter oder so. Haben sie bei den Terminen von gesprochen. War die Frage, ob sie hätt drin ersaufen können, wenn sie nicht schon tot gewesen wär. Den ollen Mantel hat Karl auch noch drübergedeckt. Hat man nichts mehr sehen können von dem Weib.

Ich hab solang gewartet. War erschöpft und hab an das gedacht, was ich grad erlebt hatte. Dann sind wir in die Nacht verschwunden.

Zusammenfassung des Berichts vom Fund der Leiche, abschließender Ermittlungsbericht, Mordkommission Braunschweig-Land, 1.11.1949 (Auszug)

Die Leiche der Miehe bei Mattierzoll wurde von einem Rentner gefunden, der für einen Bauern am 26.3.46 gucken sollte, ob die Wiesen vom Wasser frei waren, damit der wieder düngen konnte. Die Wiesen waren aber nicht vom Wasser frei, der Rentner entdeckte die Leiche in einem sogenannten Pflanzgraben im Bruch von Roklum, Großer Bruch, südwestlich des Bahndamms, ca. 300 Meter von der russischen Grenze entfernt. Der Rentner wohnte in Roklum, informierte nach dem Fund den Gemeindesekretär Thimm in Roklum, der die Polizei in Winnigstedt benachrichtigte. Die Leiche wurde gegen 14.30 Uhr gefunden.

20

Verrückte Sachen gibt's, die kann man sich nicht ausdenken. Da hab ich das nun einmal erlebt gehabt, die Sache auf dem Feldweg mein ich, und dann ist mir paar Wochen später doch tatsächlich so 'n seltsames Geschöpf übern Weg gelaufen, das von sich aus hat nicht mehr leben wollen. Als hätt uns wer zusammengeführt. War in Walkenried, im Harz, englische Zone. In der Ecke bin ich öfters über die Grenze rüber. Hat die besten Bahnverbindungen dahin gegeben, auf der einen Seite wie auf der andren. Auf der Russenseite war's der Ort Ellrich, wo man gut hingekommen ist, aus den verschiedensten Richtungen. Aber ich erzähl's der Reihe nach. Im Juli sechsundvierzig war's, bin mal wieder auf Tour gewesen. Hab mir in Könnern guten starken Schnaps besorgt und paar Flaschen Likör, Weiberschnaps. Der Schnaps, glaub, es war 'n Sechsundneunziger, ein richtiger Rachenputzer, der war für mich bestimmt. Mit dem Likör hab ich Geschäfte machen wollen. In Könnern hat's eine Brennerei gegeben, hab ich gute Kontakte hin gehabt, aus der Zeit bei Füting. Weiß nicht, ob die Brennerei noch existiert, aber bei den Kommunisten wird ja auch gesoffen. Hat man doch gesehen beim Russen nach dem Krieg, nicht genug hat der kriegen können, noch den Sprit fürs Auto hat der in sich reingekippt, als wär's nischt gewesen, immer schön sto Gramm, sto Gramm.

Von Könnern bin ich mit dem Zug nach Ellrich und da weiter auf Schusters Rappen, rüber nach Walkenried. Muss ich dazu sagen, dass es ein heißer Tag war. Hab unterwegs fleißig an meiner Feldflasche genuckelt, wo der gute Tropfen drin war, im Zug schon. Die Feldflasche hab ich nun immer in der Aktentasche mit mir rumgeschleppt. Hat nicht noch mal vorkommen sollen, dass ich aufm Trocknen stehe. Treff ich vielleicht das richtige Weib, und dann wag ich's nicht, bloß weil mir der Mumm fehlt in dem Augenblick. Nee, nee, da war ich schlauer.

Dann also Walkenried. Ist auf den Abend zugegangen, wie ich da einmarschiert bin. Hab ich schon tüchtig einen sitzen gehabt, war so richtig in geselliger Stimmung. Um was zum Schlafen zu finden, bin ich durch paar Gasthäuser getingelt. Hat nirgends ein freies Bett gegeben, aber Bier ausgeschenkt haben sie reichlich überall. Und so bin ich mit allerhand Leuten ins Gespräch gekommen, Weibern und Männern, wie das ist in so 'ner Wirtschaft. Erzählst dies und hörst das, alberst bisschen rum und klopfst deinem Nachbarn auf die Schulter wie dem besten Kumpel, und am nächsten Tag ist alles weg, als hätt's der Wind rausgepustet aus dem Denkkämmerchen, kann man sich an nischt erinnern.

Da ich nun keine Bude gefunden hab zum Pennen, bin ich zum Bahnhof gewatschelt und hab mir dort ein Plätzchen gesucht. Man denkt gar nicht, wie gut sich's aufm Bahnhof schlafen lässt, sogar wenn man nichts unter sich hat als den harten Fußboden. Hab geschlummert wie ein König, selbst noch, als in der Früh die Leute an mir vorbeigewackelt sind. Hat erst einer kommen und mich aufwecken müssen.

Bin noch gar nicht richtig klar gewesen im Kopp, wie nun plötzlich ein Weib auf mich zugekommen ist, ungefähr mein Alter, oder vielleicht schon dreißig. Normal war's immer so, dass ich die hab anquatschen müssen, wenn mir nach Gesellschaft war, oder wenn ich was ausgebrütet hab und keinen beihatte wie Karl oder später Konrad, auf den wird bald die Rede kommen, sag's schon mal. Sonst haben die das übernommen. Das Weib nun hat so getan, als würden wir uns kennen. Muss ich wohl am Abend bisschen rumgeschäkert haben mit der. Nicht, dass ich mich dran erinnern konnte. Andrerseits, so schlecht hat die nicht ausgesehen. Das Kleid, was die anhatte, blau oder schwarz ist es gewesen, mit weißer Stickerei drauf, das war gut ausgefüllt am Arsch und obenrum. Und kräftige Schenkel hat die gehabt, wie ich's gern mag, kriegt man ordentlich was zum Kneten in die Hände. Hab ich's mir also nicht anmerken lassen, dass sie eigentlich vor mir gestanden hat wie eine Fremde.

Wie sich rausgestellt hat, war sie ganz alleine auf der Welt. Hat sie jedenfalls geglaubt. Sie sei Flüchtling, hat sie erzählt, ihre Eltern wären im Krieg umgekommen, und sie wisse nun nicht, ob's noch irgendwo jemanden gäb von ihrer Familie, Onkel oder Tanten oder so. Wenn da niemand mehr wär, hätte sie keinen Ort, wo sie bleiben könnte. Solche Sachen hat die erzählt. Hab gedacht, so jung und schon so verzweifelt. Bestimmt hat sie mir gesagt, wo sie herstammte, hab's aber vergessen. Wie ihren Namen. Nicht mal der Anfangsbuchstabe fällt mir ein.

War schon so, als ich die Sache dem Kommissar bekannt gegeben hab, und da ist es noch nicht so lange her gewesen. Hat vielleicht an der Sauferei gelegen. Oder ich hab mir gesagt, heiraten wirste die nicht, brauchste dir auch nicht den Namen zu merken. Irgendwie so wird's gewesen sein. Wahrscheinlich hab ich gar nichts gedacht. Namen sind bloß Buchstaben, nichts, was man richtig sehen kann wie Häuser oder Bäume oder das Gesicht von so 'nem Weib. Oder die Klamotten, die die angehabt haben. Oder die Gepäckstücke von denen und was da drin gewesen ist. So was hab ich mir gut merken können. Das Weib in Walkenried als Beispiel, das hat einen Koffer beigehabt und eine Tasche. Also erst nur eine Tasche, den Koffer haben wir zusammen bei der Gepäckaufbewahrung abgeholt. Hab den sogar geschleppt für die, war ich ganz der Gentleman. Hat mir bisschen leidgetan mit ihrer

Geschichte und so traurig, wie die geklungen hat. Hab ich ihr zum Trost Likör angeboten.

Sind dann frühstücken gegangen in eine Wirtschaft. Und anschließend in die nächste, um ein Bierchen zu zwitschern. Hab ich mir was vom Schnaps aus der Feldflasche spendiert, direkt rein ins Bierglas. Hat gutgetan nach dem Abend, hab mächtig Brand gehabt. Ein Bier am Morgen, vertreibt Kummer und Sorgen, sagt man doch. Sind paar mehr geworden. War auch nicht die letzte Wirtschaft, der wir einen Besuch abgestattet haben. Und da's keine Kirchen waren, sind wir wieder ins Quasseln gekommen. Das Weib wollte rüber in die russische Zone, um nach jemandem von ihrem Blute zu suchen. Falls sie jedoch niemanden finden würde, ja, dann hätte das Leben keinen Zweck mehr, dann wolle sie doch lieber sterben. So ungefähr hat sie's ausgedrückt. Vielleicht mit paar Sätzen mehr, aber die Botschaft war dieselbe.

Um ein Haar hätt ich mich am Bier verschluckt. Hab's Glas schnell hingestellt. Ausgerechnet mir sagt das Weib, es hätt keine Lust mehr zu leben. Na, hallo die Enten, gibt's denn so was? Kann man fast schon von einer göttlichen Fügung reden, oder wie soll man sonst zu sagen? Hab ich ihr natürlich sofort meine Hilfe angeboten. Wenn das so ist, hab ich gesagt, dann kann ich dich doch totmachen.

Kann sein, es ist nicht der richtige Tonfall gewesen, hätt vielleicht nicht bei grinsen sollen. Aufgefasst hat sie's wie 'nen Scherz. Als hätt ich ihr düsteres Gemüt bisschen mit aufheitern wollen. Ist doch immer das Gleiche. Da meint man's ehrlich, aber keiner glaubt's einem. Wie damals, als ich die ersten Totmachungen verkündet hab, die zwei Weiber, die in einem Brunnen vor sich hingemodert sind. Beziehungsweise, wie ich's versucht hab. Hat mir ja keiner glauben wollen. Blöd gegrinst haben die auf der Polizeiinspektion, ha, ha, Frauen, das sind wohl eher Fliegen gewesen. Solche Sprüche hab ich mir anhören müssen. Die Visagen von denen hätt ich sehen wollen, als rausgekommen ist, dass da wirklich welche gelegen haben.

Wo ich nun gewusst hab, wie's bestellt war um dieses traurige Geschöpf, das mir da zugeflattert war, hab ich angeboten, sie über die Grenze zu begleiten, hin nach Ellrich. Sind gegen Mittag losgelatscht. War 'ne schöne Schlepperei, der Koffer und meine Aktentasche, bei der Hitze. Wie wir ein Stück raus waren aus Walkenried, sind wir links auf einen Feldweg abgebogen. Von der Strecke könnt ich fast jeden Stein beschreiben. Hab ich mit gemeint vorhin. Was meine Augen mal gesehen haben, ist abgespeichert, als hätt man Fotos von gemacht und die in eine Schatulle reingepackt. Sind dann über eine Brücke rüber, dahinter weiter aufm Feldweg. Nach einer Weile ist ein Waldstück gekommen. Haben wir uns in den Schatten gesetzt und eine Fuffzehn gemacht. Hab geschwitzt wie ein Schwein, bestimmt auch, weil ich aufgeregt war. Hätt einen Schnaps vertragen können, zur Beruhigung, aber an die Feldflasche, da bin ich nicht rangegangen. War bloß noch ein Schlückchen drin, die eiserne Ration. Hab ich mein eignes Gesetz gehabt, ausgesoffen wird erst, wenn Nachschub in Sicht ist.

Bei der Rast hab ich dem Weib noch mal das Angebot unterbreitet, sie totzumachen, wo doch alles so schrecklich war für sie. Hat sie mich wieder nicht ernst genommen. Sind dann weitergelatscht, ein Stück über freies Feld, auf Bahnschienen zu. Auf den Schienen haben Tankwagen gestanden, drei oder vier. Bin ich hin zu jedem Wagen und hab an die Kesselwand geklopft. Kann man hören, ob was drin ist in den Dingern. Hab gehofft, Schnaps. Sind aber alle leer gewesen.

Von da haben wir ein andres kleines Wäldchen angesteuert. Um wieder Schatten zu finden. Hab ich gesagt, das mit dem Schatten. Hat auch gestimmt, nur war's nicht die ganze

Wahrheit. Diesmal sind wir paar Meter rein in den Wald. An der Stelle muss ich einfügen, dass ich in meiner Aktentasche einen Hammer drinhatte. Als ich die Geschichte dem Kommissar preisgegeben hab, war ich sicher, den damals schon paar Tage mit mir rumgeschleppt zu haben. Heute würd ich's nicht mehr beschwören. Kann sein, dass ich mir den erst in Walkenried beschafft hab, in einem der Gasthäuser, nachdem ich von dem Weib erfahren hab, dass sie ihres Lebens nicht mehr froh ist. Wird eher ein Schuh draus, glaub ich.

Wie's auch gewesen ist, ich hab da nun im Gras gesessen, den Rücken an einen Baum gelehnt, an den Hammer gedacht und dem Weib zum wer weiß wievielten Male verkündet, dass ich sie totmachen würde. Wahrscheinlich hab ich diesmal noch das Wörtchen jetzt hinzugefügt. In der Erinnerung ist mir, als hätt ich's getan. Und das Weib, das hat mich wieder mit einem Grinsen angeguckt. Doch mit einem Mal sind ihre Augen ganz groß geworden, weit aufgerissen hat sie die. Und das Grinsen ist verschwunden. Mit den großen Augen hat sie den Hammer angestarrt, die Sekunden, bevor er auf ihrem Deetz gelandet ist, einmal, zweimal, dreimal, hab nicht gezählt, hab nur zugehauen. Aber so ein Hammer ist kein Beil, zwei oder drei Schläge genügen da nicht. Hab ich auch erst lernen müssen. Das Weib hat geschrien wie am Spieß. Hab ich mich draufgestürzt und versucht, ihr das Maul zu stopfen, mit einem Taschentuch, wo immer ich das plötzlich herhatte. War 'ne unübersichtliche Situation, würd ich sagen. Hab nicht mit gerechnet, dass die ein Geschrei veranstaltet und sich auch noch wehrt. Wo sie doch immer vom Sterben geredet hatte. Die andre Seite war, ich hab's trotzdem genossen, muss ich sagen, ist einiges los gewesen in meiner Buxe. Spätestens, wie ich den Hammer noch mal eingesetzt hab. Und dann war Ruhe im Karton.

Wo ich nun ganz meine Freude gehabt hatte, war wirklich

’ne Pause vonnöten. Hab mich wieder ran gesetzt an den Baum, war ’ne Tanne, komm ich grad drauf, hab den Vögeln zugehört, die über mir rumgezwitschert haben, und mein Werk bewundert. Ist inzwischen ja bekannt, was so ’n regloses Wesen mit bisschen Blut am Kopp bewirkt in meinem Innern. Und wenn’s dann noch so ein wohlgeformtes Weib ist. Hab ich meine Hände nicht lange stillhalten können. Die Pleil’sche Methode, nun hab ich die mal in aller Ausgiebigkeit praktizieren können. Noch dazu am helllichten Tage, dass es ein Schmaus war für die Augen.

Zwei Glücksmomente so kurz hintereinander, die Hitze den ganzen Tag und der Schnaps und die Schlepperei vorher, also, da hat sich dann doch Schläfrigkeit eingestellt. Hab ich mich neben dem Weib ausgestreckt, hab’s bewacht wie ’n Bruder, und als ich wieder wach geworden bin, war der nächste Tag da. Hat mich die Sonne geküsst, oder wie sagt man das? Von dem Weib hab ich meine Finger gelassen, ich schwör’s. Sind Viecher dran rumgekrochen, aufm Kopp, wo die Löcher waren, und im Gesicht. Aus der Nase sind welche rausgekrabbelt gekommen, und aus den Augen, nee, da hat man nicht mehr hingucken wollen. Hab meine Tasche geschnappt und den Koffer von der und bin abgedackelt. An den Hammer hab ich nicht gedacht, der ist neben dem Weib liegen geblieben.

Aktennotiz in der Ermittlungsakte, Mordkommission Braunschweig-Land, Datum unbekannt (Auszug)

Am 19.7.46 wurde in der Nähe von Walkenried am Rand eines Tannenwäldchens eine weibliche Leiche gefunden, der Kopf war mit weißer Decke umhüllt, Unterkörper war entblößt, Schuhe und Strümpfe fehlten. Im Mund ein Knebel, ein Damentaschentuch. Neben dem Kopf lag ein fast neuer Hammer. Bei der Sektion am 25.7.46 durch Prof. Schulze wurde festgestellt: erhebliche Fäulniserscheinungen, Madenfraß, Zerstörung der Weichteile, an der hinteren Scheidenwand ein quer laufender Riss von ca. 2,5 cm mit ausgedehnten Blutaustritten zwischen Scheide und Mastdarm, am Schädel zwei große Zertrümmerungen, Tod ist durch doppelten komplizierten Schädelbruch infolge stumpfer Gewalteinwirkung, wahrscheinlich durch Hammerschläge, eingetreten. Opfer wurde kurz vor dem Tod gewaltsam geschlechtlich missbraucht.

Mit dem Hammer hat's ein Wiedersehen gegeben, hätt man nicht für möglich gehalten. Das war die andre verrückte Sache an dem Fall. Muss ich die Zeit bisschen weiterdrehen. War nach dem Vorfall mit dem Kaufmann, nachdem sie mich gekascht hatten. Hab ich eine Zeit in Braunschweig gesessen, U-Haftanstalt Rennelberg, rote Klinkersteine, der Bau, und Stacheldraht drum rum, falls es jemand genau wissen will, kann man sich von draußen angucken. Von den totgemachten Weibern hatt ich da noch nichts bekannt gegeben. Und jetzt kommt's: Bin ich doch zu einem in die Bucht reingesteckt worden, von dem sie behauptet haben, er hätt das Weib in Walkenried totgemacht. Krautmacher war der Name von ihm, hab ich mir direkt mal merken können, Heinz oder Helmut, was mit H war's. Jedenfalls bin ich ganz zornig geworden, wie der mir das erzählt hat. Hab gedacht, so ein Schuft, will sich mit einer Totmachung brüsten, die er gar nicht vollbracht hat. Wird er vielleicht noch der berühmte Totmacher. Wo kommen wir denn da hin?

Hat sogar vor einem Richter antanzen müssen, dieser Krautmacher, mit Terminen und so. Und da haben Zeugen geschworen, sie hätten ihn gesehen mit der Toten, als die noch lebendig gewesen war. Müssen sie mich gesehen haben. Ist aber keiner drauf gekommen, erst später, nachdem ich's selber verkündet hab. Da ist denen bei der Polizei dann auch aufgefallen, dass unsre Visagen sich geähnelt haben, als wären wir eineiige Zwillinge oder so was. Mein zweites Gesicht, so hab ich's genannt.

Den Krautmacher haben sie dann freigesprochen. Sein Alibi ist zwar wacklig gewesen, aber hat ja niemand rausgekriegt, an welchem Tag genau das Weib totgemacht worden war. Hätt's selber nicht mehr sagen können. Und das andre, dass ich angenommen hab, der will sich mit meiner Totmachung schmücken und berühmt für werden, also, das war ein Irrtum meinerseits.

Muss ich jetzt vielleicht mal erklären, wie das überhaupt gekommen ist, das mit dem Ehrentitel Totmacher und so. Angefangen hat's mal wieder damit, dass ich die Wahrheit gesagt hab, aber die Leute mir nicht geglaubt haben, in dem Fall waren's andre Gefangene. Schon in Braunschweig, wie ich da eingebuchtet war, und danach in Celle ist es genauso gewesen. Ständig hat wer was von nackten Weibern rumposaunt, und alle haben's für bare Münze genommen. Nur wenn ich mit meinen Geschichten angefangen hab, dann war da gleich dieses Grinsen in den Gesichtern, was der uns da erzählt. Spürt man ja, so was. In Celle bin ich dann an einen ganz Schlauen geraten, ein Gelehrter ist das gewesen. Warum sie den eingesperrt hatten, weiß ich nicht mehr. Na ja, dem hab ich also was angedeutet, dass ich Weiber betäubt und denen an der Fotze rumgezuppelt hab, die Sachen eben. Wenn das wirklich stimmt, hat der gesagt, dann bist du ja ein Totmacher. Hat mich endlich mal einer ernst genommen. Und wie ich das nun gemerkt hab, hab ich dem auch anvertraut, dass es die größte Freude für mich ist, Weiber totzumachen, dass mir einer bei abgeht, ohne dass ich wichsen muss. Daraufhin hat er mir den Rat gegeben, der Polizei alles zu offenbaren. Wenn du so viele totgemacht hast, wirste vielleicht als Totmacher angestellt, so hat der's gesagt. Und ich hab's geglaubt, weil's nun doch die Worte von einem Gelehrten waren. Zu der Zeit hat's ja noch die Todesstrafe gegeben. Und dafür sind Scharfrichter angestellt worden. War das Gleiche, bei mir heißt das eben Totmacher. Hätt ich mit amtlicher Erlaubnis Weiber totmachen dürfen. Die Männer hätt ich wohl auch übernommen, wenn's nun mal dazugehört hat. Und ausm Zuchthaus wär ich rausgekommen. Also hab ich angefangen mit meinen Bekanntmachungen. Und drunter hab ich immer geschrieben: Rudolf Pleil, der Totmacher. Damit da auch keine Verwechslung passiert.

Urteil der 1. Strafkammer des Landgerichts Braunschweig gegen Pleil und Mittäter (Aktenzeichen: 6 Ks 1/50), erlassen am 17.11.1950 (Auszug)

Pleil ist nicht schwachsinnig, sondern mit einer weit über den Durchschnitt stehenden Intelligenz begabt. Dass ihm die Schulbildung fehlt, ist für die Feststellung ohne Bedeutung. Auch sein befremdliches Verhalten während eines Teils seiner Haftzeit lässt nicht auf eine krankhafte Störung seiner Geistestätigkeit schließen. Pleil bezeichnete sich in dieser Zeit – was er selbst zugibt, jetzt etwas beschämt – als besten Totmacher Deutschlands, unterschrieb zahlreiche Schriftstücke mit diesem Titel und erklärte, er wolle als Totmacher amtlich angestellt werden. Nachdem er erfahren hatte, dass die Todesstrafe abgeschafft war, änderte er seine Bezeichnung in Totmacher a. D., bis er es schließlich ganz unterließ und sich wieder normal verhielt. In der Hauptverhandlung erklärte er dazu, man hätte ihm im Zuchthaus in Celle allerhand solchen Mist eingeflüstert.

Anhand der Sachverständigengutachten kam das Gericht zur Überzeugung, dass Pleil zu dieser Zeit unter der Wirkung einer Haftpsychose gestanden habe, die durch das im Zuchthaus angestaute Triebleben hervorgerufen wurde. Dadurch stand er unter einem Offenbarungszwang, der die besondere Art seiner sexuellen Fantasie erfüllte. Um sein Gewissen zu beruhigen, errichtete er eine Entschuldigungsfassade, mit dem Gedanken, dass ihm niemand verbieten könne, sein Sexualleben auszuleben und dass er, um zum vollen Sexualgenuss zu kommen, nun einmal töten muss. Dabei steigerte er sich, unterstützt von seinem Geltungsdrang und von anscheinend hämischen Einflüsterungen einiger Mitgefangener, in die Idee hinein, zum Totmachen berufen zu sein. Jeden Zweifel an seiner Begabung als Totmacher wollte er ausräumen. Aus diesem Grund benannte er auch seine Mittäter, damit die halfen, alle Zweifel an seiner Fähigkeit aus der Welt zu schaffen. Die Psychose, die jetzt wieder abgeklungen ist, ist erst entstanden, als er schon längere Zeit im Zuchthaus saß. Sie hatte also mit den Taten nichts zu tun.

21

Zwischen mir und Karl hat's zwei Sachen gegeben, über die haben wir uns öfters in die Haare gekriegt. Der hat das mit den Weibern nicht kapiert, dass ich das gebraucht hab, um den schönsten Orgasmus zu haben. Ich versteh nicht, dass du Interesse an dieser Schweinerei hast, hat er jedes Mal gesagt. Karl wollte immer Kerle umhauen, Schwarzhändler oder andre, die große Beute versprochen haben. Hat man einen Blick für entwickelt, bei wem was zu holen war. Aber das hab ich nun nicht gewollt. Wenn du einen Mann umlegen willst, hab ich gesagt, dann mach's alleine. Außer einer hätt 'ne Portion Schnaps beigehabt, da wär ich mit bei gewesen, alles andre hat mich nicht interessiert, höchstens noch Moneten, wie bei dem Kaufmann, der hatte tausend Mark in der Tasche, hab ich natürlich nicht dagelassen. Gut, wenn bei so 'nem Weib zusätzlich Beute abgefallen ist, was zu fressen oder Klamotten oder Schmuckstücke, die man verscherbeln konnte, dann hat sich's doppelt gelohnt gehabt, aber die nur zu bearbeiten, da wär ich auch mit zufrieden gewesen.

Der andre Punkt war die Art, wie Karl vorgegangen ist, wenn er mal die Rolle als Totmacher übernommen hat. Ist er unberechenbar gewesen, dass man's selber mit der Angst hat kriegen können.

Ich nehm nur mal den Vorfall mit dem Kerl, den er abgeknallt hat wie ein Karnickel. Den hatten wir im Braunschweiger Hof in Zorge aufgegabelt. August sechsundvierzig ist das gewesen, nicht lange, nachdem ich das Weib in Walkenried totgemacht hatte. Damals haben wir uns in der Gegend noch nicht so gut ausgekannt. Hat Karl rumgefragt unter den Gästen, wer uns auf die russische Seite bringen kann. Kein Wort zu mir, was er mit dem wirklich anstellen wollte. Hab nicht mal gewusst, dass er eine Pistole bei sich hatte. Sind dann los zu dritt, der Kerl vorneweg. Und im Wald drin hat er den erschossen. Zwei Schuss in den Oberkörper. Ob er das Herz getroffen hat, kann ich nicht sagen, aber der war gleich mausetot. Doch warum ich's erzähle, ist das, was danach war.

Hat Karl mir Anweisung gegeben, ich soll dem Kerl die Klamotten ausziehen. Wollte prüfen, ob was Brauchbares bei ist. Und danach hat er gewollt, dass ich ein Loch buddle, für die Leiche, dass wir die dadrin verscharren können. War er immer bedacht drauf, dass andre Leute die Totgemachten nicht gleich entdeckt haben. Hab ich schon kapiert, aber wie er mir die Anweisungen gegeben hat, als wär er der Offizier und ich nur 'n Muschkote. Und die ganze Zeit hat er die Pistole in der Hand gehabt. Ich glaub, der hätt mich auch umgelegt, wenn ich nicht nach seiner Pfeife getanzt hätt.

Oder die Sache in Hof, die ist auch bisschen gespenstisch abgelaufen. War paar Tage vorher. Sind dazwischen nur kurz in Zöblitz gewesen, damit bei unsren Weibern nicht die große Sehnsucht ausgebrochen ist. Karl hatte sich nun auch an ein Weib gekettet, obwohl er noch mit einer andren verheiratet war. Die hat irgendwo in der Tschechei gesteckt, ist er nicht hingekommen. So hab ich's von ihm gehört. Wahrscheinlich hat er gar nicht hingewollt. Die Neue war übrigens auch 'ne Margarete, wie mein Eheweib. Ist ein hübsches Biest gewesen, konnt man schon Verlangen nach kriegen. Paar ordentliche Titten hat die drangehabt. Kann ich sagen, so als Experte, hab's selber überprüft, als wir alle zusammen mal bei einem Tanzabend gewesen sind. Hab ich die Dinger vermessen. Hat sie gleich protestiert, aber das macht einen ja nur noch verrückter nach diesen Ludern.

Also Hof. War wieder die Diskussion, einen Schwarzhändler umhauen oder ein Weib. Hat mit angefangen, dass Karl gesagt hat, wir müssten was machen, er braucht Moneten. Auf mein Drängen hin haben wir uns dann doch auf ein Weib geeinigt. Hat auch Tage gegeben, will ich nicht verschweigen, da hat Karl Verständnis gezeigt, war immer anders. Wie eben jeder Mensch seine zwei Seiten hat. Nach Hof hatten wir uns aufgemacht, weil wir Feuersteine besorgen wollten. Nur damit keiner denkt, wir wären ziellos rumgezogen wie Vagabunden. Aufm Weg hatt ich mich mit Schnaps eingedeckt, damit ich nichts vermisst hab. In Hof haben wir zwei, drei Tage verbracht, sind durch verschiedene Wirtschaften gezogen, um Tauschgeschäfte abzuwickeln und nicht an Durst zu leiden. Und nebenher haben wir unsre Augen offen gehalten nach was Geeignetem.

In einer Wirtschaft nicht weit vom Bahnhof, da ist dann ein Weib aufgetaucht, hat sich gleich gut verstanden mit Karl. Was die beiden alles gequasselt haben, hab ich bald nicht mehr hingehört. Hab stattdessen mein Bestes für getan, dass beim Kellner keine Langeweile aufgekommen ist. Nee, jetzt denk ich dran, ist 'ne Kellnerin gewesen, die hatt ich nämlich zuerst aufm Kieker gehabt. Für meinen Geschmack hätt das Weibsbild, das Karl beim Wickel hatte, bisschen jünger sein können. War mehr seine Altersklasse, fünfunddreißig bis vierzig würd ich schätzen, aber dafür hat die eine Statur gehabt, holla, die Waldfee, an der war was dran, sind gleich die schönsten Bilder aufgetaucht vor meinen Augen.

Falls ich's noch nicht berichtet hab, von solchen Bildern sind 'ne Menge deponiert in meinem Verstandskasten. Und fast alle kann ich abrufen, dass ich sie vor mir seh wie auf einer Kinoleinwand, nur bisschen kleiner. Paar sind unscharf geworden über die Jahre, aber die meisten taugen was. Und wenn ich die dann seh, kommt die Erinnerung, was bei passiert ist. Muss ich nur richtig doll dran denken, und schon steht Fridolin wie ’n kleiner Hauptmann bei der Wachablösung, hilft nur noch Fräulein Faust. Ist genauso, wenn ich’s niederschreib, denk ich dran, kommen die Bilder, denk ich noch mehr dran und so weiter. Kann man jetzt vielleicht besser verstehen, warum ich hier drin so viele Bleistifte verkritzelt hab.

Wie wir nun die Wirtschaft verlassen haben, mit dem Weibsstück im Gefolge, war’s schon so gut wie Nacht. Der Weg hat uns zum Bahnhof geführt. Sind kurz in den Wartesaal rein, um zu gucken, ob Plätze frei wären, wo man hätte pennen können, dann wieder raus. Das Nächste, was ich sehen kann, ist ein Bahnhofsgelände mit Ruinen drauf. War der Güterbahnhof. Von den Ruinen und was da noch gestanden hat, hat man bloß die Umrisse erkennen können, so dunkel ist es gewesen. Lichter hat’s keine gegeben. Wie’s Karl angestellt hat, die Alte da hinzulocken? Ist er vom Kommissar auch gefragt worden, von mehreren Kommissaren, und später vom Richter, bei den Terminen. Aber der Schuft hat ja nicht zugegeben, dass er überhaupt dort gewesen ist, nicht mal, als noch der Letzte gemerkt haben muss, dass er lügt wie der Baron persönlich, Münchhausen oder wie der Name von dem war.

Ich kann’s auch nicht sagen, warum die mitgelatscht ist. Wahrscheinlich ist sie einsam gewesen und hat sich was erhofft. Ausgerechnet von Karl, ha, da hat sie aber gesehen, was man von dem kriegt. Wobei, nee, gesehen hat sie’s eben nicht. Hab selber kaum so schnell gucken können. Karl ist neben der hergelaufen, vielleicht ’nen halben Schritt zurück. Auf einmal hat er ein Messer in der Hand gehabt, so ’n großes, ’n Fallschirmmesser, wie’s die bei der Wehrmacht gegeben hat. Hat dem Weib mit aufn Ballon gehauen. Und nicht bloß gehauen, war ’n richtiges Gemetzel. Vom Gesicht hat man so gut wie nichts mehr erkennen können, wie sie aufm Boden gelegen hat. Ist überall Blut rausgeblubbert. Aber tot ist die nicht gewesen. Hat komische Laute gemacht, so geröchelt hat die. Hat mich bisschen gestört, wie ich drangegangen bin, mir mein Recht zu verschaffen. Hätt's mir schon anders gewünscht. Wenn man eben nicht alles selber macht. Aber verzichten hab ich auch nicht wollen. Ist mir ja nun trotzdem einer bei abgegangen. Nur meine Hände, die waren hinterher beschmiert, als hätt ich das Gesicht von dem Weib gestreichelt. Da nun kein Wasser verfügbar war und Schnaps zu kostbar gewesen wär, hab ich mir auf die Finger geschifft, um das Blut bisschen abzukriegen. Aber das war erst, nachdem Karl fertig gewesen ist mit seinem Werk und wir das Weib in einen Brunnen reingeschmissen hatten.

Vielleicht glaubt man's nicht, doch ich sag die Wahrheit. Es gruselt mich, den Rest auch noch zu erzählen. Aber geht nicht anders, sonst begreift man nicht, was ich am Anfang gemeint hab. Karls spezielle Methoden. Das Weib hatte ja nun noch geröchelt, auch wenn ich glaube, dass die's nicht mehr lange gemacht hätte. Und wir hatten den Brunnen noch nicht entdeckt. Auf den sind wir erst gestoßen, da wollten wir schon zum Bahnhof hin. Sind extra noch mal zurück, um die Alte dadrin zu entsorgen. Das also mal weggedacht. Mir wär's egal gewesen, aber Karl, der hätt die da niemals lebendig liegen lassen. Schon als ich sie bearbeitet hab, hat er daneben gestanden wie ein Wachmann. Und kaum war ich fertig mit der, da hat er sich über sie gebeugt, das Messer in der Hand, und ihr den Hals durchgeschnitten, bis runter auf die Wirbelsäule. Hab's gehört, wie die Klinge aufm Knochen langgeknirscht ist. Dann hat er ihr den Rock ausgezogen, was die oben anhatte, war nicht mehr zu gebrauchen. Und den Schmuck hat er ihr abgenommen, Ringe und Armbänder, hat sie paar von drangehabt. Einen Ring, an der rechten Hand war der, Mittelfinger oder so, den hat er nicht gleich abgekriegt. Hat er das Messer noch mal angesetzt und hat 'n Stück vom Finger abgesäbelt, dann ging's.

Urteil der 1. Strafkammer des Landgerichts Braunschweig gegen Pleil und Mittäter (Aktenzeichen: 6 Ks 1/50), erlassen am 17.11.1950 (Auszug)

Zwei Mithäftlinge Hoffmanns, die nacheinander mit ihm einsaßen, erklärten, dass er nie behauptet habe, unschuldig zu sein. Er habe vielmehr immer darauf hingewiesen, dass man ihm nichts nachweisen könne. Einer von den beiden unterhielt sich länger mit Hoffmann über dessen Aussichten in dem bevorstehenden Verfahren. Da sagte Hoffmann, man werde Pleil nicht glauben, da der einen an der Kappe habe, und dass Schüssler nichts sagen könne, da der bei der Fremdenlegion sei. Ihm selbst würde man nichts anhaben können, denn die Taten lägen schon drei Jahre zurück, es sei Gras drüber gewachsen. Der Staatsanwalt könne ihn am Arsch lecken, er lasse sich nicht fangen, dazu sei er viel zu diplomatisch. Nach dem Termin in Hof [Tatortbesichtigung, d. A.] zeigte er dem Mithäftling einen Zeitungsausschnitt, den er sich unterwegs beschafft hatte, darin wurde die Bevölkerung zur Aufklärung des Falls aufgerufen. Er gab dem Mithäftling die Notiz und sagte: Jetzt weiß ich genau, dass die nichts wissen. Die suchen erst! Auf den Umstand, dass ihn verschiedene Zeugen in Hof gesehen hatten, sagte er, die Anwesenheit allein beweise nicht, dass er einen Mord begangen habe. Auf die Frage, warum er dann nicht zugeben würde, in Hof gewesen zu sein, erklärte Hoffmann: Wenn ich das zugebe, wissen die auch, dass ich mit Rudolf da war.

In besondere Aufregung geriet Hoffmann nach Aussage des

Mithäftlings, als er erfuhr, dass bei seiner Braut eine Hausdurchsuchung durchgeführt wurde. Der fragte ihn, warum ihn das beunruhige, da sagte er, weil er seiner Braut öfters Schmuck, Kleidungsstücke und eine Armbanduhr mitgebracht habe und die Polizei die jetzt möglicherweise wiedererkenne. Der Mithäftling meinte, das sei unvorsichtig. Hoffmann sagte, er habe seiner Braut nicht die Herkunft erklärt, sondern gesagt, dass er sie beim Schwarzhandel erworben habe.

Vermerk des Kriminalpolizeimeisters Fritz Fulst in der Handakte zur Ermittlungsakte Mordkommission Braunschweig-Land, 8.5.1950

Durch einen V-Mann wurde Folgendes in Erfahrung gebracht:

Der V-Mann befindet sich zurzeit mit Hoffmann zusammen auf einer Zelle. In der Nacht vom 7. zum 8.5.50 wurde Hoffmann von schweren Träumen heimgesucht. Der V-Mann hörte, wie Hoffmann nachts, es war wohl schon frühmorgens, wiederholt schrie: Rudolf oder Rudi, warum hast du mich verraten?! Dabei soll Hoffmann aufgesprungen sein.

Am nächsten Morgen wurden Hoffmann von dem V-Mann diese Worte vorgehalten. Hoffmann erklärte: Meine Nerven gehen mit mir durch.

Hoffmann versucht mit allen Mitteln, dass seine Braut nur nicht nach hier kommt. Er hat in Erfahrung gebracht, dass die Kripo sie vorgeladen hat, und will dieses unbedingt verhindern. Seine Braut würde alles sagen, was man sie fragt, sie könne nicht so standhalten wie er.

Die Braut besitzt heute noch eine Armbanduhr und einige Ringe aus strafbaren Handlungen, die Hoffmann und Pleil begangen haben.

Hoffmann hat einen Mitgefangenen im Hof gebeten, seiner Braut nach seiner Entlassung am 15.5.50 zu schreiben, dass sie ja nicht in die britische Zone kommt.
Hoffmann soll immer schwer aufpassen und horchen. Auch versucht er, in Erfahrung zu bringen, was Pleil gesagt hat und wie der über Hoffmann denkt.
Hoffmann erzählt nie von seinen Straftaten, sondern redet immer um den heißen Brei herum. Er bestreitet aber nie, dass er etwas mit Pleil zusammen gemacht hat. Trotzdem er bislang jede Mittäterschaft des Pleil bestreitet. Im Gefängnis bei den Ganoven hat Hoffmann sich noch nie geäußert, er habe mit Pleil nichts gemacht.

Mitschrift Verhör des Angeklagten Karl Hoffmann durch den Vorsitzenden Richter, Landgerichtsdirektor Lüttig, beim Prozess gegen Pleil und Mittäter vor der 1. Strafkammer des Landgerichts Braunschweig am 31.10.1950 (Auszug)
Vorsitzender: »Pleil hat Sie am Anfang nicht genannt. Er hat dabei Morde auf sich allein genommen, die er nach Lage der Dinge allein gar nicht durchgeführt haben konnte!«
Hoffmann: »Dann war vielleicht ein anderer dabei, aber nicht ich!«
Vorsitzender: »Sie sind in Hof von fünf Zeugen wiedererkannt worden, die Sie am Tattag und nahe dem Tatort gesehen haben!«
Hoffmann: »Dann müssen sich die Zeugen geirrt haben.«
Vorsitzender: »Sie haben einem Zeugen Ihr Fallschirmmesser zum Kauf angeboten, einem anderen, der vernommen wurde, die Uhr einer Ermordeten verkauft, Ihrer Braut den Ring einer Ermordeten geschenkt!«
Hoffmann: »Ein Fallschirmmesser habe ich nie besessen, jene Uhr habe ich nie gesehen, den Ring besaß ich schon

seit 1946, und als ich ihn eines Geschwürs wegen nicht länger tragen konnte, hat ihn meine Braut mit einer Zange abgezwickt.«

Vorsitzender: »Der Ring ist nicht durch eine Zange, sondern durch eine Bruchstelle entzweigegangen, genau, wie Pleil es dargestellt hat.«

Schweigen.

Vorsitzender: »Sie haben nach dem Zeugnis eines Mithäftlings im Traum gerufen: Rudolf, warum hast du mich verraten!«

Hoffmann: »Der Mann lügt.«

Der Richter zuckt die Achseln und bricht das sinnlose Verhör ab.

Wenn ich vorhin was über die Bilder gesagt hab, die in meinem Kopp drin sind, die schönen, wie ich bei bin, die Weiber zu bearbeiten und so, davon gibt's noch 'ne andre Schublade, und da sind eben die furchtbaren Bilder drin, wie die von dem Weib in Hof, die durchgeschnittene Kehle. An solche Bilder will ich nicht denken, mach ich freiwillig auch nicht. Aber dann seh ich die doch, nachts nämlich, träum ich manchmal von. Und wenn die Träume kommen, werd ich die Bilder übern Tag nicht mehr los. Quäl ich mich schon die ganzen Jahre mit. Weiß nicht, wie oft ich's Karl gesagt hab, dass ich nicht mit einverstanden bin, wie er's macht. Ist doch genug, den Weibern eine aufn Deetz zu ballern, hab ich gesagt. Aber er hat gesagt, nee, da weißte doch nicht, ob die wirklich tot sind. Und wenn die nicht tot sind, dann könn'se uns verpfeifen. Trotzdem, ich will das nicht, habe ich gesagt. Und so ist es hin und her gegangen, seine Meinung, meine Meinung, war jedes Mal so, wenn wir drüber geredet haben. Aber am Ende hat er mir immer versprochen, es nicht noch mal zu machen, nicht so. Wenn ich doch da bloß schon gewusst hätte, was der für 'n Lügenmeister ist.

Aber ich erzähl mal, wie's weitergegangen ist. Sind viel rumgereist zu der Zeit, hat sich nichts dran geändert, mal in die Region, mal in eine andre, haben keine Himmelsrichtung ausgelassen. Und fast immer ist es über die Grenze gegangen, so hat man die besten Geschäfte machen können. Kämme und Seidenstrümpfe und Schnaps, das waren die Sachen, die wir am meisten verhökert haben. Oder getauscht. Und was nun das Totmachen anging, da sind wir manchmal auf die Suche gegangen, und manchmal hat uns der Zufall in die Karten gespielt, hatten wir's gar nicht vorgehabt.

Einmal, wir waren grad wieder auf der Rückreise von Hamburg, da hat sich so 'n Fall ereignet. Hat man schon denken können, der liebe Gott, der meint's doch gut mit einem. Waren mit dem Zug bis nach Uelzen gekommen. Von da haben wir rüberwechseln wollen ins Russische, Richtung Heimat. In Uelzen hat uns ein Lastwagen mitgenommen. Kurz vor Clenze sind wir runtergehopst von der Pritsche, war's nicht mehr weit bis zur Grenze. Aufm Weg sind wir paar Dörfer abgeklappert, um Kämme gegen Lebensmittel zu tauschen, Brot und Eier und so was, hat man bei den Bauern noch am besten auftreiben können. Da's drüber ziemlich spät geworden ist und keiner von den Bauern uns einen Schlafplatz hat geben wollen, sind wir weitergezogen, eine Landstraße lang. Wollten uns im nächsten Waldstück ein gemütliches Eckchen suchen. Die Sonne war schon verschwunden, aber es war noch nicht so finster, dass man umhergetappt wär wie blind. Und da nun ist uns ein Licht entgegengekommen, war 'n Fahrrad. Hat ein junges Ding drauf gesessen, vielleicht fünfundzwanzig, groß gewachsen, größer als ich, und stämmig. Das hab ich aber erst später sehen können. An der Stelle ist es ein Stück bergab gegangen, also für uns, das Weib dagegen hat kräftig strampeln müssen, um vorwärtszukommen. Hatte zwei große Taschen am Lenker. Ganz ehrlich, wie die so angekommen ist, hab ich keinen Gedanken dran gehabt. Aber dann haben wir sie angehalten, um nach dem Weg zu fragen und ob es in der Nähe eine Herberge gäbe für zwei arme Wandersleut. Hat Karl, der alte Charmeur, gleich wieder losgesäuselt. Ich bin 'n Stück zurückgegangen und hab das Weib bisschen genauer betrachtet. Dadurch dass die nicht richtig abgestiegen war vom Rad, sondern mit einem Fuß draufgeblieben ist auf der Pedale, hab ich ihren Oberschenkel sehen können. Und ein Stück vom Schlüpper, hat ausgesehen, als wär's der Schlüpper. Da ist mir nun doch der Appetit gekommen. Am Straßenrand, waren zwei, drei Schritte bis hin, da haben Feldsteine gelegen. Mehr brauch ich nicht zu sagen. Karl hat die hinterher in den Wald geschleift und so 'ne Art Grab errichtet, mit Moos und Tannennadeln drauf, dass man nichts mehr hat sehen können von der. Vielleicht hätte er Totengräber werden sollen, dem Kerl ist immer was andres eingefallen.

Urteil der 1. Strafkammer des Landgerichts Braunschweig gegen Pleil und Mittäter (Aktenzeichen: 6 Ks 1/50), erlassen am 17.11.1950 (Auszug)

Irene Hartmann, 25 Jahre alt, bewirtschaftete eine Blockhütte, die ihr Vater im Wald zwischen Quartzau und Clenze etwas abseits der Hauptstraße errichtet hatte. Die Hütte war als Fremdenpension eingerichtet, mit der eine Gastwirtschaft verbunden war. An dem Abend hatte Hartmann gegen 20 Uhr das Haus verlassen und war mit dem Rad nach Quartzau gefahren, um dort Besorgungen zu machen, vor allem, um Eier einzukaufen. Ob ihre Bemühungen Erfolg hatten, lässt sich nicht mehr feststellen, auch nicht, ob die am Tatort gefundenen Eier aus ihrem Gepäck stammten oder von einem von Pleil und Hoffmann abgeschlossenen Tauschgeschäft.

Auf mich hatte Karl einen Rochus an dem Abend, war nicht zu genießen. Hat rumgemault, weil ich die einfach so umgehauen hab. Lass mich gefälligst erst prüfen, ob's sich überhaupt lohnt, hat er gesagt. Na, für mich hat's sich doch gelohnt gehabt. Wird er auch gesehen haben, wo er immer bei zugeguckt hat, wenn ich so 'n Weib bearbeitet hab. Aber das Weib mit dem Rad hatte keine Reichtümer bei sich gehabt. Das war's nämlich, was ihn auf die Palme gebracht hat. Sind nur Fresssachen drin gewesen in den Taschen. Hat er richtig bös werden können, wenn bei der Beute nichts Wertvolles zu finden war. Hab ich auf der gleichen Reise noch 'ne Kostprobe von bekommen, sind nur zwei Tage vergangen.

Hatten es in der Zwischenzeit bis nach Magdeburg geschafft. Aufm Bahnhof dort haben wir noch so 'n junges Ding kennengelernt, im Wartesaal, war spätabends, haben da übernachtet. Das Weib wollte am nächsten Tag auf Hamstertour gehen. Haben wir sie ein Stück begleitet, war sowieso unsre Richtung, wo die hinwollte. Hätten auch eine andre Strecke nehmen können, aber warum nicht die, wo 'ne Belohnung gewartet hat. Sind in der Früh mit dem ersten Zug nach Dessau, und von da weiter zu Fuß. Ziel war ein Kaff paar Kilometer südlich. Den Namen hab ich vergessen, war dicht bei der Autobahn, hat nur 'ne Handvoll Häuser gegeben da. Und ein Gasthaus, hab ich Rübenschnaps gesoffen, fünf Reichsmark das Glas. Karl hat nicht mitgesoffen, der hat in der Zeit ein Beil aufgetrieben. Ist unauffällig in meine Aktentasche gewandert, das gute Stück. Irgendwann haben wir uns wieder aufgemacht, um noch die nächste Ortschaft zu erkunden.

Doch wie wir dort angekommen sind, huch, da waren's nur noch zwei, ich und Karl. Das Weib hatten wir in dem Waldstück zurückgelassen, durch das wir durchgelatscht waren. Diesmal war ich derjenige, der die Wut im Bauch hatte, und was für eine. Das ist unsre letzte Tour, hab ich zu Karl gesagt. Vielleicht hab ich's auch gebrüllt, aufgebracht war ich wie ein, ach, weiß nicht, hätt ihm eine in die Fresse hauen können.

Erst war's im Wald so gelaufen, wie's mir gefallen hat. Karl ist mit dem Weib ein Stück vorangegangen, ich hab auf einen günstigen Moment gelauert, und dann ist es auch schon vollbracht gewesen. Lag sie da in ihrem grünen Sommerkleid, waren große gelbe Blüten drauf, hab kurz an Sonnenblumen denken müssen. Dann hab ich nichts mehr gedacht, hab mich meiner allerschönsten Freude hingegeben. Derweil hat Karl sich über die Tasche und den Rucksack hergemacht, die das Weib bei sich hatte. In dem Rucksack ist gar nichts drin gewesen, nur Luft, und in der Tasche bloß Wolle und Kinderstrümpfe und so 'n Zeug. Hab Karl nicht schreien gehört vor Zornigkeit oder so. Aber hab gesehen, was er gemacht hat. Hat sich umgeguckt, in alle Richtungen, als wär er nach was auf der Suche gewesen. Dann hat er sich das Weib gegriffen und es zu einem Baumstumpf hingezerrt. Hat den Kopf draufgelegt. Und dann hat er das Beil genommen. Nach dem ersten Schlag ist der Kopf nicht ab gewesen, aber der Körper ist runtergerutscht vom Stamm. Hat er ihn wieder hochgezogen und einen zweiten Schlag niedersausen lassen. Und noch einen und noch einen, nicht nur aufn Hals. Hab selber nicht mehr hingucken können, bin paar Schritte weg und hab gewartet, bis er endlich nachgekommen ist. War 'ne Ewigkeit. Hat das Beil noch in der Hand gehabt und ausgesehen wie 'n Fleischer beim Schlachten, die ganze Jacke voll mit Blut. Ist gut, dass ich 'ne Lederjacke anhab, hat er gesagt, wie er meinen Blick gesehen hat, kann man die Scheiße abwischen.

Nach dem Erlebnis hab ich nun wirklich genug gehabt von Karls Methoden. Nee, nicht noch mal, hab ich mir geschworen, das hältste sonst im Kopp nicht aus. Aber dann hab ich mich doch wieder übers Ohr hauen lassen von diesem Ganoven. Kam er angeschissen und hat losgepiepst mit seiner Stimme. Kommt nicht noch mal vor, hat er gesagt, hat's mir hoch und heilig versprochen, beim Leben seiner Mutter oder so. Mit dem Reden, das hat der rausgehabt. Und so ist es gekommen, dass wir doch wieder auf Tour gegangen sind.

Muss grad an Walter denken, weil ich überleg, wo ich bin, in welcher Zeit. Das Jahr sechsundvierzig immer noch, aber schon zum Ende hin, November oder so. Waren wir fleißig gewesen in dem Jahr. Dabei sind nicht mal alle Sachen rausgekommen. Vielleicht lüfte ich noch das eine oder andre Geheimnis, später mein ich. Wie's Walter wohl geht, so im Innern drin, wo er die Tage nun schon zählen kann. Zeigen tut er's nicht, aber bestimmt ist er aufgeregt. Muss er doch sein. Werd ich nie erleben. Bei mir ist jede Hoffnung dahingeschwunden, wie man so sagt. Die werden mich nicht rauslassen hier, erst wenn ich in so 'ner Kiste drin liege. Aber wer weiß, vielleicht passiert das schneller, als die denken. Mit einer Rasierklinge hab ich's mal versucht, ist aber 'ne Sauerei, kann ich nicht empfehlen.

Doch mal weiter, sonst werd ich im Leben nicht fertig, und im Tod, da wird's auch schwierig. Bin ich also los mit Walter. Verdammt, jetzt sag ich schon Walter, Karl mein ich, Karl der Beilhacker. Und Karl der Messerschlitzer. Irgendwie sind wir in Bebra gelandet. Waren wir mal bei den Amis. Wo wir vorher aufhältig gewesen sind, könnt mich einer schlagen, weiß ich nicht mehr, ist weg. In Bebra haben wir einen D-Zug bestiegen, so 'n modernes Ding, glaub, der ist nach München gerattert. Sind wir aber nicht hin, sind schon in Königshofen raus. Hat den Grund gehabt, dass Karl mal wieder ein Weib erobert hat auf der Fahrt. Ein Hungergerippe ist das gewesen, hat keine Titten drangehabt und nischt. Karl war trotzdem scharf auf die. Weil sie ihm nämlich verraten hatte, was in ihrer Tasche drin war, feinste amerikanische Zigaretten, zwei Stangen von. Wollt sie mit Geschäfte machen in der russischen Zone. Hätt sie mal die Tasche gleich rausgerückt, wär sie uns los gewesen. Aber die musste die ja hüten, als wär's der Schatz von sonst wem, ist man nicht rangekommen. Ums kurz zu machen, Karl zu vertrauen, das ist nicht schlau gewesen von der. Hat sie ihr eignes Todesurteil mit unterschrieben.

In Königshofen sind wir nur raus ausm Zug, weil die raus ist. War ihre Route, hat sie sich ausgekannt. Sind Richtung Trappstadt gelatscht, aber um ehrlich zu sein, hab ich das erst von Fritze erfahren. Selber hab ich mir da keinen Ort gemerkt. War fremdes Gebiet, hatt ich vorher keinen Fuß hingesetzt.

Karl ist nun wieder fleißig am Säuseln gewesen, hat man den Schwindel von kriegen können. War eine Straße, wo wir langmarschiert sind, also kein Weg oder so. Bald ist links ein Wald gekommen. Sind die beiden mal schnell ins Gebüsch gehopst. War mein Gedanke, dass es schnell geht, mein ich. Ist dann eine halbe Stunde draus geworden, wenn's gereicht hat. Aber langweilig ist mir nicht gewesen, hab mir schöne Gedanken gemacht und bisschen Erleichterung verschafft. Hat schon die Vorstellung für gereicht, wie's die beiden im Busch da treiben. Dann ist Karl angewatschelt gekommen, breites Grinsen aufm Gesicht, hat man seine Goldzähne sehen können. Kurz, für paar Sekunden oder so, hab ich mich gefragt, ist der jetzt auch noch Gentleman geworden? Wegen der Tasche von dem Weib, die hat er in der Hand gehabt. Aber dann hab ich kombiniert, das Grinsen und die Tasche und von dem Weib nichts zu sehen, da hat er die im Wald wohl nicht nur gefickt. Jetzt geh du hin, hat Karl gesagt, kannste mal gucken, was für dich noch zu machen ist. War dabei immer noch am

Grinsen. Dieses Schwein, ich hätt's nicht tun sollen. Reingelegt hat er mich, will ich gar nicht dran denken, sonst sind sie gleich wieder da, die Bilder, die aus der andren Schublade. Ich sag nur so viel, die Alte war tot, toter hätt sie nicht sein können. Und ich hab seit dem Tag die allerschlimmsten Albträume. Kommen nicht mehr so oft wie gleich danach, aber wo ich jetzt dran denke, ist's heut Nacht bestimmt wieder so weit. Verflucht, schreib kein Wort mehr drüber.

Mitteilung des Anstaltsarztes Dr. Metzner, U-Haftanstalt Braunschweig, an die Mordkommission Braunschweig-Land, datiert mit: 10.5.1950

Am heutigen Tag bat Häftling Pleil mich zu sich. Als ich die Zelle betrat, fiel mir auf, dass Pleil sehr niedergeschlagen war und nicht wie sonst sein sehr lebhaftes Wesen zur Schau trug. Er saß auf seinem Schemel mit gesenktem Kopf, begrüßte mich freudig, aber mit einer gewissen Schwermut. Er bat mich, ihm in einer Entscheidung zu helfen, worin er nicht nur den Arzt, sondern vielmehr den mitfühlenden Menschen benötige. Auf meine Aufforderung hin, sein Herz zu erleichtern, sagte er mir, das könne er nicht erzählen, und gab mir zwei handgeschriebene Bögen zur Durchsicht. Nachdem ich die erste Seite flüchtig gelesen hatte und das Wesentliche nicht finden konnte, fragte ich ihn, was ihn so sehr bedrücke. Er eröffnete mir, dass er bei einer vor 14 Tagen stattgefundenen Vernehmung nicht die Wahrheit gesagt habe und seitdem das Bild der von Hoffmann durchgeführten Mordtat nicht mehr los würde, keinen Schlaf mehr finden könne und auch keine rechte Lust zum Arbeiten mehr habe. Er schilderte die Straftat folgendermaßen: In der Nähe von Hof haben Hoffmann und ich ein Mädchen kennengelernt, das mehrere Flaschen Schnaps und viele ameri-

kanische Zigaretten bei sich hatte. Hoffmann sagte zu mir, das lass mich mal machen. Hoffmann und das Mädchen gingen die Landstraße entlang, es war schon etwas dämmrig, als sie in den Wald verschwanden. Ich habe ¼, ½ oder gar eine Stunde gewartet, als Hoffmann wieder aus dem Wald kam und zu mir sagte, so, nun kannst du. Ich fand das Mädchen leblos in einem Busch liegen und wollte sie bearbeiten. Als ich sie an die Titten fasste, spürte ich Blut und merkte, dass der Kopf vom Rumpf getrennt war. Dieses Bild verfolgt mich jetzt ständig in der Nacht. Ich sehe das Blut tropfen und sehe, wie der Kopf mit blutverschmierten Haaren vor mir auf und nieder tanzt, seitdem ich in der Vernehmung gesagt habe, dass ich von dem Mord nichts wüsste.
Pleil bat mich zu entscheiden, was er tun solle, worauf ich antwortete, er müsse auf jeden Fall zur Wiederherstellung seines seelischen Gleichgewichts die Wahrheit sagen, denn nur so könne er den Alpdruck, der ihn quäle, von sich abwenden. Ich hatte den Eindruck, dass diese Tat ihn mehr mitgenommen hat als alle anderen vorhergegangenen und dass er ehrlich bestrebt war, zur Klärung dieser Tat beizutragen. Nach diesem Gespräch hat er sich vielmals bedankt und mir versprochen, den [die erwähnten zwei Seiten Niederschrift, d. A.] von mir geratenen Weg einzuschlagen, und als Dank überließ er mir beigefügte Aufzeichnungen.

Bericht Leichenfund in einem Wald bei Trappstadt am 9.11. 1946, Mordfall Herta Otto (Auszug)

Das linke Bein fehlte. Wild hatte die Leiche angefressen, das Bein abgenagt und den Knochen durchgebissen. Es war nur noch die Gelenkkapsel am Becken erkennbar. Der Kopf war vom Rumpf getrennt und lag in dem angewinkelten rechten Arm. Das Gesicht war wie die noch erhaltene Körperhaut

völlig eingefallen und ausgedörrt. Spuren von Verwesung auch dort, noch mehr an der Unterseite des Körpers, die auf dem Boden lag. Die Schnittfläche am Hals der Leiche war glatt. Der Hals war nicht unmittelbar unter dem Kinn abgetrennt, sondern etwas tiefer, sodass ein Teil des Halses noch am Kopf hing. An den Schnittstellen war eingetrocknetes Blut in dickeren Klumpen erkennbar. Es war deutlich zu erkennen, dass der Kopf nicht etwa vom Wild abgefressen worden war, sondern mit einem scharfen und glatten Werkzeug abgetrennt worden ist.
Die Leiche war von einem Bauern namens Wilhelm Geuß gefunden worden. In der Nähe hatte er auch einen Schuh, die Handtasche der Toten und ein Messer gefunden (30–35 cm lang mit Griff, starkes Messer, an der Spitze etwas nach unten gebogen). Das Messer soll in der Nähe der Leiche im Buschholz gelegen haben.
Die Leiche wurde später in Königshofen bestattet.

22

Wo ich nun die Schnauze voll hatte von Karl, ist Konrad ins Spiel gekommen. Den hab ich mal erwähnt, ganz am Anfang. Ist ein guter Kerl, soll keiner was andres behaupten. War bisschen wie 'n kleiner Bruder für mich. Konrad ist vier Jahre jünger. Hab ich von berichtet, dass ich mal einen Bruder hatte? Weiß ich nur von Mutter und Vater, selber kann ich mich nicht erinnern an den. Vielleicht, hab's vergessen, ist er gestorben, bevor ich auf die Welt gekommen bin, oder ich war da noch ein Windelscheißer. Hat komische Krämpfe gehabt, ist er bei erstickt, in der Nacht mal, hat Mutter so erzählt. Ist sie in der Früh an sein Bett gekommen, und da hat er nicht mehr geatmet.

War nicht so, dass ich Konrad gesucht hätte, dass man das nicht verkehrt versteht, bin auch alleine losgestiefelt und hab Geschäfte gemacht oder Weiber umgehauen. Ist mehr der Zufall gewesen, der das Leben gelenkt hat. Sind ständig Zufälle passiert seinerzeit. Die ganzen Weiber, alles Zufälle, kann man sagen. Wär die eine nicht auf der Bildfläche erschienen, wär's 'ne andre gewesen, die Pech gehabt hätte. Aber sind ja genug von da. Gesehen hab ich Konrad das erste Mal im Ratskeller, als ich da noch die Tabletts durch die Gegend jongliert hab. Sind wir aber nicht groß ins Gespräch gekommen, nur was man so sagt, wenn man den Leuten das Bier an den Tisch schleppt. Anders war's dann, wie ich ihm mal auf der Straße begegnet bin. In Zöblitz ist das gewesen, vorm Hotel Stadt Wien. Erinnre ich mich so genau dran, weil ich im Wien ein Zimmer angemietet hatte für meine Geschäfte. War ich der Mann für Kämme und Kurzwaren, Nadeln, Knöpfe, Zwirn und was man so hat brauchen können zum Nähen. Hab ich ausm Fenster raus verkauft. Und da ist er eines Tages nun langgekommen, bepackt wie ein Esel, war grad aufm Rückweg von einem Bauern. Auf zehn Meter hat man's riechen können, dass er frisches Brot erobert hatte. Hab ich mir sofort eins von gesichert, zwölf Mark hat er für haben wollen. So sind wir ins Reden gekommen. Hat er mir erzählt, dass er auch von Geschäften lebt, mal hier was, mal da was. Bring mir Sachen, die ich verscherbeln kann, hab ich ihm gesagt, Fahrräder oder Klamotten oder so was, kannste gut dran verdienen. Ist aber nichts draus geworden.

Sind schon zwei Zufälle gewesen, hat aber noch einen dritten gegeben, den entscheidenden, wenn man so will. Das Arbeitsamt in Olbernhau, da sind wir uns wieder übern Weg gelaufen. Im Dezember wird's gewesen sein, auf alle Fälle nach dem Vorfall mit dem Weib in Trappstadt. Haben wir beide bisschen rumgejammert, wie schwer die Zeiten grad sind und dass man übern Winter nicht viel ausrichten kann. Nach 'ner Weile hab ich pinkeln müssen, ist ihm in dem Moment auch nach gewesen. Noch so 'n Zufall, sag ja, nur Zufälle, wo man hinguckt. Sind wir rüber in die Schule, da hat's Toiletten gegeben. Und wie wir nach der richtigen Tür gesucht haben, sind uns paar Kindermäntel ins Auge gefallen, haben aufm Flur gehangen. Hat keiner bewacht. Die wären doch was, hab ich zu Konrad gesagt und mit 'm Kopp in die Richtung genickt. Dummerweise hatte keiner eine Tasche bei, wo man die hätte reinstopfen können. Haben wir uns also noch mal zum Pinkeln verabredet, für 'n nächsten Tag. So hat unsre Freundschaft angefangen.

Würd man nicht vermuten, aber solche Mäntel, die können einem 'ne Menge Scherereien einbringen. Nee, hat kein Segen drauf gelegen auf diese Dinger. Ist zwar ein Kinderspiel gewesen, die zu mopsen, haben wir keine fünf Minuten für gebraucht. Einer hat Schmiere gestanden, der andre hat sie eingesackt, und schon waren wir nicht mehr zu sehen. Aber danach hat der Ärger gleich angefangen. Als wir uns nämlich aufgemacht haben, unsre Beute zu verscheuern, hat uns ein Polizist zu genau angeguckt. Und nicht nur angeguckt, auf die Wache mitgenommen hat der uns. Sind wir nur wieder rausgekommen, weil ich tausend Mark dagelassen hab, als Sicherheit oder wie die zu gesagt haben, diese gierigen Banausen. Eine Anzeige haben die uns trotzdem an den Latz geknallt, und die Mäntel, die haben sie auch nicht wieder rausgerückt. Aber das ist immer noch nicht alles gewesen, was wir uns eingebrockt hatten mit der Aktion. Komm ich später drauf zurück.

Stenogramm Vernehmung Konrad Schüssler, Mordkommission Braunschweig-Land, 7.9.1950 (Auszug)

Zur Person:

Die Mutter des Schüssler, Johanna Schüssler, war ledig, als er am 25.4.1928 geboren wurde. Strumpfstrickerin. In Oberlungwitz in der Strumpfstickerei beschäftigt. Dort lernte sie den Maurer Kurt Hermann Liebscher kennen, der später ihr Mann wurde.

Schüssler war etwa 3 oder 4, als sie mit dem Stiefvater nach Ansprung zogen. Geheiratet hatte die Mutter vorher schon in Oberlungwitz. Das zuständige Standesamt war Ansprung. Erst wohnten sie in einer Wohnung, 1936 baute der Stiefvater ein Häuschen. Die beiden bekamen ein Mädchen, Anita Liebscher.

Schüssler ging in Ansprung zur Schule. Danach sollte er Maurer werden, hatte aber keine Lust, suchte sich nach 2 Wochen Lehrzeit eine Lehrstelle bei der Fleischerei Paul Krämer in Zöblitz.

1944 kam er durch die HJ in ein Wehrertüchtigungslager nach Schilbach/Vogtland, der Lehrgang dauerte 14 Tage, damals war er 16 Jahre.
Am 25.4.45 wurde er als Soldat eingezogen, kam in die Tschechoslowakei.
Am 8. oder 9. Mai 45 ist er mit neun anderen Kameraden in Richtung Komotau von der Truppe ausgerückt, um dem Russen nicht in die Hände zu fallen.
Es gelang ihm, zu seiner Mutter nach Ansprung zurückzukehren. Da dort aber schon der Russe war und alle, die Uniform trugen, angehalten und in Gefangenschaft geführt wurden, hielt er sich nur einen Tag in Ansprung auf, flüchtete in der Nacht Richtung Chemnitz. Er geriet in amerikanische Gefangenschaft, kam ins Gefangenenlager nach Marburg/Lahn.
Im Frühjahr 46 gelang es ihm, in einer unbewachten Minute zu flüchten. Mit mehreren anderen. Bei Bebra schloss er sich einem Transport an, der in die russische Zone ging, so kam er nach Erfurt. Dort war er 14 Tage in einem Lazarett und wurde dann mit ordentlichen Papieren entlassen.
Ging wieder zur Mutter nach Ansprung. Der Stiefvater war noch in Kriegsgefangenschaft.
Fand keine Arbeit als Fleischer, wurde im Sommer 1946 vom Arbeitsamt nach Borna verpflichtet, wo er in den Krupp-Gruson-Werken mit Demontagearbeiten beschäftigt werden sollte. Da die Lebensverhältnisse dort sehr schlecht waren, verließ er heimlich seine Arbeitsstelle, kehrte zur Mutter zurück, schlug sich mit Gelegenheitsarbeiten bei Bauern durch.

Weil nun alles schiefgelaufen war und wir keinen Pfennig verdient hatten, haben wir den Entschluss gefasst, also ich hab den gefasst, an die Zonengrenze zu fahren, um dort Leuten aufzulauern und denen das Gepäck wegzunehmen. Ungefähr so hab ich's Konrad erklärt. Der hat das noch nie gemacht gehabt. Dass wir die Leute dafür auch umhauen müssen, diese Information hab ich erst mal für mich behalten. Bin ich mit rausgerückt, als wir in Nordhausen aufm Bahnhof waren und uns im Wartesaal, dritte Klasse, die Ärsche breitgedrückt haben. Die ganze Nacht haben wir da rumgesessen. Bloß gut, dass ich versorgt war mit Schnaps und Zigaretten.
Am Morgen ist dann ein Weib zugekommen auf Konrad, Erna hat die sich genannt. Weiß nicht, ob das ihr richtiger Name war. Glaub's fast nicht. Die hat's faustdick gehabt hinter den Ohren. Hat erzählt, sie wär im KZ Ravensbrück gewesen und würd nun von Bahnhof zu Bahnhof ziehen, um Koffer zu klauen. War nicht zu übersehen, dass Konrad was gefunden hat an der, obwohl die dem Aussehen nach viel älter gewesen sein dürfte als er, zehn Jahre hätt ich geschätzt. Für das, was ich vorhatte, war die aber nicht zu gebrauchen. Hat ja nischt gehabt, nicht mal 'nen fetten Arsch oder so. Losgeworden sind wir die aber auch nicht. Hat sich richtig rangeklettet an Konrad. Von mir aus, hat er seinen Spaß haben sollen. So 'n junger Kerl, der muss auch mal ficken.

Und jetzt hab ich eine Überraschung. Kommt nämlich die Geschichte von der Auferstandenen. Die ist an dem Morgen auch aufgekreuzt aufm Bahnhof. Hat uns angequatscht, war Erna schon bei. Muss mitgekriegt haben, dass wir aufbrechen wollten in die britische Zone. Ob sie sich uns anschließen könne. Mein Fall war die nun nicht grade. Über fünfzig, brauch ich nichts weiter zu sagen. Was mich umgestimmt hat, war ihr Gepäck. Einen großen Rucksack hat die mit sich rumgeschleppt und eine Tasche. Hat beides schwer ausgesehen, als wär ordentlich was drin. Haben wir sie also aufgenommen in unsrer Wandergruppe. Sind erst mit der Straßenbahn bis zum Stadtrand, war 'ne Endstation. Kurz drauf ist ein Lastwagen vorbeigekommen und hat uns mitgenommen. Nicht nur uns, ist ein ganzer Schwung gewesen an Leuten. Waren noch ungefähr zehn Kilometer bis zur Grenze, da hat der plötzlich angehalten, und alle haben runtergemusst. Ins Grenzgebiet als Kompanie einzumarschieren, das wär nicht besonders schlau gewesen. Hätt man gleich ein Transparent nehmen und draufkritzeln können: Wir machen was Verbotenes, bitte festnehmen. Hab ich den Leuten erklärt, hab's versucht. Hat sich die Gruppe bisschen zerstreut. Wir vier sind gleich weg von den anderen, auf einen Feldweg drauf, da waren wir dann alleine.

Eine halbe Ewigkeit war's, die wir gelatscht sind, und irgendwann haben wir einen Berg hochgemusst. Vorher hatte Konrad jeden von uns mit einem Holzknüppel ausgerüstet, so Stangen, die man an junge Bäume drangebunden hat, damit die nicht umknicken oder so. Die Dinger hatten auf einem Holzstapel gelegen, an dem wir vorbeigekommen waren. Hab ich aufgehorcht, wie Konrad sofort erkannt hat, dass man die gut gebrauchen kann, als Wanderstock und überhaupt. Hat mir gefallen, dass er mitgedacht hat.

Versuch mich grad zu erinnern, wann ich rausgekriegt hab, dass die Alte paar Pullen Schnaps in ihrem Rucksack hatte. Sind wir schon am Wandern gewesen, vorher hab ich's nicht gewusst. Sonst hätt ich die doch gleich ins Herz geschlossen und mich um den Rucksack gesorgt. War's nicht so, dass sie's selber preisgegeben hat? Doch, jetzt ist es wieder da. Durch einen Russen ist es rausgekommen, ein Wachposten oder was der war. Hat ein Stück entfernt auf einem abgesägten Baum gesessen. Wie wir den bemerkt haben, hat einer aus unsrer Wandergruppe gefragt, was wir denn machen, wenn der uns anhält. Da hat's die Alte offenbart, dann müsste man den eben mit Schnaps bestechen, hat sie gesagt, hätt sie einige Flaschen von im Rucksack. Halleluja, da haben aber die Glocken geläutet.

Über die Fuffzehn, die wir oben aufm Berg eingelegt haben, hab ich an andrer Stelle was berichtet. Über die Geizigkeit von der Alten, wie die mir die Pulle weggeschnappt hat, war grad mal ein Tropfen draus raufgekommen auf meine Zunge. Ein Baby quäkt auch, wenn man die Nuckelflasche wegnimmt und es ist noch hungrig. Die hat selber Kinder gehabt, hätt sie's doch wissen müssen. Na ja, ist ja wieder aufgewacht, das alte Monstrum. Und bearbeitet hab ich die auch nicht. Hätt's fast gemacht, wo sie schon so brav dagelegen hat, aber bin dann abgelenkt worden. Hab ich übrigens mit dem Wanderstock erledigt, die Arbeit. Hab so fest draufgehämmert aufn Deetz von der, ist er bei kaputtgekracht. Dass die das überstanden hat. Kann nur die Mütze gewesen sein, die sie gerettet hat. War so 'ne dicke Fellmütze, 'ne Russenschapka.

Das war also der erste Streich mit Konrad als Gehilfen an der Seite. Die Schnapsflaschen von der Alten, die haben mich selig gemacht, geb ich zu. Hab ich keinen Tropfen von hergegeben. Konrad und sein Liebchen durften die restlichen Sachen unter sich aufteilen, waren hauptsächlich Klamotten, Weiberklamotten, Mantel, Kleider, Strümpfe, so was. Und drei Puppen. Hab ich mir zwei von gegriffen. Wo bald Weihnachten war, hätt man die gut verhökern können.

So sind wir nun zu dritt in Ilfeld angekommen, hungrig wie die Bären nach dem langen Marsch. Was haben unsre Augen gestrahlt, als wir einen Fleischerladen erblickten. Haben wir gleich was von der Beute, ein Paar Strümpfe, nagelneu, gegen ein Paket Wurscht eingetauscht und erst mal ordentlich gefrühstückt. Ist nicht mehr die Uhrzeit gewesen für 'n Frühstück, aber wo's doch unsre erste Mahlzeit war an dem Tag.

Danach ist es mit der Bahn weitergegangen, von Ilfeld nach Wernigerode, von Wernigerode nach Stapelburg. Bei der Fahrt haben die zwei Turteltäubchen eine Nummer geschoben aufm Scheißhaus. Hat mich nicht so interessiert, hab mich an den Schnaps gehalten, war ein Weißer, mein Lieblingsschnaps, hab die Pulle gestreichelt wie die Mutter ihr Kind. Aber die haben's ganz stolz verkündet, wie sie ausm Scheißhaus wieder raus sind. Hätt man denken können, die wollen heiraten oder so. Hat sich Konrad bisschen geirrt, was das für eine gewesen ist. Die Nacht hat sie noch die treue Seele gespielt, haben wir bei einem Bauern gepennt, hat uns beköstigt mit Milchsuppe und Brot, der gute Mann. Am nächsten Morgen aber, da hat das Weib mach's gut gesagt, hat Konrad einen Schmatzer auf die Backe gedrückt, und dann ist sie abgezischt.

Sind wir auch losgezogen, haben einen schönen Fußmarsch gemacht, ist gesund, so an der frischen Luft. Wenn ich's heut mal könnte. War nur bisschen frostig, ist einem die Rotze unter der Nase festgefroren. Die Sonne hatte sich paar Tage nicht blicken lassen, nur graue Suppe oben am Himmel. Glaub, es hat Schnee gelegen, nicht viel, am Rand von der Straße und aufm Acker, wo wir dran vorbeigelatscht sind. Wald hat's da keinen gegeben, hier und da paar Bäume oder Büsche, ansonst nur die Felder von den Bauern. Hat man einen weiten Blick gehabt. Erst sind wir durch Abbenrode durchgestiefelt, ist ein kleines Nest, kam gleich die Zonengrenze, und jenseits von der ging's weiter nach Vienenburg, britisches Gebiet, da haben wir hingewollt. Sind direkt durch bis zum Bahnhof, wollten unsre Knochen aufwärmen und heißen Kaffee schlürfen. Und gucken, ob sich was ergibt, dass wir vielleicht ein Weib erspähen mit großem Gepäck oder so. Konrad hat dann angefangen, von der Alten zu reden, die den Schnaps nicht hatte rausrücken wollen. Ob die wohl verreckt sei. Hab ich keinen Zweifel dran gehabt. Wo ein Pleil hinschlägt, hab ich gesagt, da wächst kein Gras mehr, kannste glauben. Tja, ist anders gewesen. Müssen wir nicht mehr drüber reden. Aber der beste Totmacher darf ja wohl auch mal einen schwachen Moment haben.

Ehe wir den Bahnhof wieder verlassen haben, übernachten wollten wir da nicht, hab ich mich noch bisschen umgeguckt. Findet man immer was auf so ’nem Bahnhof, das man gebrauchen kann, sag ich aus Erfahrung. An dem Tag ist es eine Eisenstange gewesen, die mich angelächelt hat, ’nen halben Meter lang, bisschen gebogen, hätt man eine Tasche ranbaumeln und auf der Schulter tragen können. Aber für den Zweck hab ich die nicht vorgesehen gehabt.

Auf dem Herweg waren wir an einem Eisenbahnerhäuschen vorbeigekommen. Stand direkt neben der Straße, mit der Rückseite, war nur ein Busch zwischen. Dach und Schornstein hat man trotzdem sehen können. Davor sind Gleise verlaufen, quer zur Straße. War die Strecke von Vienenburg nach Osterwieck, ist aber nicht mehr befahren worden, weil die Grenze da war. Die Bude hat bisschen ausgesehen wie das Knusperhäuschen bei Hänsel und Gretel. Ist nur keine Tür mehr drin gewesen, bloß der Rahmen noch. Und Fensterscheiben hat’s auch keine gegeben, die Scherben haben drinnen aufm Boden gelegen. Zum Übernachten wär das nicht geeignet gewesen, hätt man sich den Arsch abgefroren. War mir aber was andres eingefallen, wofür man’s nutzen könnte.

Bis wir da waren, ist es dämmerig gewesen. Und weil uns die Kälte schon wieder in die Glieder gekrochen war, hab ich ein Feuerchen gemacht. In dem Häuschen drin. Bisschen Holz hat da schon gelegen. Hab ich klein gehackt mit der Eisenstange, hab ich schon mal geübt. Konrad ist draußen rumgeschwirrt, hat Äste zusammengesammelt. Hab ihm aber noch einen andren Auftrag erteilt. Sollte drauf achten, ob ein

Weib angetippelt kommt, und mir schnell ein Zeichen geben, aber nur, wenn's alleine war.

Hat 'ne ganze Zeit gedauert, das Holz zum Nachlegen ist fast alle gewesen. Ich hatt grad mit angefangen, einen Fensterrahmen rauszuhauen, wollt ich auch mit verheizen. Ist Konrad anmarschiert gekommen und hat Meldung gemacht, ein Weib wär im Anmarsch. Dann ist er wieder raus, um es in Empfang zu nehmen. Hatt ich ihm auch mit aufgetragen: Sorg dafür, dass die sich an unsrem Feuer wärmen will. Hab gehört, was Konrad zu der gesagt hat. An der Grenze wären Russen. Soll lieber bei uns warten, bis die Luft rein sei. Am Feuer drin wär's schön warm. Nachher würden wir sie auch begleiten und sicher rüberbringen. Dazu muss man Konrad mal erlebt haben. Das Unschuldslamm vom Lande. Und der Blick dazu. War seine Paraderolle, hat er noch besser gekonnt als Karl. Wenn Konrad mit einem geredet hat, wär man im Traum nicht draufgekommen, dass der was Böses im Schilde führen könnte.

Urteil der 1. Strafkammer des Landgerichts Braunschweig gegen Pleil und Mittäter (Aktenzeichen: 6 Ks 1/50), erlassen am 17.11.1950 (Auszug)

Es war die 37-jährige Ehefrau Emmy Leppin aus Wernigerode. Sie hatte in Schleswig-Holstein ihren Bruder und ihren Sohn besucht, hatte am 13.12. die Rückreise angetreten und wollte zwischen Vienenburg und Abbenrode über die Grenze. Der Weg führte sie direkt an dem Bahnhäuschen vorbei. Sie trug einen grünen Mantel, hatte als Gepäck eine Handtasche und einen Rucksack, darin Kleidungsstücke, Wäsche und vor allem Lebensmittel. In ihrem Schlüpfer hatte sie 300–400 RM versteckt.

Mitschrift Befragung des Elektrikers Heinz Hagemann, wohnhaft in Wernigerode, früherer Nachbar der Emmy Leppin, 12.8. 1948 (Auszüg)

Mit der Ehefrau Leppin habe ich seit 1939 in einem Hause gewohnt. Ich kenne die Verhältnisse der Familie genau und weiß, dass der Ehemann, der früher Polizeihauptwachtmeister in Wernigerode war, in russ. Gefangenschaft geriet. Seine Frau blieb mit ihren drei Kindern in Wernigerode zurück. Sie erhielt keinerlei Unterstützung und war deshalb gezwungen, sich von ihren Verwandten zusätzlich Lebensmittel zu holen. Zu diesem Zweck ist sie am 5.12.1946 illegal über die Grenze gegangen, um in Schleswig bei ihren Verwandten Lebensmittel zu holen. Ich weiß genau, dass sie dort angekommen ist, denn die Verwandten haben uns, weil sie so lange ausblieb und wir nachgefragt hatten, telegrafisch mitgeteilt, dass sie am 13.12.1946 von dort wieder nach Wernigerode abgereist ist und allerhand gute Lebensmittelsachen mitbekommen hätte …

Ihr Ehemann, Bruno Leppin, ist inzwischen aus der Gefangenschaft zurückgekehrt …

Ich weiß, dass die Leppin bei ihrem Fortgang einen grünen Tuchmantel trug, den sie sich aus dem Mantel ihres Mannes hatte anfertigen lassen. Meine Frau sagte mir, dass sie auch noch einen hellblauen Pullover mit einer schwarzgestrickten Kante trug.

Da ist sie nun also reingekommen, die Ahnungslose. Konrad hat weiter mit ihr gesabbelt. Hab so getan, als würd ich mich ums Feuer kümmern. Ist jetzt nur noch drauf angekommen, dass sie sich mit dem Rücken zu mir hingestellt hat. Wär sonst keine Überraschung geworden. Hab mich kaum zurückhalten können, hab im Kopp schon ans Nächste gedacht.

Mein Schwanz war zum Brechen steif. Gleich, hab ich gedacht, die Eisenstange hatt ich schon in der Hand. Ist ihr nicht aufgefallen. Konrad hat die gut abgelenkt. Na ja, und dann hab ich's einfach gemacht. Zwei Schläge oder so. Anschließend hat Konrad der auch noch was verpasst. Hab vorher gesagt, so, jetzt bist du an der Reihe. Hat er was lernen können vom großen Lehrmeister. Da war das Weib aber bereits umgefallen. Wär beinah im Feuer gelandet. Aus einem Ohr und ausm Mund ist Blut rausgelaufen. Hat man im Feuerschein sehen können. Aus ihrem Deetz ist auch was rausgesickert, war aber dicker als Blut und nicht so dunkel. Ist ins Feuer reingekommen, dass es angefangen hat zu stinken. Hab ich sie bisschen weggezogen, dass nischt passiert. Wollt noch meinen Spaß haben. Hab ich auch gehabt. Konrad ist solange raus, hat Schmiere gestanden. Glaub ich jedenfalls. Achtet man ja nicht drauf, wenn man grad bei ist, sich die schönste Freude zu verschaffen. Wie ich nun unten rangegangen bin bei der, wären mir beinah die Tränen gekommen vor Rührung. Hatte die mir doch ein Geschenk mitgebracht, schön verpackt im Schlüpper, paar Scheine, vierhundert Mark oder so. Hab ich mir schnell in die Hosentasche gestopft und weitergemacht. Konrad hat später die Hälfte von abgekriegt. Heiß ja nicht Karl.

Bald hab ich Konrads Stimme vernommen, wir müssten verschwinden, es würden sich Leute nähern. Hab ich dem Weib noch fix den Ehering vom Finger gemopst. Wär schade drum gewesen, wo wir sie doch gleich im Brunnen versenken wollten. Ist direkt neben dem Häuschen einer gewesen, links von, wenn man davorgestanden hat. Hatten wir vorher ausbaldowert. Deckel auf, die rein, Deckel zu, schon waren wir auf der Straße und sind plaudernd dahinspaziert wie zwei gewöhnliche Grenzgänger aufm Weg nach Stapelburg.

In Stapelburg sind wir in einen Zug reingeklettert. Sollte

Richtung Heimat gehen. Weihnachtsurlaub sozusagen. Sind aber in Nordhausen hängengeblieben, war nicht mal die halbe Strecke. Und da ist nun was ganz Blödes passiert.

Im Zug hatte sich ein Iwan zu uns gesellt, so 'n lustiger Patron, ein schelmisches Lächeln, als wär's festgewachsen. Ernst konnte der, glaub ich, gar nicht gucken. War der Sauferei zugetan wie ich, hatt ich mal den richtigen Begleiter. Der Iwan war mit Schnaps ausgerüstet, ich war mit Schnaps ausgerüstet, und Konrad haben wir nichts von abgeben brauchen, der hat sich noch weniger draus gemacht als Karl. Wie der mal ein richtiger Mann werden wollte. Na, muss jeder selber wissen. Hätt er vielleicht auch anders entschieden, wenn ihm damals einer geflüstert hätte, wo er mal landen wird. Hab wenigstens die Erinnerung dran. Und die Sehnsucht wie nach 'ner Geliebten.

Jedenfalls ist es eine lustige Fahrt geworden. Und aufm Bahnhof in Nordhausen ist es lustig weitergegangen, was ich so mitgekriegt hab. Ist allerdings nicht viel gewesen, muss ich zugeben. War blau wie 'ne Haubitze. Zum Beispiel hab ich nicht mitgekriegt, dass ich mit dem Iwan unser Gepäck aufgegeben hab. Wären nicht weitergekommen an dem Tag, ist kein Zug mehr gefahren in unsre Richtung. Bei dem Gepäck war die ganze Beute bei, der Rucksack von dem Weib und so. Lauter Fressereien sind da drin gewesen, Wurst und Speck, Kuchen, Brot, 'ne halbe Gans und was noch alles, nur Schnaps hat gefehlt. Und die Tasche, oder war's auch ein Rucksack?, von dem Weib davor, wo ich die zwei Puppen herhatte. Hab auch nicht mitgekriegt, dass es kein normaler Gepäckschalter war, zu dem der Iwan mich hingeschleift hat, sondern einer nur für unsre Befreier. Oder Besetzer, wie man's hat sehen wollen. Damit's schneller gegangen ist für die. Und vor allem hab ich nicht mitgekriegt, dass er mich dann untern Tisch gesoffen hat und mit dem ganzen Gepäck abgehauen ist, mit seinem und unsrem. Hat er ganz in Ruhe machen können, dieser Ganove, durch den Fusel hab ich gepennt wie 'n Stein. Konrad übrigens auch, nur dass der nicht besoffen war, den hatte die Wanderei müde gemacht.

Was haben wir dumm aus der Wäsche geguckt am nächsten Tag. Sind aufm Bahnhof rumgeflitzt wie zwei aufgescheuchte Hühner, ich im Kopp noch ganz duselig, sind hierhin und dahin, aufs Scheißhaus und was uns noch eingefallen ist, weil wir gedacht haben, dieser verfluchte Iwan, der muss doch irgendwo stecken. Aber Pustekuchen. Alles weg. War vielleicht 'ne schöne Scheiße. Sollten wir etwa mit leeren Händen nach Hause fahren? So lange auf Reisen, und dann kehrt man in die Heimat zurück wie 'n Bettler. Noch dazu, wo bald Weihnachten war. Wie hätte das denn ausgesehen. Nee, kam nicht infrage, nicht für mich und nicht für Konrad. Sind wir also die ganze Strecke wieder retour. Als hätt man den gleichen Film noch mal abgespult, nur eben rückwärts. Wie bei Charlie Chaplin oder wo ich das mal gesehen hatte.

In dem Knusperhäuschen hatte sich nichts verändert, außer dass man das Blut aufm Boden nicht mehr hat sehen können. Ist Asche und Dreck drauf gewesen, muss der Wind gemacht haben. Was vom Regen hatte der anscheinend auch reingetrieben, war alles modderig da unten. Sogar meine alte Bekannte, Madame Eisenstange, die hat noch da gelegen. Viel mehr brauch ich drüber nicht zu erzählen. Ist schließlich kein Verhör, wo alles tausend Mal durchgekaut wird, bis man selber nicht mehr den Durchblick hat, was nun stimmt, ob das Weib einen grünen Mantel angehabt hat oder ob's ein blauer gewesen ist. Oder was die alles haben wissen wollen. Hab dem Kommissar, dem Fritze, hundertmal gesagt, muss doch genug sein, wenn ich kundgeben tu, dass ich die totgemacht hab. Ist er aber andrer Meinung gewesen. Dem hat nie gereicht, was ich aufgeschrieben oder erzählt hab. War nämlich so, dass ich die Fälle, die ich hab bekannt geben wollen, vorher niedergeschrieben hab wie hier jetzt auch. Auf die Weise hab ich die besser wieder zusammengekriegt in meinem Verstandskasten. Die Puzzelei, hab ich was zu gesagt. Dann hat Fritze mich holen lassen zum Verhör. Oder er ist selber gekommen. Oder sein Chef, der Herr Kriminalpolizeioberinspektor, Holz hat der geheißen, Wilhelm glaub ich. Kaiser Wilhelm, nee, von dem Kaliber war das keiner. Hab nichts zu tun haben wollen mit dem alten Geizkragen. War zwar der Anführer von der Truppe, die alles nachgeforscht hat zu meinen Totmachungen, aber ohne Fritze wär der aufgeschmissen gewesen. Diesem Holzkopp, dem hab ich doch nischt preisgegeben. Höchstens am Anfang bisschen was, wo ich den noch nicht durchschaut hatte. Aber dann hat er immer Fritze schicken müssen, hab ich drauf bestanden. Hat er auch brav gemacht.

Weil's grad um die Sache mit den Bekanntmachungen geht. Die zwei Vorfälle in dem Bahnhäuschen in Vienenburg, das sind die ersten gewesen, die ich mitgeteilt hab. Wo die sich im Zuchthaus erst drüber lustig gemacht haben, von wegen Fliegen und so. Hätten sie die Weiber schon ein halbes Jahr früher ausm Brunnen rausfischen können. Warum ich ausgerechnet mit denen angefangen hab, dafür gibt's eine Erklärung. Der Kerl nämlich, der mich drauf gebracht hat, dass ich meine Totmachungen bekannt geben muss, damit die mir eine Anstellung geben als Scharfrichter, der hat gesagt, wenn ich so was raushaue, dann müsst ich auch Beweise für erbringen. Und da ist mein Gedanke eben gewesen, die beiden Weiber, wenn sie die da unten finden, das wird wohl genug sein an Beweis.

Aber, wie ich's berichtet hab, hat mich keiner ernst genommen von den Pfeifenköppen. Erst als ich versucht hab, einen Brief ausm Zuchthaus rauszuschmuggeln an den Bürgermeister von Vienenburg. Hab dem geschrieben, er soll mal in den Brunnen am Bahnhäuschen reingucken und mir dann eine Bescheinigung schicken, was er da gefunden hat. Dann würd ich hier drin eine anständige Arbeit kriegen und endlich mal ordentlich was zu fressen. Und dazu hab ich dem eine Zeichnung gemacht, dass er gewusst hat, welchen Brunnen ich meine und wie er zu dem hinkommt. Kann gut Zeichnungen machen, hab ich Fritze und seine Leute später bei andren Fällen auch mit erfreut. In der Schule haben sie mir immer gute Noten gegeben in Zeichnen. Ob der Brief beim Bürgermeister angekommen ist, das hat mir keiner verraten. Ich glaub nicht. Aber die Polizei, die hat ihn in die Hände gekriegt, Holz und Konsorten, die sind hin zu dem Brunnen, und so ist alles in Gang gekommen.

Dass Konrad mit bei gewesen ist in Vienenburg und vorher bei der Alten in Ilfeld, das hab ich nicht erzählt. Komm ich noch mal auf die Mäntel zu sprechen, die wir in der Schule geklaut hatten. Ist er für eingebuchtet worden. Nicht alleine für das, hat sich auch paar andre Sachen geleistet gehabt, Unterschlagung, Arbeitsbummelei und was noch dringestanden hat in seiner Akte. Haben die alles zusammengepackt, und dann ist er abgewandert für neun Monate. Solange er gesessen hat, hab ich seinen Namen rausgehalten. Damit er sich verpissen konnte, als sie ihn wieder freigelassen haben. Hat sich auch verpisst, ab in die Fremdenlegion, Nordafrika und Indochina und sonst wohin. Warum er da nicht geblieben ist oder sich ein andres Fleckchen gesucht hat, wo er's hätte aushalten können, tja, das ist nun wieder sein Geheimnis.

Wär noch zu berichten, wie unsre zweite Aktivität am Bahnhäuschen ausgegangen ist. Haben's gemacht wie beim ersten Mal, wo es doch so schön gewesen war. Holz zusammengeschleppt, lagen draußen noch paar alte Zaunlatten rum, Feuerchen entfacht, an der gleichen Stelle, dann Konrad raus auf Guckposten, derweil hab ich schon mal die Eisenstange angewärmt. Ist diesmal nicht viel Zeit verstrichen, bis sich Besuch eingestellt hat. Kam aus der andren Richtung angetappelt, das Weiblein, aus Abbenrode, und schien bisschen älter zu sein als ihre Vorgängerin. Selber hätt ich die nicht grad ausgesucht, wo Konrad sie aber nun schon eingefangen hatte mit seiner Nettigkeit, hab ich das Spielchen mitgemacht. Kurze Plauderei, dann ist sie mit reingehüpft ins Häuschen, wollt sich aufwärmen, ehe sie das letzte Wegstück in Angriff nimmt. Hat erzählt, sie wär in Vienenburg zu Hause. Hab ich nicht lange gefackelt, hätt sonst womöglich noch Mitleid gekriegt. Zwei Schläge, mehr sind nicht vonnöten gewesen. Vielleicht hat Konrad noch mal draufgehauen aufn Deetz von der, wie er's bei der andren gemacht hat, kann sein. Zum schönsten Teil ist es dann allerdings nicht mehr gekommen. Nischt mit kaltem Bauer und so. Waren auf einmal Stimmen zu hören, Stück weg, aber wär nicht die Zeit für gewesen. Haben wir sie angepackt, einer unter den Armen, so vom Kopp aus, der andre an den Beinen. Dann raus aus der Bude, paar Schritte, ist sie ruck, zuck im Brunnen verschwunden gewesen. Nur ihren Mantel, den haben wir nicht mit reingeschmissen. Der war noch gut. Hab ich 'ne Schleife drumgemacht und meinem Eheweib übergeben zu Weihnachten. Und das Töchterchen, das hat die Puppe gekriegt, die wir nachher im Gepäck von dem Weiblein gefunden haben.

Urteil der 1. Strafkammer des Landgerichts Braunschweig gegen Pleil und Mittäter (Aktenzeichen: 6 Ks 1/50), erlassen am 17.11.1950 (Auszug)

Schon nach kurzer Zeit, zwischen 17.30 und 18 Uhr, es dunkelte bereits, näherte sich eine Frau von der Zonengrenze her: Ehefrau Gertrud Glöde, 44 Jahre, stammte aus Vienenburg, war mit Polizeiobersekretär Erich Glöde in Berlin verheiratet gewesen. Nach der Eroberung Berlins durch die Russen 1945 hatte der sich das Leben genommen. Daraufhin war Glöde mit ihrer Tochter im Sommer 45 in ihre Heimat Vienenburg übergesiedelt. Im Dezember 1946 war sie nach Berlin gefahren, um zurückgelassene Sachen abzuholen. Am 19.12. befand sie sich auf dem Rückweg nach Vienenburg. Sie war in der sowjetischen Zone bei der Bekannten Puse eingekehrt und hatte dort ihren vollgepackten Rucksack zurückgelassen, der gelegentlich von dem Sohn der Puse nach Vienenburg gebracht werden sollte. Glöde selbst trug nur einen kleinen Rucksack und eine Einkaufstasche bei sich, mit Kleidungs- und Wäschestücken und einer Puppe. Wie viel Geld sie bei sich hatte, konnte nicht mehr festgestellt werden.

Ermittlungsbericht Brunnenöffnung am Blockhaus 25, Bahnübergang zwischen Vienenburg und Abbenrode, 3.8.1948 (Auszüge)

Aufgrund des eingegangenen Briefes des Strafgefangenen

Pleil,

z. Zt. Strafanstalt Celle,

wurden an Ort und Stelle folgende Feststellungen getroffen:
Die von Pleil beigefügte Skizze stimmt. Es handelt sich um den Bahnübergang zwischen Vienenburg/Weißes Ross – Abbenrode, Blockhaus 25.
Lichtbildaufnahme mit Gesamtübersicht ist gefertigt. Nähere Einzelheiten mit den entsprechenden Erläuterungen sind aus der Lichtbildaufnahme zu ersehen.
Durch die Polizeistation Vienenburg wurde auftragsgemäß die Fa.

Sievers u. Co./Vienenburg

verpflichtet, den Brunnen von dem Unrat zu säubern. Es handelt sich um einen Brunnen von 90 cm Durchmesser und 7 m Tiefe. Die Arbeiten wurden heute, am 3.8., um 8 Uhr begonnen. Im Brunnen wurden Zementdeckel, Klinkersteine, Schrankengewichte und sonst. Unrat zutage gefördert. Nach dem Entleeren dieser Gegenstände wurde ein

1. Unterkörper einer weiblichen Leiche geborgen, der mit einer dunklen Trainingshose bekleidet war. Darunter befanden sich ein Hemd und ein Unterrock, ferner ein Strumpfbandgürtel, ein Schlüpfer, ein zweiter Schlüpfer und Unterrock.
Zu gleicher Zeit wurde ein Schädel zutage gefördert. Die Zähne sind noch gut erhalten. Im Oberkiefer befindet sich links eine Goldkrone und daneben eine Silberkrone. Der rechte Augenzahn ist ein Stiftzahn mit dahinterliegender Goldbrücke, desgleichen der nächstfolgende Zahn. Der zweitletzte Backenzahn ist ebenfalls eine Goldkrone.
Der Unterkiefer ist auch ziemlich gut erhalten. An der rechten Seite ist der zweitletzte Backenzahn eine Silberkrone.
Das hintere Schädelbein ist zertrümmert, Größe 6–7 cm.
Das linke Schädelbein ist von der Öffnung nach der Schläfe zu gesprungen.
Beim Bergen des Schädels löste sich die Kopfhaut mit dunkelblondem Haar, ziemlich lang.
Die in der Kleidung befindlichen Fleischteile haben eine gelblich kalkähnliche Farbe, Schamhaare waren an der Scheide noch vorhanden.
Die Fleischteile vom Knie bis zum Fuß fehlten. Knochenreste des Fußes sind nicht vorhanden.
Bei diesen Leichenteilen wurden schwarze Damenhalb-

schuhe mit Gummisohle und Gummiabsätzen gefunden. Bezeichnung der Größe: 4 ½ E. Beide Schuhe sind links außen in Höhe der kleinen Zehen gesteppt. An der Innenseite des rechten Schuhes befindet sich ein 10 cm langer Riester.
Ferner wurden verschiedene Zeugreste gesichert.

Nachdem diese Leichenteile geborgen wurden, befanden sich im Brunnen weitere Steine und sonstiges Gerümpel. Nach Entfernung dieser Teile wurde

2. ein menschlicher Körper vollkommen in Zeug gehüllt geborgen. Nach Entfernung der Kleidungsstücke wurde festgestellt, dass es sich bei diesem ebenfalls um einen weiblichen Körper handelt. An demselben fehlte der Kopf. Sonst sind die Körperteile noch genau zu erkennen. Es fehlen bei diesem genau wie bei der ersteren Leiche die Füße. Scheide mit Schamhaar noch gut erhalten.
Die Leiche war umhüllt mit einem dunkelgrünen Mantel. In der Manteltasche ein weißes Taschentuch mit Hohlsaum und Namenszeichen MW. Die Leiche trug eine wollene Strickjacke mit langen Ärmeln mit weißen Knöpfen. Darunter einen Wollpullover mit halblangen Ärmeln, vorne zum Knöpfen, mit schwarzen Hartgummiknöpfen. Weiterhin einen Wollpullover mit langen Ärmeln mit einem Metallknopf und einer Holzbrosche mit einem grünen Kreuz, sonst bunt bemalt.
Dieselbe trug ebenfalls eine dunkelblaue Trainingshose. Ferner wurde festgestellt, dass sie einen dunkelblauen Rock mit Reißverschluss trug, einen Wollschlüpfer, weißen Unterrock, weißes Trikot-Hemd, Korselett mit Strumpfhalter, ein wollenes Unterleibchen, einen Menstruationsgürtel, ein schwarz-wollenes Unterleibchen, selber gestrickt, und einen blau-rot geblümten Büstenhalter.

Gesichert wurde ferner ein schwarzer, gestrickter wollener Fausthandschuh.

Im Brunnen wurden ferner Reste eines »Neuen Testaments« gefunden.

Ein zweiter Schädel wurde ebenfalls geborgen. An der linken hinteren Schädelbasis befindet sich eine taubeneiförmige, nach hinten durchdrungene Öffnung. Über dem linken Schläfenbein befindet sich ebenfalls eine etwa 2 cm lange, nach hinten gebogene Einbuchtung. Es ist zu ersehen, dass an dieser Stelle ebenfalls ein Schlag auf den Kopf ausgeführt wurde, weil die Einbuchtung und Zersplitterung des Schädels nach innen geht. Die vordere Gesichts- und Stirnhälfte sowie der Unterkiefer fehlen ...

Da die Identifizierung der Leichen nicht einwandfrei durchgeführt werden konnte, erscheint es erforderlich, dass an beiden vorhandenen Leichenteilen eine genaue Untersuchung durch das Pathologische Institut Braunschweig vorgenommen wird, denn es ist immerhin zu vermuten, dass anhand der Knochenteile ältere Brüche festgestellt werden können, wodurch nachträglich auf die Person geschlossen werden kann.

Sie werden dem Institut zugeführt.

Sämtliche Zeugreste sind ebenfalls gesichert.

Der Brunnen ist leer. Leichenteile sind in demselben nicht mehr vorhanden.

Telegrafische Meldung der Wasserschutzpolizei Hamburg, KrimAbtl., über die Festnahme von Konrad Schüssler, 5.9.1950

Am 5.9.50 wurde die hiesige Dienststelle davon in Kenntnis gesetzt, dass sich an Bord des deutschen Dampfers *Hubert Schröder,* Liegeplatz Schuppen 56, der aus der französischen Fremdenlegion desertierte

Conrad Schüssler (Conrad Gotthard),
geb. 25.4.28 in Leukersdorf/Kr. Glauchau

befindet.
Schüssler hatte sich in Oran an Bord des Schiffes geschlichen, um nach Deutschland zu kommen. Bei seiner Festnahme habe er angegeben, nur nach Deutschland gekommen zu sein, um die ihm zur Last gelegten Anschuldigungen zu bereinigen.
[In den Ermittlungs- und Gerichtsakten wird der Vorname Schüsslers mit K geschrieben, d. A.]

23

Plädoyer des Staatsanwalts F. Fuhrmann im Prozess gegen Pleil und Mittäter (Aktenzeichen: 6 Ks 1/50), Landgericht Braunschweig, 13.11.1950 (Auszug)

Es ist ein Prozess, der nicht so sehr wegen der Persönlichkeit der Angeklagten das allgemeine Interesse verdient, sondern weil er ein trauriges Dokument der Zeitgeschichte darstellt. Er führt uns hinein in jene trostlose Zeit des allgemeinen äußeren und inneren Zusammenbruchs nach dem verlorenen Kriege.

Schauplatz der grauenvollen Taten ist überwiegend jene unnatürliche Grenze, die mitten durch deutsches Land gezogen ist, eine Grenze, die, ganz abgesehen von der durch sie geschaffenen politischen und wirtschaftlichen Zerrissenheit, unsagbares Leid über deutsche Menschen gebracht hat und noch fortlaufend bringt.

Unzählige deutsche Familien, deren Angehörige sich diesseits und jenseits des Eisernen Vorhangs befinden und die dadurch voneinander getrennt sind, und entweder überhaupt nicht oder doch nur unter unsäglichen Schwierigkeiten zueinanderfinden können.

Damit, meine Herren Richter und Geschworenen, lassen Sie mich zunächst von den Opfern sprechen, die an dieser Grenze unter den heimtückisch geführten Schlägen oder Messerstichen der Angeklagten ihr Leben haben einbüßen müssen. Nicht Menschen, die aus frivoler Leichtfertigkeit oder um dunkle Geschäfte zu machen die Grenze überschritten, sondern Menschen, die die Sorge um ihre Ange-

hörigen oder wirtschaftliche Not dazu trieb, den Weg durch das Niemandsland zu wagen.
Wer jemals Gelegenheit hatte, jenes meist von ausgedehnten Wäldern durchzogene Niemandsland zu betreten, das selbst am hellen Tage in einer ungewohnten, unheimlichen Einsamkeit daliegt, wo Auge und Ohr mit geschärfter Aufmerksamkeit bei der Annäherung an die weiß und gelb gefärbten Grenzsteine und -pfähle jede Bewegung eines Busches, jedes Knacken eines Zweiges registrieren, weil überall Gefahr lauern kann, der wird verstehen können, dass sich die Frauen, die dieses Niemandsland betraten, in dem Gefühl des schutzlosen Alleinseins nur zu gern anderen Menschen anvertrauten, auch wenn sie sie nicht kannten.
Dieses Vertrauen ist seinerzeit und wird leider auch heute noch oft in schändlichster Weise von dunklen Elementen ausgenutzt. So auch von diesen Angeklagten.
Wir fragen uns, wie war es möglich, dass eine solche Kette furchtbarster Verbrechen so lange Zeit hindurch nicht entdeckt und nicht aufgeklärt werden konnte!
Die Antwort auf diese Frage gibt uns auch jene unheimliche Grenze, bei der es nicht möglich war und ist, sie mit einem so dichten Netz von Polizei zu überziehen, um derartige Überfälle wirksam verhindern zu können.
Die Grenze gibt uns aber auch weiter die Antwort auf die Frage: Weshalb in diesem Verfahren nicht eine so vollständige Klärung möglich war, wie sie unter normalen Verhältnissen eine Selbstverständlichkeit gewesen wäre. Während überall, auch mit dem westlichen Ausland, eine Zusammenarbeit der Kriminalpolizei möglich ist, ist diese Möglichkeit gegenüber dem deutschen Lande jenseits der Interzonengrenze ausgeschlossen. Es war nicht möglich, Tatorte aufzusuchen, die hinter dem Eisernen Vorhang liegen. Ja, es war nicht einmal eine Verbindung zwischen den unmittelbar an

der Grenze gelegenen diesseitigen und jenseitigen Kriminalpolizeistellen zu erzielen. Es sei nur darauf hingewiesen, dass die ostzonalen Behörden nicht einmal zuließen, dass ein Polizeibeamter, der in diesem bedeutungsvollen Prozess als Zeuge geladen war, hier erscheinen durfte.
Wie mir inzwischen weiter bekannt geworden ist, wurde ein Beamter, der zeitweise es gewagt hatte, mit der hiesigen Kriminalpolizei zur Aufklärung zusammenzuarbeiten, wegen Spionageverdachts verhaftet und musste, als sich ihm eine Gelegenheit bot, Heim und Familie verlassen, um sich nach dem Westen in Sicherheit zu bringen.
Die Anklage musste sich unter diesen Umständen daher auf jene Fälle beschränken, bei denen objektive Tatortfeststellungen – zumeist auf der britischen Seite – möglich waren, und auf den einen oder anderen Fall, wo wenigstens ein Bericht über die Auffindung einer Leiche und eine Sektion oder ein Sektionsprotokoll zu beschaffen war.
Dabei ist sich die Anklagebehörde darüber völlig im Klaren, dass dieser Prozess nur einen Teilausschnitt des furchtbaren Geschehens bildet, das diesen Angeklagten zur Last fällt. Wir wissen aus teilweisen Geständnissen und Andeutungen Pleils, dass auf das Konto der Angeklagten Pleil und Hoffmann noch weitere Verbrechen kommen, die heute noch nicht zur Anklage gebracht werden konnten, deren weitere Aufklärung aber, soweit möglich, die selbstverständliche Aufgabe der Staatsanwaltschaft sein wird.

Dr. med. F. Barnstorf: Der Fall Pleil, in: *Der Spiegel,* 8.11.50 (Auszug)

Haben wir nach dem bisher Gesagten Pleil als seiner Anlage nach abnorme, zu den perversen Bluttaten, die seinem Wesen entsprechen, geradezu vorbestimmte psychopathische

Persönlichkeit erkannt, so taucht die zweite Frage wieder auf: Ist er nur eine durch die Erbanlagen seiner Vorfahren geprägte Individualität oder haben ihn die Zeitverhältnisse zu dem blutdürstigen Raubtier gemacht, als das er heute erscheint?

Wir stehen zu diesen Fragen nach den Erfahrungen der beispiellosen körperlichen und seelischen Verwahrlosung, Unterernährung und Belastung, der Zerstörung aller Wertnormen und sozialen Sicherungen, nach der millionenfachen Entwurzelung und Nivellierung normaler und abnormer Einzelmenschen der Nachkriegsjahre ganz anders, als die existenziell gesicherten Wissenschaftler des scheinbar für die Ewigkeit stabilen bürgerlichen Zeitalters sie aus ihrer Perspektive sehen mussten.

Die Gleichgültigkeit gegen das Leben ist schon bei normalen Charakteren durch die Massenvernichtungen des Bomben- und KZ-Lager-Zeitalters in gefährlichstem Maße gestiegen. Um animalischen Genuss und Triebbefriedigung ohne Rücksicht auf fremde Interessen dreht sich im Hexentanz der Jahre 1945 bis 1947 sogar das seelische Erleben vorher gesetzestreuer, gutwilliger »Staatsbürger«.

Wo schon durchschnittlich reagierende »Normal«menschen die Bewertungsmaßstäbe für Leben und Eigentum der Mitmenschen verlieren, da muss eine anlagemäßig zur Halt- und Fessellosigkeit von staatlichen Normen neigende Natur wie Pleil in den Zeitumständen geradezu ihr Lebenselement entdecken. Ihm fehlt die erziehende und vorbildhaft einwirkende Prägung durch den Familienzusammenhang, dessen »Kollektiv eine Gruppenseele von bezwingender Macht« darstellt, wie Jaspers sagt.

24

Zorge.

War grad beim Hofgang.

Walter sagt, ich muss noch was über Zorge schreiben, wie ich da hingekommen bin und so. Weil sie mich doch geschnappt haben, als ich da gewohnt hab. Würd man nicht verstehen, sagt Walter, das Eheweib und die Kinder in Zöblitz, in der russischen Zone, ich aber auf der andren Seite, da im Harz, wo die Hexen tanzen. Na, dann will ich das Rätsel mal lösen. Fang ich mit an, wie Karl wieder aufgekreuzt ist. Durch den bin ich da nämlich hingeraten. Ist nach Weihnachten gewesen, war schon Januar, das Jahr siebenundvierzig, da bin ich jetzt. Die letzten Monate, die ich in Freiheit war. Kommt mir vor, als würd ich über ein Leben sprechen, das gar nicht meins ist. Karl ist also angekommen und hat wieder was machen wollen. Er hätt keine Kohle mehr, hat er gesagt, wär alles fürs Fest draufgegangen. Und das ist nun was, was ich mir selber nicht erklären kann. Erst hab ich ihn zum Teufel jagen wollen, vor allem wegen der Sache in Trappstadt, die Albträume hab ich da schon gehabt, aber dann bin ich doch eingeknickt. Wie der Schuft das immer wieder hingekriegt hat. Als hätt der eine geheime Macht gehabt über mich.

Der Plan war, rüberzumachen in die englische Zone und zu gucken, was die Leute so mit sich rumschleppen, die von da über die Grenze wollen. Ob man was von brauchen kann. Karl hat versprochen, zum tausendsten Mal oder so, sein Messer in der Tasche zu lassen, diesmal wirklich, hat er gesagt. Bisschen mulmig ist mir trotzdem gewesen, als wir losgezogen sind. Hätt lieber Konrad mit bei gehabt als dritten

Mann, aber der hat nicht gewollt. Ich glaub, Karl war dem auch nicht geheuer. Einen Tag nachdem ich ihn gefragt hatte, ist er übrigens abgeholt worden wegen der Mantelsache. Hätten sie mich vielleicht auch gekascht, aber ich hatt mich da schon aufn Weg gemacht mit Karl.

Sind nach Braunschweig, wollten von dort weiter nach Vienenburg. Warum wieder Vienenburg? Vielleicht hab ich mich vor Karl bisschen brüsten wollen mit den zwei toten Weibern im Brunnen. Oder weil ich mich gut ausgekannt hab da. Kann's nicht sagen, irgendwas wird's gewesen sein. Da sind wir nun so dahingerattert mit dem Zug, und was ist mir ins Blickfeld geraten? Jung und knusprig und nicht zu dürre, also ganz mein Fall. Karl hatte die auch schon erspäht gehabt. Haben wir uns kurz angeguckt, ich und Karl, als hätt jeder dem andren ein Zeichen geben wollen, das ist die Richtige. Dann ist er hin zu der und hat sie in ein Gespräch verwickelt. War noch 'ne Margarete, grad mal zwanzig, die Hübsche, aber hat schon einen Verlobten gehabt, irgendwo in der französischen Zone, an der belgischen Grenze oder so, bei dem war sie gewesen. Und nun hat sie nach Hause gewollt, ins Russische. Soll mal einer sagen, das mit dem Zufall, das gäb's nicht.

Karl hat ihr angeboten, dass wir sie über die Grenze geleiten. So 'n junges Ding alleine, das wär zu gefährlich, wo doch die finstersten Gestalten unterwegs seien in der Gegend. So was hat er der vorgesäuselt. Das war dann schon auf dem Bahnhof in Vienenburg, wo wir gewartet haben, dass es dunkel wird. Sind wir der nicht mehr von der Seite gewichen, das heißt, ich schon, von mir ist die nicht begeistert gewesen. Werd wohl nach Sprit gestunken haben, dass man's zehn Meilen gegen den Wind hat riechen können. War mir aber schnuppe. Hab nicht vorgehabt, die vorn Traualtar zu schleppen. In meinem Kopp war die schon tot. Hab nur überlegt, wie ich's am besten anstelle. Vienenburg, Bahnhof, da war doch was. Ob's nun genau so eine Stange war, müsst ich lügen, aber eine Stange war's, und aus Eisen ist die auch gewesen.

Dann ist es allmählich dunkel geworden, und wir sind losmarschiert, vorbei an dem Bahnhäuschen. Hab ich natürlich nichts preisgeben können, wo die Hübsche bei war. Mit Karl hatt ich ausgemacht, war sie kurz aufm Klo gewesen, dass er auf der Strecke in einem Gebüsch verschwindet mit der, um bisschen rumzumachen. Würd er sie schon zu kriegen, hat er gesagt. Die Zeit hab ich nutzen sollen, um mich mit ihrem Gepäck, Koffer und Rucksack, ausm Staub zu machen. Später würden wir uns aufm Bahnhof in Stapelburg treffen und die Beute aufteilen. Stopp, das hab ich jetzt falsch geschrieben. Nicht ich hatte das mit Karl ausgemacht, umgekehrt wird's richtig, ist seine Idee gewesen. Und eigentlich hatten wir's auch nicht ausgemacht. Karl hat's nur gesagt. Kann man's also höchstens als Vorschlag bezeichnen.

Aber will nicht lange drum rumreden. Wird Walter sonst nicht fertig. Hat aufm Hof schon gestöhnt, wie viel's noch wär. Alle Totmachungen muss man nicht abhandeln, hat er gesagt. Nee, hab ich auch nicht vorgehabt. Werden's nachher noch mehr Seiten als die Bibel.

Sind wir also rüber über die Grenze, durch Abbenrode durch, die Hauptstraße lang, dahinter weiter, bis endlich paar große Büsche gekommen sind, Stück rechts vom Weg. Einen kleinen Fluss hat's da auch gegeben. Und schwupp, sind die beiden weg gewesen. Ob Karl die gefickt hat, so getan hat er hinterher. Hätt bei der vielleicht auch 'ne Ausnahme gemacht. So jung, wie die war, wird schön eng gewesen sein. Ist mir so durch 'n Kopf gegangen. War ich wohl bisschen verliebt in das Luder.

Vielleicht hab ich an Karls Vorschlag gedacht, gemacht hab ich was andres. Hab das Gepäck nicht weggeschleppt, sondern an Ort und Stelle durchsucht. Und um gleich zum Wichtigsten zu kommen, Schnaps hat die keinen beigehabt, nicht im Koffer, nicht im Rucksack. War ich bisschen traurig. Hab mich aber schnell getröstet. Die Eisenstange. Lass die Hübsche mal zurückkommen, hab ich zu mir selber gesagt. Ist sie auch bald, mit Karl, der hat sich erst gewundert, dass ich nicht verschwunden war, hab ich an seinen Augen sehen können, an seinem Blick, wie ’n Fragezeichen. Aber dann hat er gesagt, jetzt wär ich dran. Oder was Ähnliches.

Und dann hat sie da gelegen, im Heidekraut, wie ich nachher erfahren hab, wahrscheinlich von Fritze. Also dass es Heidekraut gewesen ist. Hat sie einen schönen Platz gehabt. Vielleicht hat das sogar geblüht. Gibt welches, das im Winter blüht.

Und dann hat Karl die Eisenstange genommen und ihr auch eine aufn Deetz geballert. Oder zwei. Wär nicht nötig gewesen, die war schon hinüber. Karl hat aber gesagt, wär sonst nicht sicher, dass sie wirklich tot ist.

Und dann hab ich sie bearbeitet. Kann nur sagen, so schön ist es vorher bei keiner andren gewesen und nachher auch nicht. Der kalte Bauer ist die Hosenbeine runtergelaufen, dass es die reinste Freude war. Ist mir, glaub ich, gleich zweimal einer bei abgegangen.

Und dann haben wir die Hübsche, die nun nicht mehr so hübsch gewesen ist, zu dem Bach geschleift, oder was es war, und da an die Böschung gelegt, damit man sie nicht gleich hat sehen können, wenn’s hell werden würde. Und ein Andenken mitgenommen hab ich mir noch, einen Pullover, den sie anhatte, den oberen, sie hat zwei angehabt. Den hab ich gleich angezogen und danach fast jeden Tag, noch im Zuchthaus drin, drei Jahre oder so. Bis er mir weggenommen wurde, wär ein Beweisstück, haben sie gesagt.

Und dann bin ich mit Karl abgehauen.

Abschrift der Zeugenaussage des Sattlers Günter Abel, wohnhaft Abbenrode, über das Auffinden einer weiblichen Leiche am Ufer der Ecker, 9.8.1948 (Auszüge)

In der Mittagszeit des 16. oder 17. Januar 1947 befand ich mich in Begleitung meines Vaters auf dem Wege vom Waldhaus Lange in Richtung Abbenrode. Der Weg führt am linken Ufer der Ecker entlang …

Etwa 600 m vor dem Ortseingang Abbenrode sah ich am rechten Steilufer der Ecker eine Frau liegen, deren Oberkleidung bis unter die hochgenommenen Arme hochgeschoben war. Die Lage der Frau ließ mich im ersten Moment auf einen Unfall schließen. Ihre Füße lagen im Wasser, ihr Gesicht war zwischen den hochgenommenen Armen nach unten gekehrt. Ich machte meinen Vater aufmerksam, durchwatete das Wasser und stellte nun fest, dass das Haar der Frau von Blut durchnässt und an Kopf und Nacken festgeklebt war. Eine Wunde oberhalb der linken Schläfe und zwei Schlagwunden am Hinterkopf hatten die starke Blutung verursacht. Die Frau war tot …

Etwa 35 m von der Fundstelle der Leiche lagen im Heidekraut ein Rucksack, eine Reisetasche, ein hellblauer Frauenübergangsmantel, eine Streichholzschachtel holländischer Herkunft und ein brauner, schmaler Ledergürtel. Der Rucksack war noch verschnürt, während die Reisetasche geöffnet war. Der Inhalt war ungeordnet und hing halb heraus, ließ so auf eine hastige Durchsuchung schließen. Das Heidekraut war im Umkreis von etwa 1 m stark zertreten. Von dieser Stelle führte eine Schleifspur in Richtung des nahen Ufers. Etwa 5 m vor dem Steilufer ist eine kleine Mulde, in dieser endete die Schleifspur in einer großen Blutlache. Etwa 1 m von dieser Blutlache lag ein ungefähr 35 cm langes Eisen, welches an beiden Enden zwei kreisartige Verstärkungen hatte. An dem Eisen haftete Blut, und an einem Ende

Haare, Hautfetzen und Knochensplitter. Unmittelbar neben der Blutlache lag ein ovaler Knochensplitter von etwa 2 cm Länge und ½ cm Breite. Einige zerrissene Fotos lagen zerstreut im Heidekraut. Von der Blutlache aus führte dann eine etwa 5 m lange blutbefleckte Schleifspur zu der am Fuße des Steilufers liegenden Leiche.

Nun hatten Karl und ich noch ein Geheimnis mehr. Dass der nie was zugegeben hat, dieser Schuft, später mein ich, doch wenigstens bei den Terminen hätt er die Wahrheit sagen müssen. Wie der damit leben kann, muss man sich mal vorstellen, nur Lügen, die ganzen Jahre, bis zum heutigen Tag. Den hätten die Psychoheinis mal paar Wochen unter die Lupe nehmen müssen, wie sie's mit mir gemacht haben. Damit mal einer rauskriegt, was nicht in Ordnung ist mit dem. Da muss was im Kopp nicht stimmen. Der weiß doch, wie's in Wirklichkeit gewesen ist. Ich kapier das einfach nicht. Könnt ich jedes Mal verrückt bei werden, wenn der Gedanke dran kommt. Hab's, glaub ich, noch nicht erzählt, als die Termine lange vorbei waren, zwei Jahre danach oder so, da hat er Anzeige erstattet gegen mich, über so 'nen Rechtsverdreher, ich hätt falsche Anschuldigungen erhoben, nur aus dem Grund würd er im Zuchthaus sitzen. Bei Konrad hat er das Gleiche versucht, dabei hatten die nie was zusammen ausgeheckt, nicht dass ich's wüsste. Auf die Weise sollte der Anwalt ein Wiederaufnahmeverfahren in Gang bringen, dass alles noch mal durchgekaut wird und Karl dann vielleicht freikommt. Ist er aber gegen die Wand gelaufen mit, haben sie alles abgeschmettert. Hätt ich ihm vorher sagen können. Hab ihn doch nicht für was beschuldigt, was er nicht gemacht hat, so 'n Schwein bin ich nicht. Weiß er selber. Das mein ich eben, was ich nicht kapiere.

Jetzt hab ich mich wieder aufgeregt über den Kerl. Dabei wollt ich das mit Zorge erklären, wie's dazu gekommen ist. War nur grad so, dass ich hab dran denken müssen, wie Karl bei uns vor der Tür gestanden und mir wieder ein Märchen aufgetischt hat. Dadurch ist das hochgekommen. War paar Tage, nachdem wir aus Abbenrode zurück gewesen sind, die Woche drauf oder so. Deswegen hab ich den Fall noch schnell berichtet. Davor hatten wir uns länger nicht gesehen, hab mich nicht gemeldet bei dem, bestimmt einen Monat oder so. Hat der Lügenmeister nun also dagestanden und hat gesagt, ich müsse sofort verschwinden, die Geheimpolizei wär hinter mir her, vom Russen die, die GPU. Wegen der Sache mit dem Plünderer, den ich angeschossen hab, den Zivilrussen. Die würden mich hopsnehmen wollen, das hätt er gehört, morgen schon. Am besten, ich würd sofort meine Sachen packen. Er wär bereit mitzukommen, denn selber wär er vor den Geheimen auch nicht sicher bei seiner Vorgeschichte mit der Hitlerpartei.

Das mit dem Märchen, das ist eben die Sache. Heut weiß ich's, damals hab ich's vielleicht vermutet. Bisschen seltsam ist es mir schon vorgekommen, dass die sich für so 'ne alte Geschichte interessieren sollten. Und wo's die Polizei doch gedeckt hatte. Bloß, was hätt ich gemacht, wenn's doch gestimmt hätte? Ist aber nur der eine Punkt gewesen. War noch die Geschichte mit den geklauten Mänteln, hat mich die hiesige Polizei für drankriegen wollen. Konrad wird denen alles gebeichtet haben. Und noch was ist mir durch 'n Kopp geflirrt, mein Eheweib, wär ich mal weggekommen von der, ohne dass sie hätt rumtröten können, wo ich so lange gesteckt hab und wie viel ich wieder gesoffen hätte. Hat ständig so was rumgetrötet, die Alte, als hätt sie 'ne Platte vom Grammophon verschluckt gehabt.

In Wahrheit hatte es sich so abgespielt, dass Karl in Ansprung bei einem Tanzvergnügen war, an dem Abend vorher, und dort von einem Bekannten gewarnt worden ist, die GPU-Leute würden ihn holen kommen. Zur Überprüfung, weil er Parteigenosse gewesen war. Mein Name ist dabei gar nicht gefallen. Hatte er sich ausgedacht, hat sich nicht alleine verdrücken wollen. Aber denkste, der hat mir mal reinen Wein eingeschenkt, dass das nur Schwindelei gewesen ist? Nicht ein Wort. Hätt ihn ja nicht abgemurkst deswegen. Hab's erst erfahren, nachdem sie ihn eingebuchtet und in die britische Zone ausgeliefert hatten, paar Monate vor den Terminen, da hat er's bei einem Verhör ausgeplaudert. Und dann hat's mir der Kommissar geflüstert.

Jedenfalls hab ich am selben Tag paar Sachen in meinen Rucksack geschmissen und dazu 'ne kleine Batterie Schnaps verstaut, als Betriebskapital, kann man sagen, für Geschäfte, und bin nach Marienberg gelatscht mit Karl, zu Maria hin. Mein Eheweib und seine Braut sind mitgekommen. Waren nicht in freudigster Stimmung, die beiden Weiber. Karls Margarete noch weniger, die hat grad 'nen Braten in der Röhre gehabt, hat man schon was von sehen können. Bei Maria hat's ein kleines Abschiedsfest gegeben, und am nächsten Morgen sind Karl und ich mit dem ersten Zug nach Chemnitz gefahren und von da über verschiedene Stationen nach, ich glaub, Niedersachswerfen war's. Würd mich aber nicht für verbürgen, kann ebenso gut Wolkramshausen gewesen sein. Aber durch Niedersachswerfen sind wir durchgekommen, danach dann. Kann ich so bestimmt sagen, weil uns da der Russe gefleddert hat. Meinen besten Anzug haben die sich untern Nagel gerissen, diese Verbrecher. Und die ganzen Weiberstrümpfe, die ich beihatte. Hab ich mächtig Wut gehabt, aber man hat ja nischt gegen machen können. Als die uns endlich in Ruhe gelassen haben, sind wir weitergestapft nach Sülzhayn, waren zehn Kilometer oder so. Und von da ist es fast noch mal so weit gewesen, immer durch 'n Wald, bis wir in Zorge gelandet sind.

Dass wir uns nun ausgerechnet dort niedergelassen haben, das ist passiert, weil wir im Wald, noch bevor wir über die Grenze rüber sind, auf eine hilfsbereite Seele gestoßen sind, auf Oskar. Der hat's verdient, dass ich den mal nenne, so 'n guter Mensch. Friedhofswärter ist der gewesen, ist er vielleicht noch, so alt war der nicht. Hat auf einmal dagestanden wie 'n Waldgeist, aber ein freundlicher. Sind wir ins Reden gekommen. Karl hat ihm erzählt, wir wären auf der Flucht vorm Russen, und dass der uns einbuchten würde, weil wir keine Kommunisten sind. Daraufhin hat Oskar gesagt, kommt doch mit nach Zorge, ich werd versuchen, dass ihr da Arbeit kriegt.

Die ersten Nächte sind wir im Braunschweiger Hof untergekommen. In der oberen Etage hatten sie Flüchtlinge einquartiert. Dann hat Oskar uns zu Frau Seifert gebracht, von der ist schon die Rede gewesen. Hat ihr erzählt, wir wären Verwandte oder Verwandte von Verwandten, ob sie uns nicht in ihrem Haus unterbringen könne. Wir würden auch mit anpacken, wenn's was gäbe, wo doch kein Mann im Hause wär. Ihrer war noch in Kriegsgefangenschaft. Frau Seifert hat eine Tochter gehabt, fünfzehn war die, ist noch zur Schule gegangen. Und sein Versprechen hat Oskar auch eingehalten. Durch seine Fürsprache haben wir eine Zuzugsgenehmigung gekriegt und eine Arbeitsstelle. Bei der Holzfirma Vax, für die wir Bäume fällen sollten und von der das Beil gestammt hat, das bei dem Kaufmann zum Einsatz gekommen ist.

Versteht man jetzt besser, wie das alles zusammenhängt mit Zorge und so.

Mitschrift Vernehmung Erna Seifert, wohnhaft in Zorge, Hoheharzstraße 62, 21.2.1950 (Auszüge)

Ich kann mich entsinnen, dass der

Rudolf Pleil und

Karl Hoffmann

etwa Ende Januar 1947 mit dem Friedhofsgärtner

Oskar Günzel

zu mir in die Wohnung kamen. Günzel redete mir zu, doch diese beiden Leute aufzunehmen, da es Verwandte von ihm seien. Da ich in meiner Wohnung noch ein kleines Zimmer frei hatte, habe ich mich überreden lassen und diese beiden Männer aufgenommen. Als diese bei mir einzogen, hatten sie einen Eimer mit Heringen bei. Ich habe davon einige abbekommen. Der Pleil hat dann in dem kleinen Zimmer in der ersten Etage geschlafen, dagegen der Hoffmann bei uns in der Küche auf dem Sofa schlief. Trotzdem wir sagten, dass doch Hoffmann mit dem Pleil in einem Bett schlafen könnte, hat Hoffmann abgelehnt und gesagt, er würde sich moralisch mit ihm nicht auf eine Stufe stellen. Die beiden haben dann immer getrennt geschlafen …

Pleil hat bei uns im Hause einige kleine Diebstähle begangen, sonst hat er sich gut betragen. War oft lustig und gemütlich. Manchmal war Pleil niedergedrückt. Über Hoffmann kann ich nichts Besonderes sagen. Er war jedenfalls sehr arbeitsam und wollte immer von Pleil weg. Wogegen der Pleil faul war, zeigte sich der Hoffmann fleißig und arbeitsam.

Ist kaum anders gewesen, das Leben dort. Haben unsre Geschäfte gemacht wie vorher auch. Mit Bäume fällen war ja erst mal nischt, hat zu viel Schnee gelegen. Als Erstes, waren wir vielleicht eine Woche da, sind wir mit dem Schnaps, den wir mitgebracht hatten, nach Hamburg rauf, haben den an der Reeperbahn an den Mann gebracht und anschließend Heringe und Räucherwaren vom Fischmarkt geholt, das Übliche eben. Von den Heringen hat die Seifert paar abgekriegt. Die restlichen hat sie zum Schlachter gebracht, der hat die für uns räuchern sollen. Danach sind wir nach Könnern, zu der Brennerei, um Nachschub zu besorgen. Aufm Rückweg, noch im Russischen, haben wir eine Ladung Kämme eingekauft, paar Hundert Stück. So bin ich immer in Bewegung gewesen, hierhin, dahin, hat sich nie Langeweile eingestellt. Mal ist Karl mitgekommen, mal bin ich ohne seine Begleitung losgezogen. Auf jeden Fall war er aber öfters bei, als er nachher zugegeben hat. Grad die Reisen, wo wir Weiber totgemacht haben, an die hat er sich nicht erinnern wollen. Als hätten nicht die Weiber eine aufn Deetz gekriegt, sondern er. Haben wir ja nicht mit aufgehört, was die Weiber betrifft, mein ich. Genau gesagt hat's noch zwei erwischt, bevor die Sache mit dem Kaufmann war. Die eine, das war, als wir uns aufn Weg gemacht haben nach Könnern, wo ich eben von berichtet hab. Die andre, wie wir von da mal zurückgekommen sind mit 'ner Ladung Schnaps, ist schon März gewesen, wenn ich's noch richtig zusammenkrieg. Keine Bange, mehr erzähl ich da nicht von. Die zweite, das war nämlich die, wo Karl den Kopp von dem Weib in der Hand hatte, als er ausm Gebüsch rausgekommen ist.

Bin ich wieder bei Karl gelandet. Dabei sollt' ich besser was zu mir sagen. Geht schließlich um mich, um Rudolf Paul Pleil, das ist mein vollständiger Name, so soll man sich den merken. Geboren in Kühberg. Gestorben in, nun, das wird man sehen. Ich könnt's schon sagen, aber will ich das? Nee. Also, was hab ich den Leuten noch mitzuteilen, wo sie jetzt meine Geschichte kennen, so im Großen und Ganzen. Hab ich die letzten Tage viel drüber nachgegrübelt. Eine Erkenntnis, die mir bei gekommen ist: Ich sollte noch 'ne Botschaft mitgeben, für in hundert Jahren oder so. Ist aber 'ne schwierige Sache, so 'ne Botschaft. An den Kommissar hätt ich eine, nur ist die mehr für jetzt.

Hat sich ewig nicht mehr blicken lassen, der Herr Fulst. Ob der wohl mal an mich denkt? Als er noch was hat wissen wollen, zu meinen Bekanntmachungen oder so, da ist er alle paar Tage angeschneit gekommen, nach den Terminen war's noch so. Hat auch mal Zigaretten mitgebracht, nicht grad das beste Kraut, so viel hat der nicht verdient, und das meiste von hat er versoffen oder mit Weibern durchgebracht, hat er selber erzählt. Aber war wenigstens eine Geste, dass er an mich gedacht hat. Und dass er meine Wünsche gekannt hat. Hätt man bei den andren lange drauf warten können, beim Holz oder beim Staatsanwalt. Doch, der Fritze, der war mir der Liebste von der Bande, hat mich gut gekannt. Hab ihn aber auch gut gekannt. Sollte mich noch mal besuchen kommen. Könnten wir über verschiedene Sachen reden. Das ungelöste Rätsel von Hamburg fällt mir zuerst ein. Oder was in Köln gewesen ist mit dem einen Weib. Oder mit andren Weibern in andren Städten, Berlin nenn ich mal und Dresden und Lübeck, obwohl's nicht direkt in Lübeck war, aber dicht bei. Anfangen würd ich jedoch mit Hamburg, mit den Trümmermorden, sind ja berühmt geworden. Haben überall gehangen, die Plakate, wo die Fotos drauf waren von den Totgemachten, auf jedem Bahnhof und da, wo viele Leute vorbeigekommen sind. Und in allen Zeitungen hat drüber was gestanden. Aber geschnappt haben sie nie einen. Fragt man sich doch, wie kann das sein? Und man fragt sich, was man denen noch alles verraten muss, damit die erkennen, dass sie schon mit dem gesprochen haben, der's vollbracht hat. Wenn ich nur was erzählt hätte, was jeder in der Zeitung hat lesen können, würd ich's noch verstehen. Aber nicht, wo ich Sachen preisgegeben hab, die vorher keinem bekannt gewesen sind. Und wie hätt ich zeigen können, wo die Leichen rumgelegen haben, wenn ich die nicht selber da hingeschleppt hätte oder bei gewesen wär? Denn dass es nur einen gibt, der sich Trümmermörder nennen darf, wie die von der Hamburger Polizei verkündet haben, da liegen sie auch falsch mit. Und dann nehmen wir mal noch den goldenen Ring mit dem Aquamarin, so 'n wertvoller. Hat mein früheres Eheweib am Finger gehabt, wie sie bei den Terminen aufgetreten ist. Als hätt sie mit angeben wollen. Der hatte einem von den totgemachten Weibern in der Sache gehört. Hab ich Fritze auch gesagt. Abgeknüpft haben sie den Ring der Gretl, gleich im Gerichtsaal, als hätt sie ihn selber geklaut gehabt. Dabei war er ein Geschenk von mir gewesen. Aber das hat als Beweis immer noch nicht gereicht.

Fritze muss eben mal herkommen. Werd's morgen den Wachtmeistern sagen, die sollen die Nachricht weitergeben. Oder ich schreib direkt an den Direktor vom Zuchthaus, geht's bestimmt schneller. Ewig werd ich jedenfalls nicht warten.

Heute ist der 8. Februar, Sonnabend, und das Jahr achtundfuffzig, ich sag's nur mal. In drei Tagen kommt Walter raus, hab ich das erzählt?

Der Vorstand der Strafanstalt und Sicherungsanstalt
GB.Nr. 445/55

Celle, den 17. Februar 1958

An
die Staatsanwaltschaft
in Braunschweig
zu 6 Ks 1/50

In der Strafsache gegen den am 7.7.1924 in Bärenstein/Sachsen geb. Kellner Rudolf Pleil, zuletzt wohnhaft gewesen in Zorge, Hoheharzstr. 62, wird mitgeteilt, dass Pleil am 16. Februar 1958 gegen 6.20 Uhr in seiner Zelle tot aufgefunden wurde. Er hat durch Erhängen Selbstmord begangen.

i.A.
gez. Zobel
Verw.Obersekretär

[In der Sterbeurkunde, ausgestellt vom Standesamt Celle, wird der 15. Februar 1958, gegen 22 Uhr, als Todeszeitpunkt angegeben, d. A.]

Karl Hoffmann starb 1976 in Haft an Herzversagen.
Konrad Schüssler wurde Ende der 70er-Jahre begnadigt.

Nachbemerkung und Dank

Das Buch basiert auf wahren Begebenheiten. Die Personen, die darin vorkommen, namentlich, mit geändertem oder ohne Namen, hat es gegeben.

Die eingeschobenen Dokumente, die der neuen Rechtschreibung angepasst und auf Schreibfehler korrigiert wurden, stammen größtenteils aus den Ermittlungs- und Gerichtsakten zum Fall Pleil, die im Niedersächsischen Landesarchiv, Abteilung Wolfenbüttel, archiviert sind. Mein erster Dank gilt den Mitarbeitern dort für ihre freundliche Unterstützung über Monate hinweg, insbesondere Dr. Silke Wagener-Fimpel.

Danken möchte ich ebenso meinem Agenten Matthias Landwehr, der mich seit nunmehr zwanzig Jahren begleitet. Wir sind ganz schön treue Seelen. Weiterhin gedankt sei Margit Ketterle von Droemer Knaur, die an die Idee geglaubt und mir, nicht zum ersten Mal, ihr Vertrauen geschenkt hat. Dank auch an Jürgen Bolz aus demselben Haus, besonders für seine ruhige Art und sein Verständnis noch bei der dritten Abgabeverschiebung – ich werde mich bessern, versprochen. Nicht zuletzt gilt mein Dank der Lektorin Sabine Wünsch, die sich des harten Stoffs mit viel Fingerspitzengefühl angenommen hat.

Ein extra Dankeschön geht an meine beiden Mädels, ihr wisst schon, wofür.